"十三五"职业教育规划教材

21世纪高职高专规划教材·电子商务系列

现代物流管理

（第三版）

王自勤　主编

孙玺慧　周晓敏　时永刚　编著

电子工业出版社

Publishing House of Electronics Industry

北京·BEIJING

内 容 简 介

本书是高职高专规划教材《现代物流管理》的第三版，内容包括：现代物流与物流管理，企业物流与现代物流业，顾客服务，现代物流运输技术与管理，采购与库存管理，物流网络与物流中心，仓库及配送中心业务管理，包装与物料的搬运，国际物流，现代物流信息管理，现代物流成本管理，物流标准化、共享经济与绿色物流。在编写风格上，我们保持了前两版简明扼要、条理清晰、通俗易懂、深浅适度等特点，在内容上尽可能完整，以供任课教师按需取舍。在每章前附上了本章学习要达到的知识、能力目标，并在每章末附上了要达到这些能力目标需进行的技能训练项目。

本书可作为高职高专物流管理专业的物流管理概论或现代物流基础课程和电子商务、市场营销等专业的物流管理课程的教材，也可作为物流及相关行业从业人员的培训用书及专科层次自考学习用书。

未经许可，不得以任何方式复制或抄袭本书之部分或全部内容。
版权所有，侵权必究。

图书在版编目（CIP）数据

现代物流管理 / 王自勤主编. —3 版. —北京：电子工业出版社，2018.3
21 世纪高职高专规划教材·电子商务系列
ISBN 978-7-121-33858-8

Ⅰ. ①现… Ⅱ. ①王… Ⅲ. ①物流管理－高等职业教育－教材 Ⅳ. ①F252

中国版本图书馆 CIP 数据核字（2018）第 049558 号

责任编辑：张来盛（zhangls@phei.com.cn）
印　　刷：北京京师印务有限公司
装　　订：北京京师印务有限公司
出版发行：电子工业出版社
　　　　　北京市海淀区万寿路 173 信箱　邮编　100036
开　　本：787×1 092　1/16　印张：15　字数：393.6 千字
版　　次：2002 年 11 月第 1 版
　　　　　2018 年 3 月第 3 版
印　　次：2021 年 1 月第 7 次印刷
定　　价：39.80 元

凡所购买电子工业出版社图书有缺损问题，请向购买书店调换。若书店售缺，请与本社发行部联系，联系及邮购电话：（010）88254888/88258888。

质量投诉请发邮件至 zlts@phei.com.cn，盗版侵权举报请发邮件至 dbqq@phei.com.cn。

本书咨询联系方式：（010）88254467。

第三版前言

本书自 2007 年第二版出版发行已有 10 年，其间中国物流产业和中国经济一样，从高速增长进入了中高速增长的新常态。中国物流与物流产业的发展，从依靠要素驱动、投资驱动转向创新驱动。新技术在物流行业的应用在不断加快，新的物流服务业态也在不断出现。因此，我们认为必须对《现代物流管理》（第二版）作一次修订补充，以适应当前的高职高专物流管理课程教学需要。

由于我国新常态下的物流管理体系渐渐成熟，本教材第三版的基本框架与第二版保持不变。只是对各章后的案例作了更新，以更多地体现中国物流企业的实践，并将第 12 章"现代物流的发展趋势"改为"物流标准化、共享经济与绿色物流"。第三版增加的内容主要是两个方面，一是"物联网与智能物流"、"共享经济与物流"等体现物流技术前沿和新业态的内容，二是"现代物流在中国"、"中欧班列"等体现中国物流实践的内容。在编写风格上，我们保持了本书第一版和第二版简明扼要、条理清晰、通俗易懂、方便教师使用和学生学习等特点，力求前沿但不深奥，全面但不庞杂。

本书适用对象与第一、二版相同，即作为高职高专物流管理专业的现代物流管理或物流基础课程和电子商务、市场营销等专业的现代物流管理课程的教材，也可作为物流及相关行业从业人员的培训用书及专科层次自考学习用书。建议本书课时为 48～56。

本书第三版由浙江经济职业技术学院王自勤和孙玺慧负责修订，王自勤主持了修订工作。在修订过程中，本院同事提供了部分资料，并承担了部分编辑工作，此次修订也得到单位领导和合作企业的支持，在此一并表示感谢。本书的编写和修订，均参考了大量相关文献，书后所附只是其中一部分，谨向这些文献的作者表示感谢。

本书虽经二次修订再版，但不足和需改进之处必定存在，恳请同行和读者不吝赐教，以便今后再版时改进。

王自勤
2018 年 1 月于杭州

第二版前言

本书第一版自 2002 年底出版以来，得到了广大高职高专院校师生和自学人员的欢迎，已累计发行逾 5 万册。一些高职院校不仅将本书选作教材，而且作为申报省级和国家级精品课程的主要参考用书。随着我国现代物流实践的进一步发展和对高等职业教育认识的不断深化，我们觉得有必要对 5 年前编写的《现代物流管理》作一次修订补充，以便进一步增加本书的适用性。

本书第一版出版以后，我们按照以能力为本位课程改革的思路，在大量调查行业领先企业对高职层次物流管理从业人员的上岗标准，并参考国家物流师（员）职业标准的基础上，校企合作编写了本课程的能力本位课程标准。限于篇幅，我们不可能把整个课程标准放入本教材，但在每章前附上了本章学习所要达到的知识、能力目标，并在每章末附上了要达到这些能力目标需进行的技能训练项目。针对本课程的定位，我们认为应重点培养学生的专业信息收集、识别和分析能力，案例分析、评价能力，初步的物流业务管理能力，以及后续物流业务课程的学习能力。

在内容上，根据我国现代物流管理理论与实践的发展，第二版增加了供应链管理、物流网络等内容，现代物流信息管理、现代物流发展趋势等内容也作了较大修改。在编写风格上，我们保持了第一版简明扼要、条理清晰、通俗易懂等特点，在内容上尽可能完整，以供任课教师按需取舍。

本书的适用对象与第一版相同，即作为高职高专物流管理专业的物流管理概论或现代物流基础课程和电子商务、市场营销等专业的物流管理课程的教材，也可作为物流及相关行业从业人员的培训用书及专科层次自考学习用书。

本书第一版的编写分工如下：第 1 章、第 2 章、第 6 章、第 11 章和第 12 章由王自勤编写，第 3 章和第 4 章由周晓敏编写，第 5 章和第 7 章由时永刚编写，第 8 章、第 9 章和第 10 章由孙玺慧编写，王自勤主编。第二版由浙江经济职业技术学院王自勤和孙玺慧修订，王自勤主持了修订工作。

自本书第一版出版以来，许多高职高专院校的老师向本书主编反馈了他们在使用本书后的感受，在充分肯定本书优点的同时也指出了本书存在的缺点，在此表示衷心的感谢，并希望继续得到他们对本书的支持。我们还要感谢在本书第一版编写过程中起到组织作用的中国商业高等职业教育研究会，参与我们课程改革的浙江物产集团物流投资有限公司和浙江省物流与采购协会的领导，编者所在单位的领导和同事。浙江经济职业技术学院的林敏老师和滕世伟老师承担了本书第一版和第二版中部分插图的绘制和文字录入等工作，在此表示感谢。书中存在的错误和不妥之处，则完全由编者承担。

虽然我们确信本书第二版较第一版有明显的改进，但这期间正是我国高等职业教育和现代物流业高速发展的时期，现代物流相关教材层出不穷，人们对教材选择的要求也在不断提高，本书肯定存在不足和需进一步改进之处，欢迎广大读者提出批评，不吝赐教。

王自勤

2007 年 5 月

第一版前言

　　本教材是在中国商业高等职业教育研究会组织下编写的，作为电子商务专业的物流管理课程或物流管理专业的物流管理概论课程教材，也可作为物流及相关行业从业人员的培训教材。

　　本教材共分 12 章：第 1 章介绍了物流与物流管理的基本理念与方法，第 2 章探讨了工商企业的物流管理与物流业；第 3 章至第 11 章是本教材的主体部分，介绍了物流管理的各个要素和专题；第 12 章则对现代物流的发展趋势进行了分析和探讨。讲授完本教材需 64～72 课时。

　　作为一本高职高专教材，在内容取舍上力求符合实用性原则，对一些较为高深的理论问题只作简要介绍。物流系统设计等内容，我们认为应是本科教材的核心内容，本书未单独成章，只在某些章节有所涉及。但是，这并不妨碍本书的前沿性，我们力求体现物流学科的最新理论与实践。在编写方式上，我们尽量做到简明扼要、条理清晰。为了便于教学，每章前附有知识要点，每章后附有习题和思考题。

　　各章的编写分工如下：浙江经济职业技术学院王自勤编写第 1 章、第 2 章、第 6 章、第 11 章和第 12 章，温州职业技术学院周晓敏编写第 3 章和第 4 章，上海商业会计学校时永刚编写第 5 章和第 7 章，浙江经济职业技术学院孙玺慧编写第 8 章、第 9 章和第 10 章，最后由王自勤定稿。

　　本教材在编写过程中，得到了中国商业高等职业教育研究会和编者所在单位领导和同事的大力支持和帮助，在此表示衷心的感谢。在本书编写过程中，我们参考了大量相关文献，谨在此向这些作者、译者表示由衷的感谢。

　　由于我们的水平和经验都有限，加之现代物流管理尚属新兴学科，书中错误和不妥之处在所难免，望读者批评指正。

编　者

2002 年 7 月

目　　录

第1章 现代物流与物流管理

应知目标
- 理解物流与物流管理的相关概念与特征
- 了解物流的产生与演变过程，以及物流活动的对象与计量
- 理解物流的功能、作用
- 理解物流系统的概念与特征
- 理解供应链管理及供应链合作伙伴关系的内涵

应会目标
- 基本掌握物流系统管理方法的应用
- 能够根据物流管理的特征对一个物流企业的物流系统管理状况进行初步分析

现代物流的概念起源于第二次世界大战时期，但在世界范围内得到广泛重视，则是 20 世纪八九十年代的事，其主要原因在于计算机技术及电子商务的发展和应用，贸易的自由化和跨国公司的兴起，企业竞争的加剧等。传统的企业利润来源日益枯竭，而被视为第三利润源的物流成为企业界、学术界和政府关注的焦点。现代物流管理的应用，对于促进我国国际和国内贸易的发展，推进电子商务的发展，提高企业的管理水平和竞争力，都将起到重要作用。

1.1 现代物流与物流管理概述

1.1.1 物流与物流管理的定义

中华人民共和国国家标准把物流定义为："物品从供应地向接收地的实体流动过程。根据实际需要，将运输、储存、搬运、包装、流通加工、配送、信息处理等基本功能实施有机结合。"该定义由两部分组成：前半部分指的是一般意义上的物流，这种物流在人类现代文明开始以来就已经存在了，是社会分工的产物；后半部分指的是现代意义上的物流，即现代物流（Logistics），是将原本分散的运输、储存、搬运、包装、流通加工、配送、信息处理等要素有机结合的产物，又称综合物流或一体化物流，也是本教材所指的物流。

物流活动广泛存在于各类经济与非经济组织，除了工业、商业、交通运输、建设等企业外，政府、军队、宗教、体育等组织也存在着大量物流活动。本教材所介绍的物流管理与方法虽以工商企业和专业物流企业为对象，但其基本原理与技术同样适用于其他各类组织。

管理是指一定组织中的管理者通过实施计划、组织、人员配备、指导与领导、控制等职能来协调他人的活动，使别人同自己一起实现既定目标的活动过程。因此，物流管理就是为了以最低的物流成本达到用户所满意的服务水平，对物流活动进行计划、组织、协调与控制。被国内教材广泛引用的美国物流管理协会（Council of Logistics Management，CLM）对物流

的定义是：为满足顾客需要对商品、服务及相关信息从产生地到消费地高效、低成本地流动和储存而进行的规划、实施与控制过程。这实际上是对物流管理的定义。

为了更全面地理解现代物流与物流管理的概念，理解物流管理活动的特点、范围和内容，我们还可以从以下几方面来进一步把握物流管理的一些基本特征。

（1）现代物流管理以实现顾客满意为第一目标

满足顾客需要是市场经济条件下一切企业经营活动的出发点。在现代物流中，顾客满意目标的设定优先于网络其他各项活动。在物流体系的基本建设上，要求物流网络、信息系统、作业系统和组织结构等的设立必须围绕"使顾客服务能有效开展"这一基本出发点。具体来说，物流体系必须做到：第一，物流网络的优化，即要求车站、码头、仓库、配送中心、加工中心等物流结点的建设（规模、地理分布等）既符合分散化原则（接近顾客），又符合集约化原则（达到规模经济的要求）；第二，信息系统的优化，即能够及时、有效地反映物流信息的流动和顾客对物流的期望；第三，物流作业的优化，即在运输、仓储、加工等过程中应当运用什么方法、手段使企业能最有效地保存商品价值并使商品增值；第四，物流组织的优化，即把原来基于专业化分工的物流组织，按顾客导向进行业务流程的重新设计，建立一个扁平化的、富有弹性的新型组织。

（2）现代物流的范围包括整个社会再生产过程

以往我们认为物流存在于企业生产阶段和产品销售阶段，也就是说，物流管理的主要对象是"分销物流"（即 Physical Distribution）和"企业内物流"；而现代物流管理的范围不仅包括生产和流通过程，还包括消费过程。例如，从零售商到消费者家庭的末端物流，已成为某些物流企业的目标市场。现代物流不仅关注资源开采商→制造商→分销商→用户的正向物流，也关注退货物流、废弃品物流、回收物流等逆向物流。

（3）现代物流的对象除了物品还包括服务和信息

物流的名称易使人误以为只针对实物运动；而现代物流的对象，早已超越了实物商品。美国物流管理协会对物流的定义也反映了这一变化。20世纪六七十年代的定义只涉及实物（原材料、零配件、成品、废弃物），而到八九十年代，则扩大到服务及其相关信息。

（4）现代物流是效率和效果的统一

在经济学和管理学上，有效率（Efficient）指的是能够低成本地达成目标，而有效果（Effective）指的是达到目标的程度。就物流而言，有效率是指以最低的物流费用满足顾客的要求，而有效果则以物流的速度（订货周期）、可获得性、准时性、差异化等反映。显然，在许多场合，效率与效果是有矛盾的，如运输速度与运输费用、服务水平与库存水平、标准化（导致低成本）与差异化（导致较高的顾客满意但会提高成本）等。解决办法是战略匹配（Strategic Fit），即针对顾客的不同偏好或优先顺序，提供不同的物流战略，以求得效率与效果的统一。

（5）现代物流管理是对商品、服务及相关信息的一体化管理

现代物流并不是运输、储存、搬运、包装、流通加工、配送、物流信息等要素的简单集合，而是从供应方开始到最终顾客整个流通过程发生的商品实物运动及相关服务的一体化管理。这也是为什么已经有了运输、仓储等概念和功能还要提出物流概念的根本原因。在实践中人们发现许多问题无法从单一功能的改进得到解决，而必须将包装、运输、储存、搬运等相关要素结合起来进行整体设计和处理。例如，传统水泥以纸袋包装，在运输、装卸、储存过程中存在易破损、包装材料消耗大、污染环境等问题。如果仅从包装着手，那这一问题是

无法完全解决的；但从包装、运输、储存、搬运整个物流过程出发，提出散装水泥的解决方案，就彻底解决了水泥袋破损问题。又如，在第二次世界大战期间，盟军运输军火的船只在英国港口卸货时极易遭到德国飞机的轰炸。如果从装卸这一局部考虑解决办法，无非是增加几台吊车，并不能解决根本问题。只有超越了装卸这一局部，从包装、运输、装卸整体出发，提出集装箱的方案，才使这一问题迎刃而解。总之，局部问题仅从局部考虑是无法得到根本解决的，必须从物流全过程出发，进行一体化管理和设计，才能得到彻底的解决。现代物流管理可以说是系统管理思想与物流实践和理论相结合的产物。

1.1.2　现代物流的产生和发展

虽然作为人类实践活动的物流历史久远，但以一体化管理为特征的现代物流产生于第二次世界大战（以下简称"二战"）的军事后勤，至今只有五十多年的历史。二战期间，美国军事兵站后勤活动的开展为人们对综合物流（即一体化物流）的认识和发展提供了重要的实证依据，并且推动了战后对物流活动的研究以及实业界对物流活动的重视。二战期间另外两项重大成果——运筹学（Operations Research）和计算机的发明，为物流理论研究与应用提供了定量分析的方法和手段。

20 世纪 50 年代至今，物流管理经历了多次变革，有了很大的发展。各国的社会经济环境不同，其物流发展进程也有所差异。由于美国物流管理的研究和实践最为先进、最为完善，一般以美国为例，将现代物流的发展过程分为三个阶段：实物配送阶段、综合物流阶段和供应链管理阶段。

1.　实物配送（Physical Distribution）阶段

实物配送阶段指二战后到 20 世纪 70 年代，以实物配送理论与实践的发展为特征的阶段。

二战以后，世界经济环境发生了深刻变化，技术革新层出不穷，管理科学飞速发展，产品在数量上的丰裕导致企业竞争加剧，而以顾客需求为中心的市场营销观念的形成，使物流（被认为是顾客服务的重要手段）逐渐引起企业界、学术界乃至整个社会的重视。1954 年，鲍尔·D·康柏斯在波士顿流通会议上发表"市场营销的另一半"的演讲，指出无论是学术界还是实业界都应重视对市场营销中物流的认识、研究，真正从战略的高度来管理、发展物流。康柏斯的演讲得到各界人士的认同，被后人视为物流管理发展过程中的里程碑。此后，1956 年霍华德·T·莱维斯等人撰写了《物流中航空货运的作用》一书；1961 年爱德华·W·斯马凯伊等人撰写了世界上第一本物流管理教材——《物流管理》，对物流学科的发展和物流教育起到了显著的推进作用。

1962 年，美国著名管理学家彼德·德鲁克在《财富》杂志上发表文章，提出物流是"一块经济的黑大陆"，是企业重要的利润源泉等，从而对实业界和学术界又产生了一次重大的推动作用。在这一背景下，1963 年成立了美国物流管理协会，即世界上第一个物流专业人员组织，这在一定程度上标志着物流无论是作为一门学科还是一种职业，已从市场营销中分离出来，取得了独立的地位。

然而，这一阶段对物流的研究仍以分销过程为主，即产品从制造商成品库到用户这一阶段。企业内部物流通常被称为物料管理（Material Management，MM），并不包含在物流管理（指 Physical Distribution）之中。美国物流管理协会的英文名称此时为 National Council of Physical Distribution Management，简称 NCPDM。因此，这一阶段的物流管理被称为实物配送（PD）阶段（见图 1.1）。

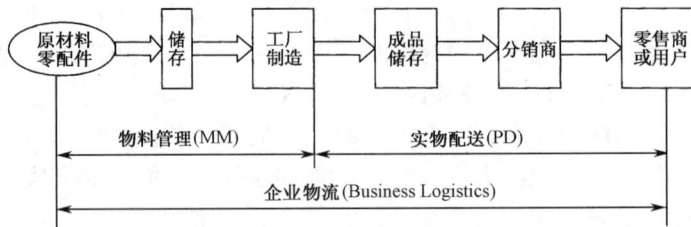

图1.1　综合物流

2．综合物流（Integrated Logistics Management）阶段

综合物流阶段指 20 世纪 70 年代后期至 80 年代末，以综合物流的形成为标志的阶段。当时，企业界及学术界越来越深刻地认识到，把物料管理与实物配送综合起来管理可以大大提高物流效率与效果。而环境、制度、技术等的一系列变化，使这一变化既可能又必需。首先，跨国公司的兴起导致全球性竞争加剧，使企业采用新的物流管理技术、改进物流系统、提供服务水平成为必要。其次，20 世纪 70 年代后期，美国首先实行了运输自由化，放松了对运输业的管制，承运人和货主能自由定价，服务的地理范围也可以扩大了，承运人与货主之间建立了紧密而长期的合作关系，增加了企业系统地分析物流过程、降低物流成本和改进服务的可能。第三，一些先进管理技术与理念，如 MRP、MRP Ⅱ、DRP、DRP Ⅱ、全面质量管理（TQM）、准时制（Just-in-time）的产生和在物流管理中的应用，使人们逐渐认识到需要从生产、流通、消费的全过程来把握物流管理，而微型计算机的商业化及相关信息技术的发展，为物流的一体化管理提供了物质基础和技术手段。1985 年美国物流管理协会的名称从 National Council of Physical Distribution Management 改为 National Council of Logistics Management，标志着综合物流观念的确立。教科书中也普遍以 Logistics（直译为后勤，但由于习惯仍译为物流）取代 Physical Distribution。为了区别军事后勤，也常使用企业物流（Business Logistics）一词（参见图 1.1）。

3．供应链管理（Supply Chain Management）阶段

供应链管理阶段指 20 世纪 80 年代后期至今，以供应链管理的产生为标志的阶段。供应链管理是指从最终用户一直到初始供应，向客户提供增值的产品、服务和信息的商务过程一体化。综合物流阶段的一体化管理局限于企业内部，受企业内部资源和活动范围的限制；而供应链一体化是超越企业边界的外部一体化，覆盖原材料的供应商到制造商、分销商、零售商、顾客的整个过程（见图 1.2）。这一概念同时又是基于制造商与分销商、零售商及物流服务供应商的战略合作伙伴关系的趋势，强调供应链的整体效率与市场竞争力，以期实现供应链上合作伙伴双赢的理想境地。

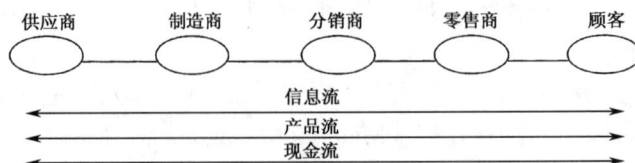

图1.2　供应链管理

1.1.3 物流活动的对象 —— 货物

一个世纪前，孙中山先生就把"货畅其流"作为"建国四大纲领"之一，这里的货就是货物。货物又称物品、物料、物资。物流活动虽然也包括服务和信息等要求，但货物无疑是物流活动最主要的对象。货物多数是商品，但也包含不是商品的物品，例如：

- 企业内部调拨的原材料、零部件、半成品等；
- 不能进入市场的军用物资；
- 没有价值和使用价值的废弃物；
- 慈善捐赠物品；
- 个人或单位非交易性流动的物品（如搬家时的家具等物品）。

货物从物理形态可分为固体、液体和气体，从生物形态可分为活体（活的动物和植物）和非活体，从运输的形态可分为包装货物、散装货物和大件货物。表 1.1 所示是从物理和运输结合的角度对货物二维分类的描述。

表 1.1 货物的二维分类

分 类	固 体	液体和气体
包装货物	小型设备、家电、服装、食品、零配件、文化用品、成品地板、地砖等	采用桶、罐、瓶等容器包装的气体和液体货物，如食用油、液化气、硫酸、酒等
散装货物	煤炭、矿石、砖头、石料、水泥、金属材料、木材等无包装货物	直接采用管道或专用运输工具流动的原油、天然气、自来水等
大件货物	大中型设备、大型构件等	

同一种物品，可能有两种货物形态。例如，水泥在供应市场零星需求时的形态为袋装（包装货物），在供应建筑工程等大量需求时为散装，从物流的角度来看就是两种货物；因为前者可以采用通用运输工具（棚车、敞车、杂货船等），后者必须采用专用运输和储存设备。散装货物与大件货物都没有包装，也很难界定物品大到多少才能算大件；但在运输工具的使用上存在明显不同，前者采用敞车、自卸车等，后者一般采用平板车。

1.1.4 物流活动的计量

物流活动的计量就是对物流活动的规模、数量进行计算、评价。物流活动的计量是设计物流方案和物流设施、装备，评价与考核物流作业的基础数据。

1. 计量单位

物流活动的计量单位包括重量、体积、距离、时间等基本单位和标准箱等特殊单位。

- 吨（t）或公斤（kg）—— 常用重量单位，固体货物及带容器的液体和气体货物可以用吨或公斤计量其运输、储存及装卸量。
- 米³（m³）—— 固体轻泡货物（一般指每立方米体积重量不足 333 kg，有的行业是 167 kg 的货物）以及散装气、液体货物都可以用米³计量。
- 吨公里—— 重量与距离的乘积，用于计算货运周转量。
- 标准箱（TEU）—— 一个 20 英尺集装箱的货物量（1 英尺=0.3048 m）。
- 天或小时 —— 反映物流服务的响应周期。

我国采用的是国际标准计量单位，即米公斤秒制。在国际物流中，有时需要采用英制计量单位（如英尺、磅等），读者可以自行查找相关资料，学会两者之间的换算。

2. 物流结点的物流活动计量

物流结点是物流网络中连接 2 条或多条线路的设施，包括货运场站、码头、物流中心、配送中心、仓库等。反映物流结点的物流活动的指标有：

（1）吞吐量

$$吞吐量＝输出量＋输入量$$

吞吐量主要用于计量转运型和流通型物流结点的物流活动，以吨、米^3 或标准箱（TEU）为单位。

（2）库存量

库存量包括时点（期初、期末）库存量和平均库存量，其简单关系是

$$平均库存量＝（期初库存量＋期末库存量）/ 2$$

库存量以吨、米^3 或标准箱等为单位，主要用于计量储存型结点的物流活动。

（3）当量物流量

所谓当量物流量，是指物流过程中一定时间内按规定标准修正、折算的装卸和运输的量。由于各种物品的几何形状、比重等差别很大，仅仅用重量单位难以反应物流活动的大小，因而必须找出一个标准，把所有的物品修正、换算为一个统一的量，这就是当量物流量。

当量物流量常用的计量单位是玛格数（Magnified），它相当于一块经过粗加工的 10 英寸^3（约 150 cm^3，1 英寸=2.54 cm）大小的木块，约有 2 包香烟大小，叫作一个玛格。

玛格数的计算方法如下：

$$M＝(1＋m)A$$
$$m＝\frac{1}{4}(B＋C＋D＋E)$$

式中，M 为玛格数，A 为基本值，m 为修正系数，B 为密度修正系数，C 为形状修正系数，D 为损伤危险程度修正系数，E 为状态（化学、物理）修正系数。

3. 物流线路的物流活动计量

物流线路的物流活动计量，指在铁路、公路、水路、航空和管道等线路上物流活动的计量。

（1）货运量

一定时期内，物流部门实际运送的货物数量，可以用吨、米^3、标准箱等单位计量。我国按货运量从大到小的排序是公路、铁路、水运、管道、航空。

（2）货运周转量

一定时期内，物流部门实际运送的货物数量与运输距离（运距）的乘积，通常用吨公里计量。也可以用吨海里为单位。我国 5 种运输方式按货运周转量从大到小的排序是：水运、铁路、公路、管道、航空。

$$货运周转量＝货运量×货物平均运距$$

4. 社会物流总体规模的计量

社会物流总体规模的计量，指一个国家或经济体物流活动总体规模的计量。与微观物流活动（结点、线路）以实物量计算不同，宏观物流活动由于需要汇总不同类型的物流活动，

一般采用价值指标计量。

（1）社会物流总额

社会物流总额＝工业品物流总额＋农产品物流总额＋进口货物物流总额＋

再生资源物流总额＋单位与居民物品物流总额

社会物流总额反映一定时期内各个行业、单位和个人物流活动的总规模。

（2）社会物流总费用

社会物流总费用＝运输费用＋保管费用＋管理费用

社会物流总费用反映一定时期内国民经济各方面用于社会物流活动的各项费用支出的总和。

（3）物流业增加值

物流业增加值＝交通运输业物流增加值＋仓储业物流增加值＋贸易业物流增加值＋

流通加工、包装业物流增加值＋邮政业物流增加值

物流业增加值反映一定时期内物流业通过物流活动为社会提供的最终成果的货币表现，它是物流业总产值（营业收入）扣除中间投入（外购产品与劳务）后的余额。

上述三个数据的关系是：社会物流总额＞社会物流总费用＞物流业增加值。物流活动的规模并不代表物流的水平和地位。我们也常用社会物流总费用与国内生产总值（GDP）之比来反映一国的物流发展水平（在产业结构相同或相近的前提下，比值越低，说明物流发展水平越高);用物流业增加值占国内生产总值或服务业增加值的比例来反映物流业在国民经济或服务业中的地位（比例越高，说明物流业的地位越高）。

1.1.5　现代物流在中国

中国是四大文明古国之一，幅员辽阔、人口众多。在古代中国，传统物流已达到了较高的发展水平。在货物的运输方面，大宗货物主要依靠漕运，并且实现了水路与陆路的联合运输。小件货物则有官办的"驿站"和民办的"镖局"，驿站主要依靠遍布全国的网络和接力运输，达到了畜力运输时代所能达到的速度极限。在仓储方面，除了地主和工商业者的私人仓库外，出现了专业化的公共仓库，包括常平仓（以调节粮食供求关系为目的）、义仓（以救灾为目的）、广惠仓（以救济老幼贫病为目的）等。丝绸之路及海上丝绸之路、京杭大运河更是古代中国物流发展的杰出成就。

现代物流在中国的发展则始于改革开放初期，1979 年"物流"一词被引入中国，1984年成立了中国物流研究会；但直到 20 世纪末，物流的应用仍主要在物资管理部门，没有从产业的高度认识和发展现代物流。21 世纪初以来，中国加入世贸组织、电子商务的产生与发展、传统运输仓储企业升级转型等事件，触发了中国物流理论与实践的大力发展，尤其是在国家"十一五"规划中，明确提出大力发展现代物流业，并成为十大产业振兴规划中唯一的服务业，迎来了中国物流发展的春天，现代物流管理、供应链管理成为企业提升竞争力的重要手段。

1.2　物流的功能与作用

1.2.1　物流的功能要素

物流的功能要素指的是物流系统所具有的基本能力，这些基本能力有效地组合、连接在

一起，便形成了物流的总功能，便能高效、低成本地实现物流系统的总目标。

物流的功能要素一般包括运输、储存、搬运、包装、流通加工、配送、信息处理等 7 项。

- 运输（Transportation）—— 用设备和工具将物品从一地点向另一地点运送的物流活动。运输系统是由包括车站码头等的运输节点、运输路线等硬件要素，以及运输控制和营运就软件要素组成的有机整体。
- 储存（Storing）—— 保护、管理、贮藏物品。储存的基本功能是调节产品供给与需求之间的不同步，以及对运输的调节作用。相对于以前强调产品价值维持或以贮藏为目的的长期储存，现代物流的储存更注重配合顾客服务政策而从事的短期存放。作为储存的主要设施的仓库，多数将以变换物流流量、构成为主要功能，而不是以保管为主要功能。
- 搬运（Handling）—— 包括物品的指定地点以人力或机械装入运输设备或卸下的装卸活动及在同一场所内，对物品进行水平移动为主的搬运活动。装卸搬运对物品的运输、储存、流通加工、包装等环节起衔接作用。
- 包装（Packaging）—— 主要指工业包装或外包装，以及物流过程中的换装、分装、再包装等活动。包装的选择不仅要考虑包装在运输、储存过程中对产品的保护，还要考虑包拆装的便利性以及废包装的回收和处理等因素。
- 流通加工（Distribution Processing）—— 物品在从生产地到使用地的过程中，根据需要施加包装、分割、计量、分拣、刷标志、拴标签、组装等简单作业的总称。实际上是物流过程中进行的辅助加工活动。流通加工是满足顾客差异化需求、提高物流效率的重要手段。
- 配送（Distribution 或 Delivery）—— 在经济合理区域范围内，根据用户要求，对物品进行拣选、加工、包装、分割、组配等作业，并按时送达指定地点的物流活动。配送与运输的区别首先在于配送集经营、服务、社会集中库存、分拣、配货于一体，并非单一地送货；其次是配送处于物流过程的末端，是一种短距离、高频率的输送。
- 物流信息（Logistics Information）—— 与上述各项活动有关的计划、预测、动态信息及有关生产、市场、成本等方面的信息。通过对物流信息的收集与处理，使物流活动能有效、顺利地进行。物流信息管理的水平已成为物流现代化的最重要标志。
- 逆向物流与废弃物物流 —— 逆向物流是指与供应链方向相反的退货、返修及回收物流，废弃物物流是指已失去使用价值的物品的收集、分类、加工、处理等活动。

此外，采购、生产计划、工厂选址等传统上不纳入物流系统的要素，随着物流集成化程度的提高，也常被纳入到物流领域。

1.2.2　物流的作用

以经济学的观点，物流的基本作用是为顾客提供时间效用和空间效用。所谓时间效用，是指产品在特定时间服务于顾客，给顾客带来的效用。例如，粮食生产有季节性，而消费者消费是常年的，粮食储存使青黄不接时也能保证粮食的供应。所谓空间效用又称场所效用，是指产品通过在特定地点服务于顾客，给顾客带来的效用。俗话说，"远水难解近渴"，说明"远水"的效用不如"近水"。通过包装、运输，"远水"变成"近水"，"水"的价值就提高了。

上述对物流基本作用的分析适用于任何社会经济条件。然而，为什么在进入 20 世纪 80 年代以来，物流的作用越来越明显，还与特定的社会经济环境有关？

（1）现代物流是降低企业成本的重要手段

物流成本在企业销售成本中占了很大的比例。如美国《企业物流》杂志报导，20 世纪 80 年代以来，支付的物流费用已超过总销售收入的 25%。而且，按照日本早稻田大学的西泽修的说法，"支付的物流费是冰山一角。"实际发生的物流费用还要大得多。这样，通过物流的合理化而降低物流成本，成为企业提高竞争力的重要手段。

（2）物流是"第三利润源泉"

人们把物质资源的节约和劳动消耗的降低分别称为"第一利润源泉"和"第二利润源泉"。然而，受到科学技术水平和管理水平的制约，第一、第二利润源泉已近枯竭，有待科学技术的重大突破。而物流相对来说是一块"未被发掘的黑土地"，是"企业脚下的金矿"。于是，物流被冠以"第三利润源泉"，引起企业和社会各界的关注。

（3）物流作为企业的经营战略

传统观点把物流看成是花钱的事，属成本范畴。社会经济的发展，使顾客对服务水平的期望越来越高，一些企业开始把物流的合理化、效率化作为自身的核心竞争力。如美国戴尔公司（Dell），以快速反应作为竞争优势，而这种快速反应是以高速度、柔性化的物流供应链为支持的。对这些企业来说，第一位的是速度、差异化，第二位的才是成本。

（4）贸易自由化与电子商务的推动

20 世纪 90 年代以来，随着世界贸易组织的成立，贸易自由化的步伐显著加快，世界经济一体化的格局正在逐步形成。贸易自由化导致国际分工向纵深化方向发展，跨国公司使全球制造与全球供应链成为现实。在这样的背景下，再加上上节所述电子商务对物流发展的促进作用，人们加深了物流作为贸易与经济发展的基础地位的认识。我国各级政府都把发展现代物流作为新的经济增长点，我国的"十五"和"十一五"规划都提出要加快发展现代物流业，使之成为第三产业中的重要或支柱产业。

1.2.3　物流、商流、信息流

商流是指商品买卖过程，其本质是商品所有权的有偿转移。流通首先是从商流开始，商流的产生是由于市场的扩大造成生产与消费之间的社会阻隔，即生产者与消费者的不一致。物流是伴随着商流而产生的，但它又是商流的物质内容和物质基础。信息流则贯穿于商流、物流全过程，它既是商流、物流的产物，又对商流、物流的顺利进行起规划、指导和控制作用。

本来，商流和物流是紧密地结合在一起的，进行一次交易，商品便易手一次，实物便发生一次转移。但是，商流和物流的运动规律并不相同，在社会专业化分工发展过程中，商流和物流的分离，成为一种趋势。如第三方物流企业的产生就是商物分离的产物（见图 1.3）。所谓第三方是指供方和需方之外的外部的物流服务提供者。第三方物流企业不拥有商品所有权，故与供方和需方之间都不存在商流关系。电子商务网站进行的交易活动，也是商流与物流分离的产物。但是，交易活动的简化，也使某些商流活动依附于物流，如配送。

然而，无论是商物分离还是商物一体化，信息流对商流、物流的计划、控制作用都是相同的。

商流与物流的关系可以概括如下：

- 有商流而无物流，如产权交易；
- 有物流而无商流，如企业内部调拨物流；

- 有商流和输入物流（指采购过程的物流）而无输出物流（指销售过程的物流），如房地产开发企业和一些服务企业；
- 有商流也有物流，但时间上不同步，如商品的信用交易；
- 有商流也有物流，但流转路径不同，如第三方物流、电子商务物流；
- 商流、物流合一，如商品配送。

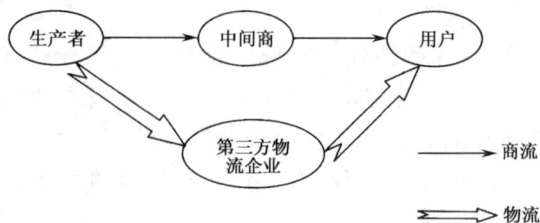

图1.3　商物分离

1.2.4　正向物流与逆向物流

我们通常讨论的物流是指正向物流，即与传统供应链方向一致，从原材料开采、产品制造到消费的物流。事实上，国民经济体系中还存在逆向物流。所谓逆向物流，是与传统供应链方向相反，为恢复价值或合理处置，而对原材料、中间库存、最终产品及相关信息从消费地到起始点的实际流动所进行的有效计划、管理和控制过程。逆向物流所包括的产品不仅指消费者所持有的商品，也包括供应链合作伙伴持有的库存。逆向物流不仅指再制造产品、再利用装运容器、回收包装材料，还包括因为质量问题、季节性库存、过量库存、产品召回等活动而导致的对回流物品的处置。

近几年，企业界对逆向物流也产生了浓厚兴趣；因为随着资源枯竭的威胁加剧，对使用过的产品及材料的再生恢复，逐渐成为企业满足消费市场需求的关键力量。同时，工业化国家纷纷制订减少浪费的政策，也促使企业以循环使用理念取代"一次使用"的观念。此外，消费者日益高涨的呼声也要求企业最大程度地降低产品与加工流程对环境的影响。在这些力量的推动下，过去10年中产品的恢复再生，无论在规模上还是在范围上都有了巨大发展。但是，逆向物流的不确定性、零散性、多样性，导致其规模化程度低，处理难度大，物流成本高，成为现代物流管理中的一大难点。

1.3　物流系统管理

物流一体化或综合物流是系统管理思想和方法与物流实践相结合的产物。

本节将首先介绍系统和系统思想，然后进一步分析系统思想、方法在物流中的应用。

1.3.1　系统与系统思想

1. 系统的概念与特征

系统是相关要素组成的具有特定功能的有机整体。系统具有以下特征：

- 集合性——系统整体由两个以上有一定区别又有一定相关性的要素所组成；
- 目的性——系统内各要素是为达到一个共同的目的而集合在一起的；

- 相关性 —— 系统各要素之间存在相互联系、相互作用、相互影响的关系；
- 环境适应性 —— 系统是相对于环境而言的，系统必须适应环境的变化，才能生存与发展。

2．系统思想

系统思想具有如下特征：

- 整体优化的思想 —— 系统思想认为，局部优化不等于整体优化，必须从全局出发，综合协调各个局部的矛盾，统筹安排，才能实现整体最优，取得 1 加 1 大于 2 的效果。
- 相互联系、相互依存的思想 —— 系统是复杂的，系统中一个变量的变化将会影响许多其他变量。头痛医头、脚痛医脚是无法解决根本问题的。
- 动态观念 —— 系统只有适合环境才能生存，而环境总是处于不断变化之中，系统必须适时调整系统目标和系统结构才能适应环境。
- 开放观念 —— 系统必须是开放的，即能与外部环境不断进行信息、能量、人员等的交换，系统才能不断发展。

1.3.2　物流系统

1．物流系统的概念

物流系统是由物流各要素组成的，要素之间存在有机联系并具有使物流总体功能合理化的综合体。物流系统本来就客观存在，但一直未为人们所认识。随着系统科学的发展、物流实践经验的总结，人们认识到以系统的观点，将原本分散的各物流功能要素有机结合起来，视为一个物流大系统，进行整体设计和管理，就能充分发挥物流的功能，提高物流的效率和效果，实现整体的物流合理化。

2．物流系统的特点

① 物流系统是复杂系统。新英格兰复杂系统研究所的科学家认为，复杂系统是指系统整体行为不能从组成单元的行为加以推断的系统。物流系统正是这样的系统，局部的优化不能推断出整体的优化。

② 物流系统是大跨度系统。大跨度既指空间跨度大又指时间跨度大。随着专业化分工向国际化、纵深化方向发展，市场的空间范围也越来越大，企业物流系统的跨度也随之增大。大跨度系统带来的主要问题是管理难度较大，对信息流的依赖程度高。

③ 物流系统环境稳定性差而动态性强。这是相对于生产系统而言的，生产系统的产品、生产方式在较长时间内是稳定的，资产的专用化程度较高。而物流系统，特别是社会化物流系统，涉及产品、企业非常多，系统环境的动态性强而稳定性差。这就要求物流系统有较强的柔性，在专业化导致的高效率与通用性导致的适应性之间求得统一。

④ 物流系统属于中间层次系统范畴。无论是企业物流系统还是国民经济的总体物流系统，都是中间层次系统。如企业物流系统是企业系统的子系统，而它本身又可分解为若干子系统。在物流系统优化过程中，不仅要考虑系统整体化，还要考虑上层系统的目标及制约因素。

3．物流系统目标

物流系统目标概括地说就是以较低的成本和优良的顾客服务来完成商品实体从供应地到消费地的运动。具体可表现为 7R，即适合的质量（Right Quality）、适合的数量（Right Quantity）、适合的时间（Right Time）、适合的地点（Right Place）、适合的成本（Right Cost）、适合的顾客（Right Customer）、适合的产品或服务（Right Product or Service）。

不同类型的物流系统对各目标的重视程度不同，典型情况有两种：一是以成本为核心，兼顾其他目标。对于价格、费用比较敏感的顾客来说，这样的目标体系是适合的。二是以服务、速度为核心，兼顾其他目标。这种物流系统适合于对价格、收费不敏感，而对服务水平、准时性等要求较高的顾客。

1.3.3　物流系统管理方法

物流系统管理是物流管理实践与运筹学、系统科学及信息技术相结合的产物。物流系统管理方法包括线性规划模型、存储论模型、网络图论模型等。本节主要介绍物流系统管理的一般思路或方法。

1．总成本法

物流管理应用总成本法是建立在下列前提的基础上的，即所有物料和产成品的转移与分类储存有关的各项业务活动，并非彼此孤立而是相互联系的，应作为一个整体看待。与计算物流总成本有关的物流活动包括运输、储存、工厂与仓库管理、物料搬运、信息流（包括订单处理）、保护性包装、配送、顾客服务、生产计划等。

应用总成本法的具体做法是，在试图保持一定的服务水平条件下，对各备选方案的成本进行汇总分析。不同方案的各项业务活动成本是不同的，在一些费用下降的同时，另一些费用会上升。比较各备选方案的总成本，就能获得最佳的方案。

例如，某企业自制零件甲，每月需用量为 400 个，单价为（指材料、劳动等成本）250元，年仓储费用为单价的 12%（即每月为 1%），每排产一次的工装调整费为 90 元（不论生产批量大小），不允许缺货，求最佳生产批量。本例中假设其他材料成本、劳动成本与生产批量无关，只考虑仓储费用和工装调整费用。随着批量增大，仓库库存上升，故仓储费用上升；而工装调整次数减少，工装调整费用下降。最佳生产批量应为两项费用之和最小的方案，如表 1.2 所示。

表 1.2　物流总成本的应用

方案	生产批量	平均库存	每月换装次数	每月仓储费/元	每月工装调整费/元	总费用/元
1	100	50	4	50×250×1%=125	4×90=360	485
2	200	100	2	100×250×1%=250	2×90=180	430
3	300	150	1.5	150×250×1%=375	1.5×90=135	510
4	400	200	1	200×250×1%=500	1×90=90	590

从表 1.2 可以发现，方案 2 每月生产 2 次，每次生产 200 件的总费用最低，故选为最佳方案。

2．避免次优化

一个系统的各组成部分按各自的目标达到了最优化，但系统整体未能实现总目标最优化，这就是次优化现象。在物流系统管理中为什么会发生次优化现象呢？当各项物流业务活动按各自所完成的一定管理目标来评价，而这些管理目标又相互矛盾时，就会发生次优化。例如，企业的仓库经理拥有自己的仓库和卡车，对派来的公司货车，如已过营业时间，他便决定不让仓库职工加班卸货，这样可以节省一笔仓储费用，但公司的卡车却耽误了时间，未充分利用。又如上例中，虽然从生产部门自身来说，按方案 2 实现了最优化，但如果该零件外包的成本低于上述最低成本，则方案 2 仍然是次优的。

如何避免次优化问题发生呢？关键是企业各部门经理应避免隧道视野，即只关注本部门的目标和利益，而忽视企业整体目标和利益。例如，一些企业把物流部门看作成本中心，即只以成本指标考核部门业绩。物流经理为降低成本而减少了仓库数目，结果使用户不能就近及时获得商品，降低了服务水平，导致销售额下降，出现了次优化问题。如果企业把物流部门看作利润中心，综合分析物流对企业利润的贡献，就会避免这种现象的发生。

3．得失比较法

当应用总成本法因缺乏全面数据资料而不可行，或所需资料过多、计算过繁时，可以采用一种简化的方法——得失比较法，即在评价各方案时，忽略各方案的共同部分，只比较各方案不同部分的所得和所失，在保持一定服务水平的条件下，选择得大于失的方案。

例如，美国通用汽车公司的卡迪拉克事业部位于亚特兰大。该车车体由意大利帕音费纳工厂生产，并用波音 747 飞机将车体由意大利空运到美国，每周运送三次。卡迪拉克生产计划经理指出，这样安排，车体的库存量从未超过 150 件。如用海运，车体的库存量不得少于 1000 件。在本例中，并不需要计算这两种方案的总体成本，而只要将用空运多付的运费，同因减少库存而节省的资金占用费用，进行比较，即可得到答案。比较发现，多付的运费少于节省的资金占用费用，故采用空运是合算的。

1.4　供应链管理

在全球化市场竞争日益激烈的环境下，产品寿命周期越来越短，产品品种数量飞速膨胀，客户对交货期的要求越来越短，对产品和服务的期望越来越个性化。如何满足客户的要求，提高市场占有率、降低成本以获得良好的经营利润，是摆在企业面前的最重要的难题。与此同时，现代信息技术迅猛发展；在这种背景下，供应链管理应运而生。供应链管理利用现代各种信息技术手段，通过对业务流程进行改造和集成，以及与供应商和客户建立协同的业务伙伴联盟，大大提高了企业的竞争力，从而使企业在复杂的市场环境下立于不败之地。

1.4.1　供应链管理的概念和内容

对于供应链管理，有许多不同的定义与称呼，如有效用户反应、快速反应、虚拟物流或连续补充等。尽管说法不一，但都强调通过某种信息连接技术，对企业内部与外部之间的交易活动进行系统管理和优化，从而使供应链上的各个节点企业成为一个协调发展的有机体。比如，有的学者从以顾客为中心这一角度将供应链管理定义为："制造商与其供应商、分销商及用户协同合作，为顾客所希望并愿意为之付出的市场提供一个共同的产品和服务。这样一个多企业的组织，最大限度地利用共享资源（人员、流程、技术和性能评测）来取得协作运营，其结果是得到了高质量、低成本、迅速投放市场并获得顾客满意的产品和服务。"

另外，有的学者从供应链的定义出发，强调价值链的增值来定义供应链管理。美国生产和库存控制协会就是使用这一定义，它在第九版词典中的定义为："供应链管理是计划、组织和控制从最初原材料到最终产品及其消费的整个业务流程，这些流程连接了从供应商到顾客的所有企业。供应链包含了由企业内部和外部为顾客制造产品和提供服务的各职能部门所形成的价值链。"这一定义的前半部分说明供应链管理所涉及的理论源于产品的分销和运输管理。但是它与物流管理的定义还是有严格的区分，供应链管理更着重于从原材料供应商到最终用户所有关键业务流程的集成，许多非物流管理的流程也必须集成到整个供应链中。供应链管理定义的后半部分说明价值增值是供应链的基本特征，有效的供应链必定是一个增值链。也就是说，供应链中的各个实体，无论从事什么样的活动，其对产品转换流程的增值必须大于成本。

供应链管理是一种集成的管理思想和方法，是对供应链中的物流、信息流、资金流、业务流、增值流以及合作伙伴关系进行计划、组织、协调和控制一体化的管理过程。供应链管理的效果问题则是整个系统在受到内外各种因素制约下的一个多目标优化，它有速度、柔性、质量、成本、服务等主要评价指标。当然，由于各种企业联盟的性质不同，其目标选择及其权重会有很大差别。供应链管理涉及的具体功能包括订单处理、原材料存储、生产计划安排、库存设计、货物运输和售后服务等。可以认为，物流管理是供应链管理的组成部分，供应链管理是物流管理发展的一个新阶段。

1.4.2　供应链管理与传统管理模式的区别

作为一种新型的管理模式，供应链管理与传统的管理模式有着明显的区别，主要体现在以下几方面：

① 传统的管理模式仅仅局限于一个企业内部的采购、生产、销售等部门的管理，它以企业的资源为主，所考虑的都是本企业制造资源的安排问题。供应链管理则涵盖整个物流，包括从供应商到最终用户的采购、生产、分销、零售等职能领域的全部过程；它更注重于利用整个供应链的资源，以使整个供应链的成本降低、效益提高。

② 在传统的管理模式下，各企业的目标是自身利益最大化，而很少考虑其他企业和最终用户的利益和要求；而在供应链管理模式下，遵循的原则是个体利益服从集体利益，即供应链中各节点企业的首要目标是整个供应链的总成本最小、效益最高、服务质量最好，这是所有参与企业制定决策的首要标准。在满足上述目标的前提下，参与者可以追求自身利益的最大化。

③ 在传统的管理模式下，通常是金字塔结构，即一个实力雄厚的企业（可能是生产制造企业，也可能是大型零售企业）处于支配地位，而其他企业处于从属地位，它们的生产、采购、销售等决策的制定都是被动的，因此它们之间的地位是不平等的；而在供应链管理模式下，提倡供应链所有参与者的地位平等，虽然通常也存在一个核心企业，但它更多的是帮助其他节点企业，它们之间更多的是合作与互助的关系，而非支配与被支配的关系。在供应链管理中，所有参与者都积极主动地参与到供应链的建设管理中去，共同使这个供应链成长和发展。

④ 在传统管理模式下，企业都是独立运作的，体现得更多的是竞争；在供应链管理下，强调得更多的是供应链各节点企业的合作与协调，提倡在各节点企业之间建立战略伙伴关系，变过去企业之间的敌对关系为紧密合作的伙伴关系。这种新型关系主要体现在共同解决问题、共同制定决策和信息共享等方面。共同解决问题的例子包括供应商和顾客参与产品设计、质量改进、成本降低等；共同制定决策的例子包括如生产计划、采购计划、库存策略、价格策略的制定等。而信息共享则意味着有关库存水平、长期计划、进度计划、设计调整等关键数据信息在供应链中保持透明。

⑤ 供应链管理不再孤立地看待各个企业及各个部门，而是考虑所有相关的内外联系体 —— 供应商、制造商、分销商和客户等，并把整个供应链看成一个有机联系的整体。这种供应链各节点企业的连接不是节点企业的技术方法等资源的简单相加，而是通过采用集成的思想和方法，达成供应链各节点企业的真正融合，实现整个供应链资源的充分利用。

1.4.3　供应链合作伙伴关系

供应链合作伙伴关系（Supply Chain Partnership，SCP）是指供应商与制造商之间，以及制造商与分销商、客户之间，在一定时期内共享信息、共担风险、共同获利的协议关系。

供应链合作伙伴关系具有以下几个鲜明的特征：

- 双方高度的信任机制；
- 双方有效的信息共享，信息交换包括成本、进程与质量控制等信息更为自由的关系；
- 需方直接参与供方的产品研制等，共同寻求解决问题和分歧的途径；
- 长期稳定的供应合同；
- 以实现双赢为目标。

这与传统的交易关系模式有着很大的区别，如表 1.3 所示。

表 1.3　供应链合作关系与传统供应商关系的比较

	传统供应商关系	供应链合作关系
相互交换的主体	物料或产品	物料或产品、服务
供应商选择标准	强调价格	多标准并行考虑（交货的质量和可靠性等）
稳定性	变化频繁	长期、稳定、紧密合作
合同性质	单一	开放合同（长期）
供应批量	小	大
供应商数量	大量	少（少而精，可以长期紧密的合作）
供应商规模	小	大
供应商的定位	当地	国内和国外
信息交流	信息私有	信息共享（电子化连接、共享各种信息）
技术支持	提供	不提供
质量控制	输入检查控制	质量保证（供应商对产品质量负全部责任）
选择范围	投标评估	广泛评估可增值的供应商

在企业能够从实施供应链合作伙伴关系中获益之前，必须认识到这是一个复杂的过程，供应链合作伙伴关系的建立不仅是企业结构上的变化，而且在观念上必须有相应的改变。所

以，必须一丝不苟地选择供应商，以确保真正实施供应链合作伙伴的利益。

一般建立供应链合作关系有以下几个步骤：

① 建立供应链战略合作关系的需求分析；

② 确定标准，选择供应商，选择合作伙伴；

③ 正式建立合作关系；

④ 实施和加强战略合作关系。

1.4.4　供应链管理的应用

供应链管理就是使需求满足的能力最大化的过程，换个角度看，就是使整体供应链成本下降。整体供应链成本包括采购成本、库存成本、运输成本以及其他物流成本。当前供应链管理的应用主要表现在采购管理、库存管理以及产品和市场开发等方面。

1．在采购管理中的应用

基于供应链管理模式的采购策略与传统采购策略发生了根本的变化。

① 为订单而采购而非为库存而采购。在传统的采购模式中，采购的目的就是为了补充库存，即为库存而采购。在供应链管理模式下，采购活动是以订单驱动方式进行的。订单驱动的准时化采购，使物流系统得以准时响应客户的需求，从而降低了库存水平，提高了库存周转率。

② 从一般买卖关系转向战略合作伙伴关系。在传统的采购模式中，供应商与需求企业之间是一般的买卖关系，无法解决一些涉及长期的、战略性的供应管理问题。基于战略伙伴关系的采购战略，着眼于长期利益和全局利益，从而使双方的交易成本和风险降低，达到双赢的效果。

③ 变多源供应为少源供应。传统的采购模式依靠众多的供应商相互之间的竞争达到降低进价的目的。供应链管理模式下的采购策略采用少源供应，甚至单源供应，目的是为了与供应商建立战略合作伙伴关系，降低交易成本。

④ 变大批量、少批次采购为小批量、多批次采购。传统的采购模式依靠大批量获取价格折扣，却使库存成本上升。供应链管理模式下的采购管理，为了降低库存，适应市场对产品多品种、小批量的需求模式，实行小批量、多批次采购。当然，小批量、多批次采购自然会增加运输次数和成本，但可以通过混合运输、代理运输等方式解决。

2．在库存管理中的应用

长期以来，各个供应链环节的库存是各自为政的，都有自己的库存控制策略。由于各自的库存控制策略不同，因此不可避免地产生需求的扭曲现象，即所谓的需求放大现象，无法使供应商快速地响应用户的需求。

在供应链管理环境下，供应链的各个环节的活动都应该是协同进行的，而传统的库存控制方法无法满足这一要求。供应商管理库存（Vendor Managed Inventory, VMI）这种库存管理策略打破了传统的各自为政的库存管理模式，体现了供应链的集成化管理思想，适应市场变化的要求，是一种新的有代表性的库存管理思想。

（1）VMI 的基本思想

传统地讲，库存是由库存拥有者管理的。因为无法确切知道用户需求与供应的匹配状态，所以需要库存，库存设置与管理是由同一组织完成的。这种库存管理模式并不总是有最优的。例如，一个供应商用库存来应付不可预测的或某一用户不稳定的需求（这里的用户不是指最终用户，而是分销商或批发商），用户也设立库存来应付不稳定的内部需求或供应链的不确定性。虽然供应链中每一个组织独立地寻求保护其各自在供应链的利益不受意外干扰是可以理解的，但不可取，因为这样做的结果影响了供应链的优化运行。供应链的各个不同组织根据各自的需要独立运作，导致重复建立库存，因而无法达到供应链全局的最低成本，整个供应链系统的库存会随着供应链长度的增加而发生需求扭曲。VMI 库存管理系统就能够突破传统的条块分割的库存管理模式，以系统的、集成的管理思想进行库存管理，使供应链系统能够协同化运作。

供应商管理库存（VMI）是一种在用户和供应商之间的合作性策略，以对双方来说都是最低的成本优化产品的可获性，在一个相互同意的目标框架下由供应商管理库存，这样的目标框架被经常性监督和修正，以产生一种连续改进的环境。VMI 的主要思想是供应商在用户的允许下设立库存，确定库存水平和补给策略，拥有库存控制权。精心设计与开发的 VMI 系统，不仅可以降低供应链的库存水平，降低成本，而且用户还可获得高水平的服务，改善资金流，与供应商共享需求变化的透明性。

（2）VMI 的实施方法

实施 VMI 策略，必须改变订单的处理方式，建立基于标准的托付订单处理模式。首先，供应商和批发商一起确定供应商的订单业务处理过程所需要的信息和库存控制参数；然后建立一种订单的处理标准模式；最后，把订货、交货和票据处理各个业务功能集成在供应商一边。

库存状态透明性（对供应商）是实施供应商管理用户库存的关键。供应商能够随时跟踪和检查到用户的库存状态，从而快速地响应市场的需求变化，对企业的生产（供应）状态作出相应的调整。为此，需要建立一种能够使供应商和用户（分销、批发商）的库存信息系统透明连接的方法。

供应商管理库存的策略可以分如下步骤来实施：

① 建立顾客情报信息系统。要有效地管理销售库存，供应商必须能够获得顾客的有关信息。通过建立顾客的信息库，供应商能够掌握需求变化的有关情况，把由批发商（分销商）进行的需求预测与分析功能集成到供应商的系统中来。

② 建立销售网络管理系统。供应商要很好地管理库存，必须建立起完善的销售网络管理系统，保证自己的产品需求信息和物流畅通。目前已有许多企业开始采用 MRPⅡ或 ERP（企业资源计划）系统，这些软件系统都集成了销售管理的功能。通过对这些功能的扩展，可以建立完善的销售网络管理系统。

③ 建立供应商与分销商（批发商）的合作框架协议。供应商和销售商（批发商）一起通过协商，确定处理订单的业务流程以及控制库存的有关参数（如再订货点、最低库存水平等）、库存信息的传递方式等。

④ 组织机构的变革。这一点也很重要，因为 VMI 策略改变了供应商的组织模式。过去，一般由会计经理处理与用户有关的事情；引入 VMI 策略后，在订货部门产生了一个新的职能

负责用户库存的控制、库存补给和服务水平。

一般来说，在以下的情况下适合实施 VMI 策略：零售商或批发商没有 IT 系统或基础设施来有效管理他们的库存；制造商实力雄厚并且比零售商市场信息量大；有较高的直接存储交货水平，因而制造商能够有效规划运输。

3．在产品与市场开发上的应用

供应链管理理论的产生远远落后于具体的技术与方法。供应链管理最早多是以一些具体的方法出现的。

（1）快速反应（Quick Response，QR）系统

快速反应（QR）系统是指通过零售商和生产厂家建立良好的伙伴关系，利用EDI（电子数据交换）等信息技术，进行销售时点以及订货补充等经营信息的交换，用多频度、小数量配送方式连续补充商品，以此来实现销售额增长、客户服务的最佳化以及库存量、商品缺货、商品风险和减价最小化的目标的一种供应链管理模式。

从 20 世纪 70 年代后期开始，美国纺织服装的进口急剧增加，到 80 年代初期，进口商品大约占到纺织服装行业总销售量的 40%。针对这种情况，美国纺织服装企业一方面要求政府和国会采取措施阻止纺织品的大量进口，另一方面进行设备投资来提高企业的生产率。但是，即使这样，廉价进口纺织品的市场占有率仍在不断上升，而本地生产的纺织品市场占有率却在连续下降。为此，一些主要的经销商成立了"用国货为荣委员会"。一方面，通过媒体宣传国产纺织品的优点，采取共同的销售促进活动；另一方面，委托零售业咨询公司 Kurt Salmon 从事提高竞争力的调查。Kurt Salmon公司在经过了大量充分的调查后指出，纺织品产业供应链全体的效率却并不高。为此，Kurt Salmon 公司建议零售业者和纺织服装生产厂家合作，共享信息资源，建立一个快速反应（QR）系统来实现销售额的增长。

实施 QR 系统成功的 5 项条件是：

① 改变传统的经营方式、企业经营意识和组织结构。

- 企业不能局限于依靠本企业独自的力量来提高经营效率的传统经营意识，要树立通过与供应链各方建立合作伙伴关系，努力利用各方资源来提高经营效率的现代经营意识；
- 零售商在垂直型 QR 系统中起主导作用，零售店铺是垂直型 QR 系统的起始点；
- 在垂直型 QR 系统内部，通过 POS 数据等销售信息和成本信息的相互公开和交换，来提高各个企业的经营效率；
- 明确垂直型 QR 系统内各个企业之间的分工协作范围和形式，消除重复作业，建立有效的分工协作框架；
- 必须改变传统的事务作业的方式，通过利用信息技术实现事务作业的无纸化和自动化。

② 开发和应用现代信息处理技术。

③ 与供应链各方建立战略伙伴关系。

④ 改变传统的对企业商业信息保密的做法。将销售信息、库存信息、生产信息、成本信息等与合作伙伴交流共享，并在此基础上，要求各方在一起发现问题、分析问题和解决问题。

⑤ 供应方必须缩短生产周期，降低商品库存。具体来说，供应方应努力做到：缩短商

品的生产周期；进行多品种、少批量生产和多频度、少数量配送，降低零售商的库存水平，提高顾客服务水平；在商品实际需要将要发生时采用 JIT 方式组织生产，降低供应商自身的库存水平。

（2）有效客户反应（Efficient Consumer Response, ECR）系统

有效客户反应（ECR）系统是 1992 年从美国的食品杂货业发展起来的一种供应链管理策略；也是一个由生产厂家、批发商和零售商等供应链成员组成的，各方相互协调和合作，以更好、更快并以更低的成本满足消费者需要为目的的供应链管理解决方案。ECR 系统是以满足顾客要求和最大限度降低物流过程费用为原则，能及时作出准确反应，使所提供的物品供应或服务流程最佳化的一种供应链管理战略。

ECR 的产生可归结于 20 世纪商业竞争的加剧和信息技术的发展。20 世纪 80 年代特别是到了 90 年代以后，美国日杂百货业零售商和生产厂家的交易关系由生产厂家占据支配地位，转换为零售商占主导地位，在供应链内部，零售商和生产厂家为取得供应链主导权，为商家品牌和厂家品牌占据零售店铺货架空间的份额展开激烈的竞争，使得供应链各个环节间的成本不断转移，供应链整体成本上升。

从零售商的角度来看，新的零售业态（如仓储商店、折扣店）大量涌现，日杂百货业的竞争更趋激烈，他们开始寻找新的管理方法。从生产商角度来看，为了获得销售渠道，直接或间接降价，牺牲了厂家自身利益。生产商希望与零售商结成更为紧密的联盟，这对双方都有利。另外，从消费者的角度来看，过度竞争忽视了消费者需求 —— 质量高、新鲜、服务好和价格合理。许多企业通过诱导型广告和促销来吸引消费者转移品牌。可见，ECR 产生的背景是要求从消费者的需求出发，提供满足消费者需求的商品和服务。

在当今中国，制造商和零售商为渠道费用而激烈争执，零售业中的工商关系日趋恶化，消费者利益日趋受到损害。ECR 是真正实现以消费者为核心，转变制造商与零售商的对立关系，实现供应与需求匹配的一整套流程转变方法和途径。

要实施 ECR，应联合整个供应链所涉及的供应商、分销商以及零售商，改善供应链中的业务流程，使其最合理有效；然后，以较低的成本，使这些业务流程自动化，以进一步降低供应链的成本和时间。这样，才能满足客户对产品和信息的需求，即给客户提供最优质的产品和适时、准确的信息。ECR 的实施原则包括如下 5 个方面：

① 以较少的成本，不断致力于向供应链客户提供产品性能更优、质量更好、花色品种更多、现货服务更好以及更加便利的服务。

② ECR 必须有相关的商业巨头的带动。该商业巨头决心通过互利双赢的经营联盟来代替传统的输赢关系，达到获利之目的。

③ 必须利用准确、适时的信息以支持有效的市场、生产和物流决策。这些信息能在合作伙伴间自由流动。

④ 产品必须处于不断增值的过程，即从生产至包装，直至流动到最终客户的购物篮中，并确保客户能随时获得所需产品。

⑤ 必须采用共同、一致的业绩考核和激励机制，该机制着眼于系统整体的效益（即通过减少开支、降低库存以及更好的资产利用来创造更高的价值），明确地确定可能的收益（例如，增加收入和利润），并且公平地分配这些收益。

习题和思考题

一、应知目标考核题

（一）单项选择题

1. 现代物流的概念源于（　　　）。
   A. 第一次世界大战期间　　　　　　B. 第二次世界大战期间
   C. 20 世纪 70 年代　　　　　　　　D. 20 世纪 90 年代
2. 现代物流管理的首要目标是（　　　）。
   A. 降低成本　　　　　　　　　　　B. 提高作业效率
   C. 满足顾客需要　　　　　　　　　D. 取得利润
3. 实物配送阶段对物流的研究以（　　　）为主。
   A. 生产过程　　　　　　　　　　　B. 分销过程
   C. 企业内部　　　　　　　　　　　D. 社会物流
4. 下列备选答案中除（　　　）外，都是物流系统目标。
   A. 适合的数量　　　　　　　　　　B. 适合的时间
   C. 适合的地点　　　　　　　　　　D. 适合的技术

（二）判断题

1. 在现代物流中，成本目标的设定优先于网络其他各项活动。（　　　）
2. 现代物流只存在于流通过程中。（　　　）
3. 商流与物流是不可分离的。（　　　）
4. 服务企业不存在物流问题。（　　　）

（三）名词解释

物流　　　物流管理　　　供应链管理　　　物流系统　　　总成本法　　　得失比较法

（四）问答题

1. 物流管理有哪些特征？
2. 物流管理的发展经历了哪几个阶段？
3. 物流对电子商务的发展有何影响？
4. 物流系统有哪些特点？
5. 物流系统管理的一般方法有哪些？试举例说明。

二、应会能力测试题

（一）请结合案例选择恰当的物流系统管理方法，并进行相关计算，根据计算结果作出决策

Chrontronics 公司生产两种型号的时钟收音机，即 X-100 型和 X-250 型，这两种产品目

前都用单层波纹纸板包装。经过周密调查，公司发现 X-100 和 X-250 均有 0.5%的产品在包装和提供给消费者之间的过程中被损坏了。公司若用双层纸板包装，则损坏比例可减小一半。现单层包装费用为 0.80 美元/台，双层包装费用增加 20%。X-100 和 X-250 的市场价分别为 40 美元和 70 美元。损坏的收音机即为整机报废。公司去年售出 X-100 型收音机 12 000 台，X-250 型 7 000 台。当前预期是：下一年 X-100 销售量稳定不变，X-250 增长 5%。

问题：

1．从最低成本角度出发，公司下一年是否应对 X-100 采用双层纸板？
2．从最低成本角度出发，公司下一年是否应对 X-250 采用双层纸板？
3．从前面文中的讨论看，包装的改进可能会如何影响到运输的成本？
4．你选择的是哪一种物流系统管理方法？

（二）请结合案例回答相关问题

波士顿龙虾的争"鲜"赛跑

生鲜产品不易储存，如何做到保质保鲜，这关系到用户体验；而要做到保质保鲜，冷链物流是关键。我国冷链运输起步较晚，但是发展迅速。为了让人们的生活更新鲜，我们以波士顿龙虾为例，来看看冷链物流人为此费了多少心思。

在移动互联网时代，吃虾群众想把波士顿龙虾放进自己的冰箱，只要在心仪的电商平台确认订单，然后在家等待收货即可。而这样一次点击实际上是启动了波士顿龙虾的环球生鲜冷链之旅，开启了一场高效冷链与时间争"鲜"的赛跑。

大多数活龙虾以海藻或浸有海水的报纸加胶冰包装 25～50 磅包装箱（1 磅=0.4536 kg），在 4℃时离水龙虾可生存 36～48 小时。要把活体的波士顿龙虾送到国内消费者手中，从其原产地捕捞之后，就需要分装打包好，经过全程恒温 2～8℃运抵当地机场，然后再运回国内。飞机落地还需要经过卸机、入库、转库、检疫、海关验放等各个环节，再经冷链物流公司暂存、配送或直接配送至消费者手中。

冷链的任何一个环节，其效率的提升无论对于波士顿龙虾，还是耗损较大的生鲜电商而言都意味着多了一份"生机"。要在这有限的时间里，保证鲜活的波士顿龙虾送到消费者手中，必须依赖高效的供应链和物流配送体系才能实现。

问题：

1. 波士顿龙虾从原产地捕捞到送到国内消费者手中，这一过程涉及哪些物流功能要素？
2. 请以波士顿龙虾的环球生鲜冷链之旅为例，解释一下供应链管理的概念。

第 2 章　企业物流与现代物流业

应知目标

- 了解企业物流的类型与组织模式
- 了解企业物流部门与其他相关部门的关系
- 熟悉 MRP 的基本原理、编制程序及相关问题
- 理解物流产业及其形成的原因
- 了解物流产业的构成及第三方物流企业的特征和类型

应会目标

- 掌握 MRP 计划的编制方法
- 根据案例资料或通过实地调研，能对企业物流或物流企业的组织模式、类型和特征进行初步分析、判断

　　工商企业物流与专业物流企业的物流是现代物流管理最重要的两个应用领域。工商企业物流（以下简称企业物流）是为企业生产经营活动提供物流支持的物流系统，在一定意义上是企业内部物流系统；物流企业是为社会用户提供物流服务的，是社会化物流系统。企业物流与社会化物流既相互衔接又相互替代，既相互合作又相互竞争，两者共同构成了国民经济物流体系的主要内容。这两种类型的物流系统虽然存在服务对象、范围等方面的差异，但都服从于现代物流的基本原理，采用基本相同的物流技术和管理方法，故本教材在主体内容上并不强调这种差异，而只在本章中讨论这两种类型物流的特殊问题。

2.1　企业物流与物流组织

2.1.1　企业物流概述

　　从事商品生产的制造企业、进行商品流通的批发企业，以及直接面向消费者售卖商品的零售企业，在积极开展业务时必然会产生商品在时间和空间上的运动。因此，对于从事生产、流通的企业来说，具备包括储存、搬运、包装、流通加工、运输、配送，以及相应的信息处理等物流能力是必不可少的。但是，长期以来，企业界对于物流能力在经营战略中的作用并未引起足够的重视，更没有把物流开发成一种核心能力。企业的资源更多地投入到生产、销售部门，注重在战略上开发、生产优质产品，并有效地推进销售，而对生产过程或销售过程的物流组织并不关心。

　　进入 20 世纪 90 年代以来，越来越多的企业已认识到物流在企业战略管理中的重要地位。之所以发生这种变化，是因为这一时期一系列环境的变化，如消费者消费行为的个性化、多样化趋势导致商品生产向多品种、少批量转变；流通形式也趋于多样化；需求不确定性导致企业"无在库经营"；准时制（JIT）等先进管理方式的流行对物流配送提出更高的要求；而

信息技术的发展，又使"无在库经营"、准时制成为可能。环境的一系列变化使企业经营格局发生了改变，从而使脱离现代物流管理的生产、销售活动无法真正在市场上取得竞争优势。这样，现代物流管理引起了工商企业的普遍重视。

对企业物流内涵的认识也相应发生变化，即物流不仅是对企业经营活动的支持和保障，而且是为顾客提供的一种增值服务。与物流企业的不同之处在于，工商企业的物流服务不是独立存在的，而是依附于商品销售。按市场营销学的术语，是核心产品的延伸产品。

企业物流按所处生产经营活动的环节或企业的不同类型，可以分为多种类型。

1．按生产经营活动的环节分类

按所处生产经营活动的环节，企业物流可分为供应物流、生产物流、销售物流、逆向物流及废弃物物流。

（1）供应物流

供应物流又称输入物流，是企业为保障自身的生产与经营活动，不断组织原材料、零配件、燃料、辅助材料供应的物流活动。企业的供应物流一般有两种形式：一种是从各供货厂商外购原材料、协作件等的采购物流；另一种是同一企业所属各分厂之间相互提供零部件的调拨物流。例如，美国通用汽车公司装配一辆汽车，约需 13 000 多种零部件，由 20 000 多家供货厂商和本公司所属 100 多家配件制造分厂供应给 30 余个汽车装配工厂。可见，有效计划和组织供应物流、保证企业不间断生产，是一项复杂而十分重要的工作。

供应物流除保证生产所需物料这一目标外，更重要的是必须以最低的成本和资金占用来实现这一目标。美、英等国工业企业年销售收入中用于采购原材料、外协件等支出款项所占比例为 40%～60%，库存占用资金相应大量增加，在一些企业甚至超过固定资产。为降低供应物流成本，美、日等发达国家发展了 MRP（物料需求计划）、看板管理、准时制（JIT）、卖方管理库存（VMI）等现代管理方法，取得了良好的效果。

（2）生产物流

生产物流指企业生产过程中的物流活动。这种物流活动是与整个生产工艺过程伴生的，实际上已构成了生产工艺过程的一部分。研究生产物流同样具有重要意义，因为在一个生产周期中，物流活动所用的时间远多于加工的时间，生产过程中在制品、材料占用的资金也非常大。

企业生产物流的优化首先是工厂布置时应充分考虑物流的需要，科学、合理地设计工艺流程。对于物流量较大的企业，尽可能采用单一流向的办法。其次是要科学管理，减少中间产品库存。

（3）销售物流

销售物流即实物配送或输出物流。这也是最早引起人们重视的企业物流领域。传统销售物流是与企业分销渠道相一致，由制造商、分销商或批发商、零售商分别独立管理，每个环节独立地选择运输方式，独立地决定存货政策。这样，易造成物流环节多、时间长、库存分散且总库存量高等问题。而且，在现代社会中，市场环境是一个完全的买方市场，销售物流活动便带有极强的服务性，直接影响企业的市场占有率和企业形象。

当前销售物流的解决方案主要有两种，一是在商流与物流相分离的基础上，由第三方物流企业承担从产成品库存、运输、流通储备到商品配送以及售后服务的物流一体化管理，借助专业物流企业的专业化服务实现销售物流过程的优化。对于那些不想把物流培植成核心竞争力的企业，这种方案是可行的。二是对于那些将物流视为核心竞争力的企业，则主要依靠网络和电子商务，减少流转环节，实现厂商物流中心的集约化。即将原来分散在各分销商或中小型物流中心的库存集中到大型物流中心，通过数字化备货等现代技术实现进货、保管、在库管理、发货管理等物流活动的效率化、智能化。原来的中小分销商或批发商或者取消或者转为专职从事销售促进、订货等商流业务。

（4）逆向物流及废弃物物流

不合格商品的返修、退货，以及周转所用包装容器从需方返回到供方，企业在供应、生产、销售过程中总会产生边角余料和废料，其中有些是可以回收利用的，称为逆向物流；而有些则无利用价值，必须向外部排放，称为废弃物物流。逆向物流及废弃物物流若处理不当，会影响企业的客户满意度及生产环境、造成浪费，甚至破坏企业的公众形象。

2．按企业性质分类

按企业性质不同，企业物流可分为工业企业物流、流通企业物流、服务企业物流和其他企业物流等。

（1）工业企业物流

工业企业物流是对应企业生产经营活动的物流，这种物流一般包含 4 个环节：供应物流，生产物流，销售物流，逆向与废弃物物流。但不同类型的工业企业各有所侧重，分述如下：

- 供应物流突出型，如电力工业、汽车等机械制造工业。其原材料、燃料、零配件的组织十分繁杂、工作量大，而销售物流相对简单，甚至不存在。
- 生产物流突出型，如冶金、化工企业。其生产工艺过程复杂，厂内物流环节多，生产物流相对困难。
- 销售物流突出型，如服装、小百货等轻工企业。其大宗原材料进货、加工也不复杂，但产品种类繁多，分销渠道宽而长。

（2）流通企业物流

流通企业物流从制造商的角度看都属于销售物流，但从流通企业本身看，也包括供应（采购）物流。不同类型的流通企业，其物流也各有特点：

① 批发企业物流：制造商自建销售网络及零售商的连锁化经营，使传统批发企业面临前所未有的危机和挑战，无论是发达国家还是我国，传统批发业的衰落都是一个共同现象。在这种背景下，现代批发业开始从原来作为制造商的销售代理人的地位，转向零售商购买代理人的地位，而强化物流功能以及信息系统现代化正是实现这种转变的主要手段。

产品生命周期缩短、消费者需求的多样化、个性化使零售商的经营风险和成本上升。零售商为了减少风险、降低在库成本，实现即时销售的战略目标，要求上游企业提供多频度、多品种、少批量的配送。虽然制造商在积极从事多品种少批量生产，但过于分散的配送势必会增加制造商的成本。这种制造商与零售商在物流配送上的分歧为批发企业提供了生存、发展的空间。

② 零售企业物流：零售企业物流主要是供应物流，销售物流只涉及家用电器、家具等大件商品。连锁零售企业一般设有配送中心，由配送中心组织货源并进行配送和送货。独立的零售企业则由具备物流功能的批发企业送货或自行组织货源的运输、储存等物流业务。随着电子商务的发展，网上购物的比重将逐步提高，零售企业直接向消费者配送的功能也会得到发展。目前由于配送网络不健全以及消费习惯、信用等问题，面向消费者的配送物流仍未

得到有效解决，阻碍了面向消费者的电子商务的发展。

（3）服务企业物流

服务企业向顾客提供劳务而非实物产品，故服务企业不存在销售物流。但服务企业在提供劳务过程中仍需要大量的物料，因此，其供应物流不可忽视。如位于美国旧金山附近的美国联合航空公司的主要维修基地，为保障航线的正常运行，存储有 17 万多种维修用零部件项目。该系统每月要处理 10 万多项存货收发业务。

（4）其他企业物流

其他各种类型企业的物流也各有特点。如建筑与房地产开发企业的物流主要是供应物流，农业种植企业既有供应物流又有销售物流，林业、海洋捕捞业等企业则以销售物流为主，等等。

2.1.2　企业物流组织

随着物流内涵的不断扩大、物流集成化程度的不断提高，企业物流组织的地位、管辖范围等发生了巨大变化。美国物流专家 D・J・鲍尔索克斯认为，在 20 世纪 50 年代以前，企业的物流功能分散在制造、市场营销、财务等部门，没有专门的物流组织。50 年代末 60 年代初，一些企业把两个或两个以上的物流功能进行集合，形成专门的物流管理部门。但是，企业总体的组织不作重大改变，一般是在市场营销部门下设实物分销（PD）机构、在制造部门下设物料管理（MM）机构，也很少有将分销物流与输入物流一体化的组织单位。60 年代末到 80 年代，由于物流的重要性被不断认识，物流组织被提升到一个更高的组织层次上。物流部门从市场营销部门、制造部门独立出来，物流功能的集成化程度也不断提高。企业开始从战略的角度看待物流，将物流视为一种核心能力处理。同时，实物配送（PD）与物料管理一体化被企业界、金融界所重视，导致企业组织的巨变。90 年代以来，物流组织的演变开始从功能整合转向过程整合，即通过过程功能一体化及过程信息一体化，提高企业生产率。这与当前出现的矩阵组织、扁平化组织及虚拟企业等趋势相一致。需要说明的是，这一系列变化主要出现在一些行业领先企业，大量中小企业可能滞后于这种变化，因此，即使在美国，也是多种物流组织形式并存。

由于我国物流管理尚处于引进、消化阶段，物流组织上明显落后于发达国家。但是，我国也有一批诸如海尔集团等现代企业，以及一些外资企业，较早地接受了现代物流理念，其物流组织接近于欧美等国的领先企业。所以，我国的物流组织更具多样性，主要模式介绍如下。

1.　协作型物流组织

我国多数企业没有建立一体化管理的物流组织，各项物流职能分散在采购、生产、营销或销售等部门。一些企业领导者在实践中逐步认识到物流的重要性，再加上现代物流思想的传播，开始在企业建立协作型物流组织。所谓协作型物流组织，是指在不改变原有组织机构模式的基础上，通过某种协作机制，使分散在各部门的物流职能实行统一管理的组织。这种协作或协调机制可以是正式或非正式的业务程序，也可以是某种委员会制度，还可以是指派某些专职人员专门从事协调工作。

这一模式的优点在于不改变原有组织结构和权力布局，易为企业各部门所接受，对于企业总体规模不太大、相互联系比较方便的情况，是一种可行的选择。但这一模式也存在不少问题，首先是当物流管理的要求与部门利益发生冲突时，很难保障物流一体化管理的要求。

其次，业务程序必须由人来执行，这就必然存在如何考核执行人员的绩效及由谁考核等问题。此外，在这种组织模式下，物流常被认为是类似于起到一种参谋作用而非管理职能，从而容易被忽视。

2．一体化管理的物流组织

将原分属于供应（采购）、生产、销售等部门的全部物流职能并入一个一体化管理的物流部门，这一办法显然是最理想的；因为把运输、仓储、库存控制和其他职能并入一个业务部门后，协调它们之间的关系就方便多了。在这种模式中，物流部门是与市场营销、制造、财务等并列的职能管理部门，不再仅起到参谋作用。由于把输入物流与物流实行一体化管理，可最大限度发挥物流管理的作用。例如，海尔集团成立物流推进本部后，把物流职能从原来的十几个产品事业部和职能部门剥离出来，统一实施对集团内物流的运作管理，统一采购、统一材料配送、统一成品配送，采用 JIT 管理方式，使平均库存周转时间从 30 天减至 12 天，整个集团仓库占地面积从 20 余万米^{2}减少为 2.6 万米^2，订单的响应时间从原来的 36 天降低到不足 10 天。

3．物流子公司

20 世纪 80 年代以来，由于物流功能的发展和物流独自取得利润的成功，"利润中心"型物流组织有所发展，其中成立物流子公司就是一例。

物流子公司是在大型企业或企业集团中，在母公司之下和其他事业一样成立子公司。与职能管理部门或事业部相比，物流子公司更具独立性，是可以用利润考核其业绩的"利润中心"。

物流子公司不但承担本企业集团成员的物流，而且还可以和集团外企业建立紧密或松散的业务关系，接受其他企业委托，提供物流服务。有的专业物流企业，就是从物流子公司转化而来，即当对外部提供的物流服务占主导地位时，物流子公司就转化为社会化的专业物流企业。

4．委托第三方物流企业

虽然物流对企业的经营活动至关重要，但这并不意味着必须由企业自己承担物流职能，也可以将物流外包给专业物流企业来做。这是扩展物流组织至企业边界之外的方法之一，企业内部可只保留极少的人员作为接口。与第 2 模式的内部一体化相比，这一模式可称为物流的外部一体化。对于那些自身资源有限，或不想把物流培植成企业自身的核心能力，但又想拥有高效率、高水平物流服务的企业，委托第三方物流企业是一种可行的模式。

2.1.3　企业物流部门与其他部门的关系

1．物流部门与市场营销部门的关系

市场营销部门是与物流联系最为密切的主要部门之一。输出物流，或实物配送（PD），传统上被视为营销的职能之一，对促进产品销售、提高市场占有率起重要作用。例如，在实物配送中，提高产品发送的速度、保证一贯准时送货、便利顾客随时能买到所需要的产品、提供发出商品在途运输情况查询服务等，有利于客户降低库存水平（减少安全库存），赢得客

户的信赖，从而与客户建立长期合作关系，促进企业产品销售。20 世纪 90 年代以来，营销的重点已从交易转向发展与客户的长期合作关系，而物流对建立这种长期合作关系起到至关重要的作用。

除了在分销策略中的作用外，物流对价格策略、产品策略及促销策略也有重要影响。制定产品的销售价格时，运输费等物流费用是需要考虑的重要因素。物流管理人员必须估计对客户提供不同服务水平所需支出的物流费用，会同市场营销部门根据要求的服务水平与物流费用之间的增减变化关系，商讨出最佳的定价决策。一般来说，增大订货批量可以降低单位产品的物流费用，物流部门常协助市场营销部门制定合理的"数量折扣"定价政策。

确定产品的外观设计和包装，必须考虑物流的可行性与物流费用，需要由生产部门、市场营销部门与物流部门互相配合协作。例如，美国苹果计算机公司改变了产品设计，使产品的尺寸减小 1/4，仅 1988 年就节省运输费用 10 万美元。

在产品促销过程中，也需要物流与促销人员密切协作。例如，促销部门利用广告大力宣传推销某种产品，物流部门人员应紧密配合将该种产品作为实物配送的重点对象，进行严格管理，做到市场随时有现货供应，方便顾客购买。

2．物流部门与生产部门的关系

企业生产过程就是将输入企业的原材料、零部件转化为产成品的过程，所以，生产过程既是工艺过程、劳动过程，又是物流过程。与生产部门密切相关的主要是供应物流及生产物流，MRP 及 MRP II 正是将生产与物流一体化管理的产物。MRP 系统将在本章 2.2 节中介绍。

3．物流部门与财务部门的关系

物流部门与财务会计部门有些经常的相互业务联系。一方面，物流部门只有在掌握真实反映物流成本资料的基础上，才能作出合理的决策并进行有效的控制；另一方面，财务部门需要经常测算未来的现金流量，这有赖于物流部门提供原材料采购和产品配送的动态资料，作为计算的依据。此外，存货的计价方法，与会计部门定期编制会计报表，正确反映企业在一定时期的财务成果和财务状况有着密切的关系，需要财务会计部门与物流部门共同协商确定。至于物流成本管理的具体方法，则将在本教材第 11 章中介绍。

2.2　输入物流与 MRP 系统

2.2.1　企业生产与输入物流

现代工业企业的生产过程具有大规模采用机器，劳动分工精细、协作关系复杂严密，比例性、连续性强等特点。现代工业企业生产类型主要有以下几种。

1．大量生产

大量生产的特点是产品稳定，品种少，产量大，每个工作地固定执行一道工序或几数几道工序，工作地专业化程度高，普遍采用高效率的专用设备和专用工具。大量生产的特点使生产与物流计划可以更好地发挥指导生产的作用。因为对产品的工艺制造过程能预先作详细安排，一次安排多次受益；对所需要的物料能够预先确定，提前通知物流部门预先订货。汽车制造、内燃机、家用电器、自行车厂等行业属于大量生产类型。

2．成批生产

成批生产的特点是产品品种相对稳定，品种稍多，产量较大，工作地成批地或轮番地生产若干种产品或零件，工作地完成的工序数要比大量生产的工作地完成的工序数多，专业化程度不很高，当一批产品制造完毕后改生产另一批产品时，往往需要重新调整设备和工艺装备。轧钢厂、机车车辆制造厂、大中型计算机厂等属于成批生产类型。

3．单件生产

单件生产的特点是产品不稳定、品种多，产量是单件或少数几件，不重复生产或偶而重复生产，工作地通用性强，专业化程度低，采用的设备和工艺装备大都是通用的，设备通常是按工艺原则"成机群"布置的。属于单件生产的有大型船舶生产企业、大型发电机制造厂、制造冶炼轧钢设备和矿山设备的重型机器制造厂等。

随着顾客需求多样化的趋势，传统上属于大量生产的企业也在向成批生产甚至单件生产转化，如微型计算机。目前多数企业仍是大量生产或成批生产，但美国戴尔（Dell）公司可按用户订购时要求的配置进行生产，虽然从企业的角度仍不是真正意义上的单件生产，但从用户的角度可视为单件生产。这种大规模定制方式是现代制造业发展的趋势，而这种趋势增加了企业控制输入物流、减少库存的难度。

2.2.2　MRP 基本原理

在讨论 MRP 之前，要说明一下在 MRP 及 MRP II 中"物料"一词的含义。"物料"（Item 或 Material、Part）是指为了产品出厂，需要列入计划的一切不可缺少的物品的总称，不仅包括通常理解的原材料与零件，还包括配套件、毛坯、在制品、半成品、成品、包装材料，甚至包括产品说明书、工装工具、能源等，范围很广。因此，有些软件称之为"项目"。

早期的物料库存控制通常采用订货点法，即事先确定好一个订货点库存水平，当库存逐渐下降，降到订货点时，就要下达订单（订单的含义包括加工单和采购单两种）来补充库存。订货点库存水平是根据安全库存量和订货前提期（或生产提前期）来确定的，即：

$$订货点＝订货提前期×平均每天需用量＋安全库存量$$

在需求稳定的情况下，订货点法是可行的。但需求处于不稳定状态时，这种方法可能会出现缺货，而为了防止缺货，需要设置较多的安全库存量，其使得平均库存水平大大提高。出现这种现象的根本原因在于订货点法没有按照物料真正需要的时间来确定订货日期，因此往往造成库存大量积压。于是人们提出了这样的问题："怎样才能在规定的时间、按照规定的数量得到真正需用的物料？"换句话说，就是库存管理怎样才能和生产计划完全吻合。这是当时生产与库存管理专家们不断探索的中心问题。

20 世纪 60 年代中期，美国生产与库存管理学会的一批专家发现，在工业企业，特别是机械、电子等产品制造业中，进行产品生产需用的物料具有如下消耗特点：

- 各种物料在消耗使用上彼此之间存在着先后主从的依存关系。即，后续工序的用料及其用量和用时由其前道工序的主项目（Parent Item）决定，所以其需求类型具有非独立性质，称为非独立需求（Dependent Demand）。与非独立需求相对应，企业生产的最终产品（包括外销零部件）的需求，主要由外界市场决定，称为独立需求

（Independent Demand）。

- 非独立需求的原材料、零部件等库存项目并不是每日连续均衡消耗，而是按照产品生产进度定期分阶段成批投入生产使用。
- 非独立需求的物料的需用消耗量一般可按确定性处理，根据确定的最终产品生产数量，分阶段分层次展开核算。

上述特点表明：对于非独立需求的物料不适合采用传统的订货点法等库存管理方法，而适合于采用 MRP（Material Requirement Planning，物料需求计划）库存与生产管理系统。MRP 的核心思想是，对生产所需的非独立需求物料，按其与产成品的相互关系，在必要的时候订购或生产必要的数量，从而最大限度地降低这些原材料、外购零部件及中间产品的库存水平。

2.2.3　MRP 计划编制程序

1．编制主生产进度计划（Master Production Schedule，MPS）

在生产总体计划的基础上，根据已收到的客户订单和销售预测，确定在一定计划期间需要生产的最终产品（即独立需求的产品）的生产数量和完成日期，即编制主生产进度计划。主生产进度计划的计划期应根据最终产品的完工日期、加工时间，以及所需各种原材料、零部件等的提前时间等因素确定。计划期的时间单位一般可按周或天计算，称为时间段。

2．根据主生产进度计划和物料清单（Bill of Material，BOM）核算各阶层物料需用量

所谓物料清单，是指最终产品的用料结构。图 2.1 以树形结构图列出生产产品 X 的物料清单。

图 2.1 中列出产品 X 使用哪些物料装配而成及相应数量（即括号中数字）。从图中我们看到，阶层 0 的产品 X 是由部件 X1（1 件）与部件 X2（2 件）组装而成；部件 X1 是外购件，而部件 X2 是自制件，即由阶层 2 的零件 X21（2 个）与零件 X22（1 个）组装而成；零件 X21 也是外购件，而零件 X22 是自制件，由阶层 3 的材料 Ml（2 公斤）制成。

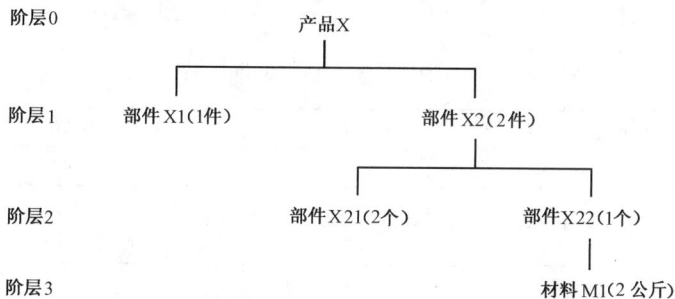

图 2.1　产品 X 的树形结构物料清单示意图

根据主生产进度计划和物料清单，就可以分阶层核算每种物料的毛需用量，再结合库存情况就可以确定其采购量和生产量。

3．建立各物料项目动态信息卡片

每种最终产品及其所需的各种物料项目，应分别设立卡片，记录和提供它们每时段（天或周）的补充订货、收入、发出和结存数量的动态信息。

4．确定采购和加工装配的提前期

对于外购零部件、材料的提前期指从发生订单，到收到物料并能投入生产使用的时间；企业自制零部件则指从发出生产计划单到该物料送到生产线投入生产使用的时间。根据物料清单只能获得物料需用量信息，而什么时候需要则取决于主生产进度计划及提前期。

5．编制 MRP 计划表

根据物料毛需用量、期初库存量、提前期等信息编制各阶层的 MRP 计划表，并在 MRP 计划表基础上，生成明细采购计划和明细加工计划，由企业生产、物流、销售等部门协作完成 MRP 计划。

MRP 计划的编制过程如图 2.2 所示。

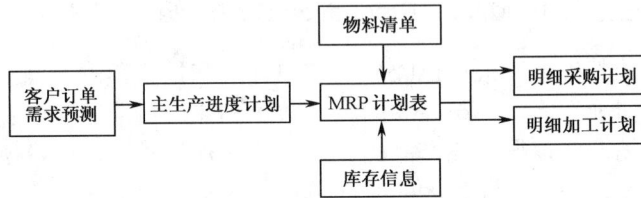

图 2.2　MRP 计划编制过程

2.2.4　MRP 计划编制实例

现举例说明 MRP 计划编制方法，设产品仍为前述产品 X。

① 根据客户订单，要求在第 5 周和第 10 周分别交货产品 X 100 件，即主生产进度计划为在第 5 和第 10 周各需产品 X 100 件。

② 确定产品 X 的物料清单、库存信息与提前期信息。物料清单如图 2.1 所示，库存量与提前期如表 2.1 所示。

表 2.1　库存与提前期

物料项目名称	计划期初库存量	提前时间/周	附　　注
产品 X	45 件	2	
部件 X1	15 件	2	
部件 X2	30 件	1	
零件 X21	60 件	1	
零件 X22	40 件	1	
材料 M1	0 公斤	2	在上一期期末前 2 周已发出订单采购 130 公斤

③ 分阶层编制 MRP 计划表，如表 2.2 所示。

MPR 计划表从阶层 0 开始编制。主生产进度计划，需在第 5 周交货 100 件，而期初库存量为 45 件，提前时间为 2 周，故计划在第 3 周开始装配 55 件。另外在第 10 周交货 100 件，故需在第 8 周安排生产 100 件。阶层 1 的计算以满足阶层 0 的需要为目标，部件 X1 与产品 X 的关系是 1:1，故在第 3 周和第 8 周 X1 需要 55 件和 100 件，由于 X1 的期初库存为 15 件，提前期为 2 周，故需在第 1 周订购 X1 40 件。同理，需在第 3 周和第 8 周订购 X2 110 件和

200 件。由于 X2 的期初库存为 30 件，提前周期为 1 周，计划在第 2 周和第 7 周装配 X2 80 件和 200 件，同理可以计算阶层 2 和阶层 3 的需求量及订购量（或加工量）。MPR 表计算完成后，可据此生成明细采购计划（见表 2.3）和明细加工计划（见表 2.4）。

表 2.2　产品物料需用量计划表

阶层 0：产品 X（提前时间 2 周）											
时间段（第 L 周）	0	1	2	3	4	5	6	7	8	9	10
毛需求量						100					100
预定到货数量						(55)					(100)
库存数量	45	45	45	45	45	0	0	0	0	0	0
计划补充订购数量				55					100		
阶层 1：部件 X1（提前时间 2 周）											
时间段（第 L 周）	0	1	2	3	4	5	6	7	8	9	10
毛需求量				55					100		
预定到货数量				(40)					(100)		
库存数量	15	15	15	0	0	0	0	0	0	0	0
计划补充订购数量		40						100			
阶层 1：部件 X2（提前时间 1 周）											
时间段（第 L 周）	0	1	2	3	4	5	6	7	8	9	10
毛需求量				110					200		
预定到货数量				(80)					(200)		
库存数量	30	30	30	0	0	0	0	0	0	0	0
计划补充订购数量			80					200			
阶层 2：零件 X21（提前时间 1 周）											
时间段（第 L 周）	0	1	2	3	4	5	6	7	8	9	10
毛需求量			160					400			
预定到货数量			(100)					(400)			
库存数量	60	60	0	0	0	0	0	0	0	0	0
计划补充订购数量		100					400				
阶层 2：零件 X22（提前时间 1 周）											
时间段（第 L 周）	0	1	2	3	4	5	6	7	8	9	10
毛需求量			80					200			
预定到货数量			(40)					(200)			
库存数量	40	40	0	0	0	0	0	0	0	0	0
计划补充订购数量		40					200				
阶层 3：材料 M1（提前时间 2 周）											
时间段（第 L 周）	0	1	2	3	4	5	6	7	8	9	10
毛需求量		80					400				
预定到货数量		(130)					(350)				
库存数量	0	50	50	50	50	50	0	0	0	0	0
计划补充订购数量					350						

表 2.3　明细采购计划

序　　号	采购时间	采购物料名称	采购数量
1	第 1 周	X1	40
2	第 1 周	X21	100
3	第 4 周	M1	350
4	第 6 周	X1	100
5	第 6 周	X21	400

表 2.4　明细加工计划

序　　号	加工时间	加工物料名称	加　工　量
1	第 1 周	X22	40
2	第 2 周	X2	80
3	第 3 周	X	55
4	第 6 周	X22	200
5	第 7 周	X2	200
6	第 8 周	X	100

在实际应用 MPR 时，由于企业生产的产品可能有数十种，每种产品又可能分解成上百或上千种原材料和零部件，计划周期的时间段为了精确需要以天为计算单位，故计算和制表的工作量浩大，数据繁多。唯有在实现计算机管理的前提下，MPR 才能真正投入使用，并作为企业管理信息系统（MIS）的构成部分，为企业的生产、物流活动提供决策和控制信息。

2.2.5　MRP 系统的安全库存设置问题

虽然在 MRP 系统中对生产中非独立需求的物料按确定性需求来处理，而不是以统计预测方法估算其需求量，但是为了预防在生产、销售和采购过程中可能出现的不确定因素，如独立需求预测的不准确、客户订货要求发生变更、运输发生延误等不确定性因素，仍有必要考虑设置相应的安全库存量，作为缓冲。但是与常规库存管理中的安全库存设置不同，MRP 系统无须针对所有零部件、材料和产成品设置安全库存，而只需采用"保两头"的办法，即一方面在阶层 0 或 1 设置一定的产成品或部件作为安全库存，当产品销售增加、超过原生产计划的产出时，可以提供产成品现货或将部件迅速组装成产成品，以防止缺货；另一方面，对受外界影响较大的外购原材料、零部件等物料项目，也设立一定的安全库存，以防供货误期而影响生产与交货。至于中间阶层的一些自制件，企业完全可以控制，一般不需要设安全库存。

至于外购物料安全库存量的大小，则主要取决于供货商的信誉及交通运输条件等因素。随着我国交通运输状况的改善和物流业的发展，这方面引起的延误越来越少。至于供应商，关键是要发展与其良好的合作伙伴关系。一些国际知名企业在选择供应商时，并不十分注重其价格，而把供应商的信誉及与供应商的长期合作关系放在第一位，这样，即使价格略高，但质量和交货期有保证，可以大大减少安全库存，在总体上仍然是有利的。

2.2.6　制造资源计划

制造资源计划（Manufacturing Resource Planning，MRP II）是在 MRP 计划的基础上，将企业的生产、营销、物流、工艺技术和财务等业务活动纳入统一的计划管理体系而形成的管理信息系统。

MRP 生成的物料需求计划只是一种建议性计划，是否有可能实现，还要考虑企业的能力。因此，需求计划只有同能力计划结合起来，反复运算，经过平衡后才有可能执行。能力计划并不是用已有的能力去限制需求，而是对能力进行规划与调整，使之尽可能地满足物料的需求。在 MRP 的基础上增加能力计划以及执行计划的功能，就成为闭环 MRP。在闭环 MRP 的基础上，进一步集成资金流及成本管理，即为 MRP II。MRP II 系统运作过程如图 2.3 所示。

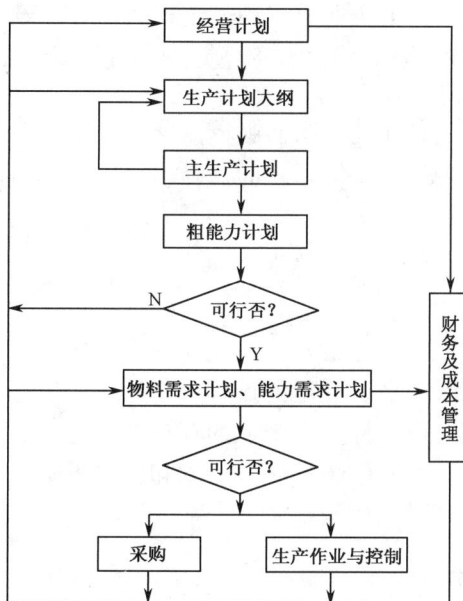

图2.3　MRP II系统运作过程

由于 MRP 将营销、物流、财务与生产系统相结合，并且具有模拟功能，因此它不仅能对生产过程进行有效的管理和控制，还能够对整个企业计划的经济绩效进行模拟，对企业高级管理人员起到辅助决策的作用。国内外已有数以万计的企业采用了 MRP II 技术，在提高生产效率、减少库存、改善用户服务、保障按期交货等方面取得显著效果。MRP II 的功能主要体现在：

- 提供了支持整个生产经营管理的通信和决策系统；
- 提供了运用计算机将企业所需的主要信息集中存储与存取的方法；
- 提供了协调工业企业工艺、生产和物料管理等的功能。

MRP II 是解决现代化生产物流管理的有效方法，MRP II 的吸引力不仅在于它对生产决策的支持作用，更重要的是它在生产组织一体化中所起的作用。MRP II 的适应性较强，适用于批量生产、按客户订单生产、产品多变等不同的生产环境。

在 MRP II 的基础上，通过前馈的物流和反馈的信息流、资金流，把客户需求与企业内部的生产经营活动，以及供应商的资源整合在一起，就形成了企业资源计划（Enterprise resource planning，ERP）。与 MRP II 相比，ERP 集成度更高、适应性更强，成为 MRP II 的升级产品。

2.3　现代物流产业

2.3.1　物流产业的形成

1．产业

产业是指生产同一类产品或提供同一类服务的生产者（厂商）的集合。一般认为，形成一个产业，必须同时具备以下条件：

- 产业规模规定性 —— 一个企业单元不一定构成产业，若干企业单元也不一定构成产业，构成产业的企业数量、产业量必须达到一定规模，在社会经济中有相当影响，才成为一个产业。
- 产业的职业规定性 —— 社会各职业中形成了专门从事这一产业活动的职业人员。
- 产业的社会功能规定性 —— 这一产业在社会经济活动中承担一定角色，而且是不可缺少的。

具备上述条件的企业集合体才可以称为产业。

2．新产业产生的原因

产业都有其产生、成长、成熟、衰退的过程。新产业产生有两个基本原因：一是市场的需求，并达到一定的规模，足以支撑一个产业的存在；二是产品或技术上的重大创新。而这两个原因又常常相互作用，如技术创新使产品成本和价格下降，从而使需求规模扩大；而需求规模的扩大对技术创新起到激励作用。

3．现代物流产业的形成

物流产业是以物流活动为基本共同点的企业集合体。物流产业的产生首先是由于物流科学与管理技术的创新，以及信息技术的普及，使人们能够把原本分散的运输、仓储、包装、配送、搬运、流通加工等活动有机地结合起来，实行一体化管理。但物流科学与管理的创新只是现代物流产业产生的必要条件，物流仍可由企业内部提供。要形成独立的产业，必须有足够的用户有物流服务需求。在西方国家，用户对外部物流服务的需求是在 20 世纪 80 年代才达到足够的规模，并导致现代物流产业的产生和形成。发生变化的原因主要有：

- 用户对服务的要求提高，即用户已不满足于单一功能的、标准化的物流服务，而需要系列化、高水平、个性化的服务。传统的运输企业、仓储企业等没有能力提供这样的服务，而企业内部提供又受到企业规模等因素的限制。
- 市场竞争的加剧，导致企业对核心竞争力的追求。即使一些大型企业，为了把资源集中在培育核心竞争力上，也把物流外包给专业物流企业。换句话说，不仅小而全的企业缺乏竞争力，大而全的企业也不再被看好，大企业同样需要依靠外部资源来增强市场竞争力。
- 贸易自由化、世界经济一体化的趋势，导致物流的总规模增加。对制造企业来说，市场越大、分销渠道越长，对专业物流企业的依赖性越强。

- 现代物流技术与管理及信息技术的创新，导致物流成本及收费下降，也使得用户对物流服务的需求大幅度增加。

4．物流企业的来源

国际上，现代意义上的物流产业是一个只有 20 年历史的相对年轻的产业。在美国，现代物流业被认为处于产业生命周期的萌芽—成长期。而在我国，现代物流业始于 20 世纪 90 年代后期，目前仍处于萌芽期。就世界范围而言，全世界现代物流的市场需求具有潜力大、渐进性和高增长率的特征。对物流产业的前景，各界普遍持乐观态度。这种良好的预期，导致大批企业进入物流产业。从国际和国内现有的物流企业来看，主要有以下这些来源：

- 以运输为基础的物流公司。这些公司都是大型运输企业的子公司或分公司，有些服务项目是利用其他公司的资产完成的。其主要优势在于公司能利用母公司的运输资产，扩展其运输功能，提供更为综合性的一系列物流服务。
- 以仓储和配送业务为基础的物流公司。传统的储运企业或配送企业，已经扩展到更大范围的物流服务，建造物流网络和企业信息化改造，使之符合现代物流的要求。经验表明，这类企业要比基于运输的公司转为综合物流服务企业更容易、更简单。在我国，这类企业大多数属于外贸、商业、物资等流通行业，与货主企业关系十分密切。
- 以货代为基础的物流公司。这类公司一般资产很少，但与许多运输企业有密切关系，并拥有广泛的信息网络。已证明它们具有把不同物流服务项目组合，以满足顾客需求的能力。当前，这类公司正从货运中间人角色转为业务范围更广、更综合的第三方物流服务公司。
- 以企业物流管理为基础的物流公司。这类企业是从大公司的物流部门或企业集团的物流子公司演变而来的。它们拥有大型企业物流管理的专业知识和经验，作为第三方物流企业，易被客户所接受。其提供的业务的综合化程度较高，有较强的存货管理、采购与配送等能力。

除上述来源外，还有一些企业成立之初就以现代物流企业为目标模式，其好处是没有传统思维方式需要去破除、转型，但也缺乏上述企业在某些方面的优势。

2.3.2　物流产业的构成和性质

物流产业是国民经济的基础性产业，其自身又由许多产业构成，所以严格地说，物流产业是一产业群。广义上，物流产业既包括现代物流产业，又包括交通运输业、储运业、货代业等"类物流"产业。狭义上，物流产业指提供一体化物流服务的现代物流产业。广义的物流产业主要由以下产业构成：

- 交通运输业 —— 包括铁道运输、汽车货运、远洋与沿海船运、内河船运、航空货运等不同运输形式的产业，还包括为主体交通运输起支撑、保证、衔接作用的许多产业，如装卸搬运。
- 储运业 —— 以储存为主体的兼有多种职能的产业，包含若干小产业，也包括某些和储存联系密切的运输业，所以称为储运业。
- 货代业（即货运代理业）—— 货主和运输业之外的第三方从事托运和货运委托人的产业。各种运输业除了直接办理承运手续以外，都由货代业按货主的运输要求从事委托、承办、代办等服务。

- 配送业 —— 专门从事商品采购、短期储存、配货和送货业务的企业群体。配送企业虽然也要从事大量商流活动，但其核心能力仍然是物流，是以物流带动商流。所以，配送业是以物流为主体，商流、物流一体化的产业。
- 集装箱联运业 —— 专门办理集装箱"一票到底"联运的集装箱运输办理业，可以受货主委托完成各种运输方式的联合运输，并组织集装箱"门到门"运输、集装箱回运等业务。
- 快递业 —— 以承接并组织小件货物快递服务为主体的产业。快递业是 20 世纪 70 年代兴起的新兴产业，美国的联合包裹（UPS）、联邦快递（FedEx）不仅是全球最大的快递公司，也是最大的现代物流企业。我国目前的快递市场发展迅速，不仅有外资、合资的快递公司，中国邮政的 EMS，还有依托铁路、民航等运输企业的快递公司，以及大批区域性的中小型快递公司。
- 第三方物流业 —— 目前对第三方物流业的界定尚不一致，有时泛指专业物流企业，甚至包括"类物流"的运输企业、仓储企业等。本教材特指与货主企业签订长期合同，为货主企业提供一体化物流服务的综合物流企业。
- 仓储业 —— 西方国家一般称之为公共仓库业，是以为货主提供仓储及相关服务为主业的产业。

此外，广义的物流产业还包括邮政业、拆船与拆车等废旧物资再生利用业、集装箱与托盘租赁业等。

物流产业的基本性质可以从以下两方面说明：

首先，物流产业是国民经济的基础性产业，并在特定条件下，成为国民经济的支柱性产业。讲物流产业是国民经济的基础性产业，是从物流对国民经济的动脉作用而言的。物流产业通过不断输送各种物品，使生产者不断获得原材料、燃料、零配件以保证生产过程的正常进行，又不断将产品运送给不同需要者，以使这些需要者的生产、生活得以正常进行。这些互相依赖的存在是靠物流来维系的，国民经济因此才得以成为一个有内在联系的整体。讲物流产业是国民经济的动脉而不讲它是器官，是因为假如人体一个器官坏了，也许还能生存下去，而动脉停止运送血液，人体就必然死亡。当然，从物流产业是国民经济基础产业这一点来说，动脉作用不仅是生与死的问题，而且还有生得健康，促进国民经济发展的问题。一些特定的国家和地区，如日本、新加坡和中国的香港地区，由于特定的地理位置和产业结构条件，物流产业在国民经济或区域经济中能够发挥带动和支撑整个国民经济的作用，成为国民经济的支柱产业。

其次，物流产业是生产性服务业。讲物流产业的生产性，一方面是因为物流活动是生产活动的组成部分或生产过程在流通领域的继续，另一方面是由于物流产业的服务对象以生产、建设等产业为主。讲物流产业是服务业，是因为物流产业本身并不提供物质产品，而是为顾客提供专业化服务。虽然目前物流产业以生产、流通等企业为主，但以消费者为服务对象的物流配送产业亦有所发展，特别是电子商务的兴起，使面向消费者的物流产业获得了非常广阔的发展前景。

2.3.3　第三方物流业

1．第三方物流的含义

第三方物流（Third Part Logistics，TPL）是指由供方（或发货人）与需方（或收货人）以外的物流企业提供物流服务的业务模式。第三方物流企业可广义地定义为提供部分或全部企业物流功能服务的一个外部提供者。这一广义的定义把提供运输、仓储、销售物流、相关财务的提供者都包括在内，即，包含了所有专业物流企业。但是，我们更多地是在狭义上使用第三方物流的含义，即与货主企业签订长期合作关系，为货主企业提供系列化、综合化物流服务的业务模式，这种意义上的第三方物流，常称为合同物流（Contract Logistics）、物流外包（Logistics Outsourcing）、全方位物流服务（Full-service Distribution）、物流联盟（Logistics Alliance）等，这些名称都从某个侧面反映了第三方物流的实质。或者说，第三方物流企业并不是取代传统的运输、仓储等企业，而是部分或全部取代工商企业内的物流部门。所以，欧美学者一般是这样定义第三方物流的：第三方物流是指传统的组织内履行的物流职能现在由外部公司履行。本教材也在此含义上介绍第三方物流。

2．第三方物流的特征

（1）第三方物流是合同导向的一系列服务

第三方物流中的合同是指长期合同，它不同于一般的运输或仓储合同，一般合同针对一次交易，只包含一项或分散的几项物流服务，第三方物流则根据合同条款款定的要求，提供多功能、甚至全方位的物流服务。它不是满足临时需求，而是满足一段时期的需求。第三方物流企业提供的服务也不严格限于物流方面，可以根据用户需要，包含一些商流、信息流方面的服务，只不过物流是其核心能力而已。

（2）第三方物流是个性化物流服务

第三方物流服务的对象一般都较少，只有一家或数家；服务时间却较长，往往长达几年。这是因为需求方的业务流程各不相同，而物流、信息流是随商流或价值流流动的，因而要求第三方物流服务应按照用户的业务流程来设计。传统的运输、仓储企业由于服务对象众多而只能提供单一的、标准化的服务，无法满足用户的个性化需求。

（3）第三方物流是建立在现代信息技术基础上的

现代信息技术的发展是第三方物流产生的必要条件。计算机、网络和现代通信技术，实现了数据处理的实时化、数据传递的高速化，使库存管理、运输、采购、订单处理、配送等物流过程自动化、一体化水平不断提高，用户可以方便地通过信息平台与物流企业进行交流和协作，消除物流外包带来的管理上的不便，这就使用户企业有可能把原来在内部完成的物流作业交由物流公司运作。常用于支撑第三方物流的信息技术有：实现信息快速交换的 EDI 技术，实现货物跟踪的 GPS 系统，实现资金快速支付的 EFT 技术、实现数据快速采集的条形码技术和实现网上交易、查询的电子商务技术等。

（4）第三方物流企业与用户企业是联盟关系

第三方物流企业与用户（或货主）企业不是一般的市场交易关系，而是介于市场交易与纵向一体化（即企业内部提供物流服务）之间的联盟关系。这就要求物流企业与用户企业之间相互信任，充分共享信息，共担风险和共享收益，以达到比单独从事物流活动所能取得的更好效果，即双赢。表现在物流服务提供者的收费政策上，不看重单项业务的盈利，而着眼于整个时期的利润。无论从哪一方讲，合作伙伴对自己都有战略价值，故这种联盟关系的存续时间都较长。调查表明，西欧使用第三方物流的企业服务时间在 5 年以上的达到 60%。

3．第三方物流企业的类型

由于我国第三方物流业尚处于萌芽期，尚未形成明显的企业类型。这里主要介绍欧美国家第三方物流企业的类型。

（1）按提供服务的种类划分

- 以资产为基础的物流企业 —— 主要通过运用自己的资产来提供专业的物流服务。这些资产可以是运输工具（车队、船队、机群）或仓库、物流中心，如美国的 UPS、FedEx 等。
- 以管理为基础的物流企业 —— 通过信息系统和咨询服务提供物流管理。他们经常以一个子承包运输部门的身份，负责部分或全部的客户相关业务。另外，他们也常常具有进出口和配送部门的功能。他们与发货人的雇员一起工作，不拥有运输和仓储设施，只提供人力资源。还有一类物流咨询公司，他们不负责物流操作上的任务，而是提供概念上和战略上的物流规划设计服务，为各类企业提供物流解决方案。
- 综合物流企业 —— 提供综合物流服务的企业拥有资产，一般是货车、仓库，或两者都有。但是他们所提供的服务，并不以使用自己的资产为限。一旦需要，便可与其他企业签订子合同提供相关的服务。
- 以行政管理为基础的物流企业 —— 主要提供行政性的管理服务，比如运费的支付。

（2）按所属的细分物流市场划分

- 操作性的物流企业 —— 操作性的细分市场中，物流企业通常以成本优势进行竞争，他们一般精于某项物流业务的操作。例如，快递公司中的 UPS、FedEx、DHL 等公司就是操作性公司的典型代表。
- 行业倾向性的物流企业 —— 常为满足某一特定行业的需求而设计自己的作业能力。如荷兰的 Volpak 公司，为满足液体化工行业的物流需求而建立了全球化的作业能力和基础设施。
- 多元化的物流企业 —— 这些企业开发出一系列相关又不具相互竞争性的服务，比如在班轮运输中的相关服务：集装箱、码头、汽运、仓储和水运。
- 顾客化的物流企业 —— 面向一些有很高专业需求的客户，他们之间的竞争主要在于服务而不是费用。如 FransMass，这家公司与一家欧洲大公司有着密切的服务关系，FransMass 不仅为原材料的运入和产成品的运出安排运输，还提供最终产品装配的操作，以及在 Venray 的仓库设施为顾客进行产品测试。这类企业也是最典型意义上的第三方物流企业。

习题与思考题

一、应知目标考核题

（一）单项选择题

1．对于那些自身资源有限或不想把物流培植成核心能力，但又想拥有高效率、高水平物流服务的企业，（　　）是一种可行的模式。

　　A．建立协作型物流组织　　　　　　B．组建一体化管理的物流组织

　　C．成立物流子公司　　　　　　　　D．委托第三方物流企业

2．在美国等西方国家，现代物流产业形成于（　　）。

　　A．20 世纪 40 年代　　　　　　　　B．20 世纪 70 年代

　　C．20 世纪 80 年代　　　　　　　　D．20 世纪 90 年代

3．专门从事商品采购、短期储存、配货和送货业务的行业称为（　　）。

　　A．储运业　　　　B．货代业　　　　C．配送业　　　　D．第三方物流业

4．下列名称中除了（　　），与第三方物流的含义基本一致。

　　A．合同物流　　　　　　　　　　　B．全方位物流服务

　　C．综合物流　　　　　　　　　　　D．物流联盟

5．最典型意义的第三方物流企业是（　　）。

　　A．操作性的物流企业　　　　　　　B．行业倾向的物流企业

　　C．多元化的物流企业　　　　　　　D．顾客化的物流企业

6．第三方物流企业实质上是取代（　　）。

　　A．传统的运输、仓储等企业　　　　B．流通企业

　　C．部分或全部取代工商企业内的物流部门　　D．货运代理企业

7．第三方物流企业与客户（货主）的关系是（　　）。

　　A．市场交易关系　　　　　　　　　B．联盟关系

　　C．纵向一体化　　　　　　　　　　D．企业集团的成员关系

（二）判断题

1．服务企业不存在物流问题。（　　）

2．20 世纪 50 年代前，美国企业中已有专门的物流组织。（　　）

3．协作型物流组织模式下，物流常被认为是类似起一种参谋作用。（　　）

4．物流子公司只能为母公司提供物流服务。（　　）

5．委托第三方物流企业可称为物流的外部一体化。（　　）

（三）名词解释

供应物流　　生产物流　　销售物流　　逆向物流　　废弃物物流　　一体化管理的物流组织　　物料　　制造资源计划　　物流产业　　第三方物流

（四）简答题

1. 举例说明工业企业物流的类型。
2. 流通企业物流有何特点？
3. 企业物流部门与营销部门的关系如何？
4. 简述 MRP 计划编制程序。
5. 现代物流产业形成的原因是什么？
6. 第三方物流的特征是什么？

二、应会能力测试题

（一）请结合案例回答相关问题

京东、菜鸟等物流企业提升了国内贸易效率

《2016 年中国国内贸易发展回顾与展望》报告数据显示：2016 年，国内贸易主要行业实现增加值 9.6 万亿元，占国内生产总值比重为 12.9%；实有市场主体 6 020 万户；社会消费品零售总额超过 33 万亿元，消费品市场规模稳居世界第二；生产资料销售总额 60.4 万亿元；社会物流总费用与国内生产总值比率为 14.9%；最终消费支出对经济增长的贡献率达 64.6%。

国内贸易流通成本持续降低。2016 年社会物流总费用为 11.1 万亿元，比上年增长 2.9%，增速虽比上年提高 0.1 个百分点，但明显低于社会物流总额及 GDP 增速；社会物流总费用与 GDP 比率为 14.9%，比上年下降 1.1 个百分点，呈现持续下降的趋势。通过实施商贸物流标准化专项行动，试点城市重点企业综合物流成本降低 10%。

国内贸易流通效率稳步提升。交通运输、信息通信、金融等设施和技术快速发展，支撑商流、物流、资金流、信息流不断换挡提速。京东物流、菜鸟网络等一批现代物流企业采用信息化、智能化手段，创新合作模式，不断提高物流配送效率，"当日达"已成为配送领域新航标。

国内贸易共享式流通加快渗透。在信息技术支撑下，以技术含量高、大众参与意愿强、资源配置成本低效率高为特征的共享经济方兴未艾，并加速向流通领域渗透。一些电商平台积极探索物流众包模式，依托移动服务端随时随地安排配送任务，及时、准确、便捷地满足消费需求，有效缓解了物流配送"最后一公里"难题。

问题：

1. 现代物流业的发展对提升国内贸易效率产生了哪些作用？
2. 京东与菜鸟是否属于第三方物流企业？这些公司的物流业务有哪些特征？

（二）资料收集和分析判断

实地走访当地物流企业或通过网络等媒体收集物流企业的资料，并对企业物流的组织模式、类型和特征等进行分析和判断。

第3章 顾客服务

应知目标
- 理解顾客服务的内涵及重要性
- 熟悉顾客服务标准的组成要素及订货周期的要素
- 了解顾客服务的衡量标准与控制途径
- 理解顾客服务战略的意义

应会目标
- 能够根据顾客的环境、条件选择合理的订货传递与处理方式
- 初步学会制定顾客服务战略所依据的分析方法

　　面对日益激烈的国内、国际市场竞争和消费者价值取向的多元化，加强物流管理、改进顾客服务是创造持久的竞争优势的有效手段之一。从物流的角度看，顾客服务是所有物流活动或供应链过程的产物，顾客服务水平是衡量物流系统为顾客创造的时间和地点效用能力的尺度。顾客服务水平决定了企业能否留住现有顾客及吸引新顾客的能力。当今的每一个行业，从汽车到服装，消费者都有很大的选择余地，顾客是企业的上帝，顾客服务水平直接影响着企业的市场份额和物流总成本，并最终影响其盈利能力。因此，在企业物流系统的设计和运作中，顾客服务是至关重要的环节。

3.1　顾客服务的含义与重要性

3.1.1　顾客服务的含义

1. 顾客满意

　　顾客满意经常和顾客服务相混淆。与顾客服务不同，顾客满意是指顾客通过对一个产品的可感知的效果（或结果），与他的期望值相比较后，所形成的愉悦或失望的感觉状态。从构成市场组合的四要素（4P）来看，顾客满意反映了顾客对企业提供的产品或服务是否满意的全方位的评价。因而顾客满意是比顾客服务更广泛的概念。

　　顾客服务的质量直接影响着顾客满意的程度。赢得新顾客的代价高昂，而留住老顾客至关重要，否则就容易犯猴子掰玉米，抓一个丢一个的错误。顾客服务的目标之一是"第一次就做好"，以避免顾客抱怨的发生。研究显示，每当有一个顾客对所购买的产品和服务发生抱怨，就会有19个潜在顾客投向其他厂商。当然，顾客的抱怨是难以杜绝的，但这也有助于企业发现潜在的问题，通过有针对性的改善和提高，能减少未来的抱怨。对顾客抱怨处理得当，还可以提高顾客的忠诚度。因此，顾客服务的质量是实现高水平顾客服务的关键，进而有助于获得高度的顾客满意。

2．顾客服务

顾客服务的定义是随企业而变化的，不同的企业对顾客服务这一概念往往有不同的理解。例如，供应商和它的顾客对顾客服务的理解就有很大的不同。从物流的角度看，顾客服务可以理解为衡量物流系统为某种商品或服务创造时间和空间效用好坏的尺度，这包括从接收客户订单开始到商品送到顾客手中为止的所有服务活动。

虽然对大多数企业来说，顾客服务并无普遍适用的定义，但顾客服务可以用三个方面来体现：

- 把顾客服务看作活动或职能 —— 在这一层次上，把顾客服务看成公司必须完成的满足顾客需求的任务。定单处理、开具账单和发票、产品退换、顾客投诉处理等是该层次中顾客服务的典型例子。顾客服务部是处理顾客的抱怨与问题的部门，它代表了这一层次的顾客服务。
- 顾客服务表现衡量 —— 这一层次的顾客服务重视以特定的指标来衡量顾客服务的表现，如在 24 小时内实现 98%订单送货率，以及定单按时完成的百分比等。虽然这一层次加强了前一层次的顾客服务，但是公司并不能局限于表现衡量的本身，而必须保证服务的努力能够取得顾客的实际满意。
- 顾客服务哲学 —— 这一层次把顾客服务提高到了全公司对顾客服务的承诺。这种观点与当今许多公司强调质量与质量管理是相一致的。这一观点不仅把顾客服务看成是一项或一套表现评价，而且把它看成包括全公司的事和包括所有的活动，这些公司都专注于顾客服务。

我们对顾客服务的定义是：顾客服务是为了使最终用户的总价值最大化而提供竞争优势并增加供应链价值的方法。从过程管理的观点看，顾客服务是通过节省成本费用为供应链提供重要附加价值的过程。成功的物流顾客服务是企业形成竞争优势的重要源泉。

3.1.2　顾客服务的重要性

顾客服务是企业物流系统的产出，换句话说，从顾客角度看到的是企业提供的顾客服务而不是抽象的物流管理。顾客服务是市场营销与物流管理的两大职能的临界面，支撑市场组合的地点要素。更重要的是，良好的顾客服务有助于发展和保持顾客的忠诚与持久的满意，顾客服务的诸要素在顾客心目中的重要程度甚至高过产品价格、质量及其他关键要素。

对于市场组合四要素而言，产品和价格较容易被竞争对手模仿，促销的努力也可能被竞争者赶上。提供令顾客满意的服务，或处理顾客抱怨的高明手法则是企业区别竞争对手吸引顾客的重要途径。在短期内，企业顾客服务不容易被对手模仿。从财务角度分析，用于顾客服务的投资回报率要大大高于投资于促销和发展新顾客的活动。

3.2　顾客服务标准

3.2.1　顾客服务的组成要素

从企业整体的角度看，顾客服务可视为市场战略的一个基本组成部分。市场营销通常描述为四个要素（4P）的组合，其中的地点要素最直接地代表了物品的运送。与市场营销中产品的售前、售中、售后服务相联系，以买方与卖方发生交易的时间为参照，顾客服务的组成要素则可分为三类：交易前要素、交易中要素和交易后要素。

1．交易前要素

交易前要素为企业开展良好的服务创造适宜的环境。这部分要素尽管并不都与未来有关，但对产品销售有重要影响。顾客对企业及其产品的印象和整体的满意度都与交易前要素密切相关。企业为稳定持久地开展顾客服务活动，必须先对交易前要素做好下面的规范化的准备：

- 顾客服务条例的书面说明 —— 顾客服务条例以正式文本的形式，反映顾客的需要，阐明服务的标准，明确每个员工的责任和具体业务内容；所规定的每项服务不仅要可度量考核，还应有可操作性。
- 提供给顾客的文本 —— 顾客能了解到自己能够获得什么样的服务，否则顾客可能产生一些不切实际的要求。同时，顾客也可以知道在没有得到应有的服务时该与谁以什么方式联系；如果顾客在遇到问题或需要了解某些信息时找不到具体的人询问，他很可能会一去不返。
- 组织结构 —— 尽管不存在适合所有企业成功实施其顾客服务的通用最优组织结构模式，但对每个企业来说，应该有一个较好的组织结构以保障和促进各职能部门之间的沟通与协作。总体负责顾客服务工作的人在企业中应该具有相当的职责和权威，因为这项工作涉及企业多个部门，往往需要多方面协作和快速响应。
- 系统柔性 —— 物流系统在设计时要注意柔性和必要的应急措施，以便顺利地响应诸如原材料短缺、自然灾害、劳动力紧张等突发事件。
- 管理服务 —— 企业应当为顾客（特别是中间商）提供购买、存储等方面的管理咨询服务。具体的方式包括发放培训手册、举办培训班、面对面培训等。这类服务往往免费或收费甚低。

上述交易前要素是相对稳定而长期的，较少发生变动，从而使顾客对所获服务的期望值保持稳定。

2．交易中要素

交易中要素主要指直接发生在交货过程中的顾客服务活动，也就是最经常与顾客服务相联系的活动，主要包括以下内容：

- 缺货水平 —— 对企业产品可供性的衡量尺度。对每一次缺货情况要根据具体产品和顾客做好完备记录，以便发现潜在的问题。当发生缺货时，企业要为顾客提供合适的产品，或尽可能地从其他地方调运，或向顾客承诺一旦有货立即安排运送，目的在于尽可能保持顾客的忠诚度，留住顾客。
- 订货信息 —— 向顾客快速准确地提供所购商品的库存信息、预计的运送日期。对顾客的购买需求，企业有时难以一次完成满足，这种订单需要通过延期订货、分批运送来完成。延期订货发生的次数及相应的订货周期是评估物流系统服务优劣的重要指标。延期订货处理不当容易造成失销，对此，企业界要高度重视。
- 信息的准确性 —— 顾客不仅希望快速获得广泛的数据信息，同时也要求这些关于订货和库存的信息是准确无误的。企业对不准确的数据应当注明并尽快更正。对经常发生的信息失真要特别关注并努力改进。

- 订货周期 —— 从顾客下订单到收货所跨越的时间，包括下订单、订单汇总与处理、货物拣选、包装与配送。

- 订货周期的可靠性 —— 顾客往往更加关心订货周期的可靠性而非绝对的天数，因为可靠性高可以减少顾客的安全库存。当然，随着对时间竞争的日益关注，企业越发重视缩短整个订货周期。

- 特殊货运 —— 有些订单的送货不能通过常规的运送体系来进行，而要借助特殊的货运方式。例如，有的货物必须快速运送或需要特殊的运送条件。企业提供特殊货运的成本要高于正常运送方式，但失去顾客的代价可能更加高昂。

- 交叉点运输 —— 企业为避免失销，有时需要从多个生产点或配送中心向顾客运送货物，这也是应对延期订货的策略之一。

- 订货的便利性 —— 顾客下订单的便利程度。顾客总是喜欢同便利和友好的卖方打交道。如果单据格式不正规、用语含糊不清，或在电话中等待过久，顾客都有可能产生不满，从而影响顾客与企业的关系。对于这方面可能存在的问题，企业可以通过与顾客的直接交流来获悉，并予以详细记录和改进。

- 替代产品 —— 顾客所购的某种产品暂时缺货时，不同规格的同种产品或者其他品牌的类似产品可能也能够满足顾客的需要，这种情况在现实中时有发生。如图 3.1 所示，如果一种产品当前可供率为 70%，则该产品的供应率就可提升至 90%；类似地，如果存在两种被顾客广泛接受的替代产品，其可供率可达到 97%。可见，为顾客提供可接受的替代产品可以大大提升企业的服务水平。

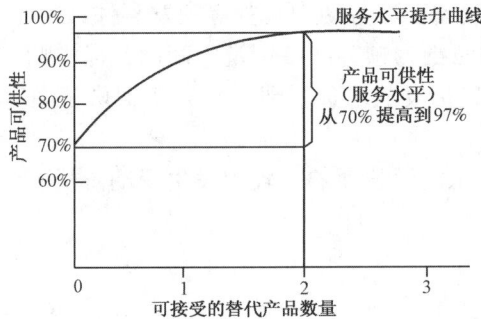

图 3.1　替代产品对顾客服务水平的影响

　　企业在制定产品替代策略时要广泛征求顾客的意见，并及时将有关的政策和信息通知顾客。在有必要向顾客提供替代产品时，应征询顾客的意见并取得其认可。例如，某家具制造商需要容量为 1 公升的罐装漆，而油漆经销商正好卖光了这种油漆。油漆经销商若提供 5 公升装的产品，则不是正确的替代方式，因为该家具制造商每次工作只需 2 公升油漆，5 公升的罐装产品打开后一次只能用一小半，多次使用也不方便。相反，如果油漆经销商提供 1.5 公升装的产品，对方很可能会乐意接受。

　　顾客服务的交易中要素往往备受顾客关注，因为对顾客而言，这些要素是最直接和显而易见的，有 80% 的顾客认为产品的运送甚至与产品质量本身同等重要。如图 3.2 所示，通常顾客抱怨的原因有 44% 来自送货的延迟，所以，处理好顾客服务的交易中要素对于减少顾客抱怨十分重要。

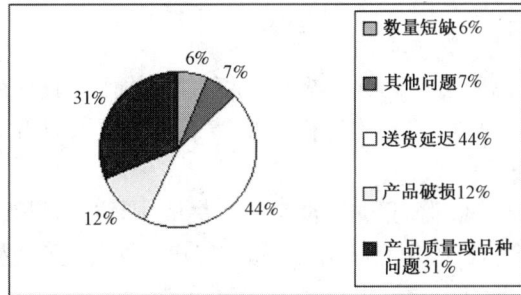

图3.2　顾客抱怨原因分析

3. 交易后要素

顾客服务的交易后要素是企业对顾客在收到产品或接受服务之后继续提供的支持。这类要素曾经是顾客服务要素中最常被忽视的部分。售后服务对提高顾客满意度和留住顾客至关重要，主要包括以下内容：

- 安装、保修、更换、提供零配件 —— 这些要素是顾客在作购买决策时经常考虑到的，特别对于一些设备，顾客购进之后发生的维护费用甚至远大于初次购买的成本。
- 产品跟踪 —— 为防止顾客因产品问题而投诉，企业必须对售出的产品进行跟踪并及时从市场上收回存在隐患的产品。
- 顾客的抱怨、投诉和退货 —— 为消除顾客的抱怨，需要一个准确的在线信息系统处理来自顾客的信息，监控事态的发展，并向顾客提供最新的信息。物流系统的设计目标是将产品顺利传递到顾客手中，而那些非经常性的操作，特别是顾客退货的处理，其费用很高，企业对顾客抱怨要有明确的规定，以便尽可能及时有效地处理，维护顾客的忠诚度。
- 临时借用 —— 当顾客所购买的产品未到货或先前购买的产品正在维修时，将企业的备用品借给顾客暂时使用。这样既给顾客提供了便利，也可以增强顾客忠诚度。

3.2.2　订货周期的确定

订货周期又称订货提前期。从顾客的角度来看，是指从准备订货到货物收到的间隔时间。一般的订货周期主要包括 5 部分：订单准备，订单传递，订单登录，按订单供货，订单处理状态跟踪，如图 3.3 所示。

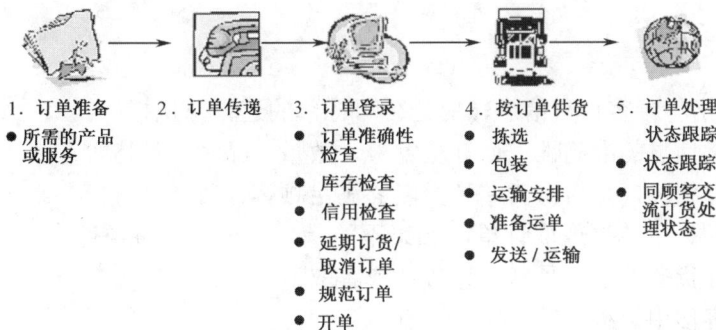

图3.3　订货处理过程

1．订单准备

订单准备是指顾客寻找所需产品或服务的相关信息并作出具体的订货决定。具体内容包括选择合适的厂商和品牌，了解产品的价格、功能、售后服务以及厂商的库存可供水平等信息。

减少顾客订单准备的时间、降低顾客的信息收集成本，能够显著地增加企业的市场份额。如美国的一家医疗用品公司在1970年就给其主要客户（各大医院）提供计算机终端设备及配套软件，医院利用公司提供的终端，可以查看公司配送中心的库存信息，直接向配送中心下订单。这种改善顾客订货准备的战略行动使得该公司在市场占有率和利润方面远远超越竞争者，因为竞争者不能与医院进行如此直接、快速、准确的信息沟通。

2．订单传递

订单传递就是把订货信息从顾客传递到产品的供应商处。订货信息传输方式主要包括三种：手工传输，电话或传真传输，网络传输。常见的形式有以下6种：

① 顾客→（邮寄订单）→销售代表→（手工输入）公司数据库；
② 顾客→（订货）访销员→（带回）销售代表→（手工输入）公司数据库；
③ 顾客→（电话/传真订货）销售代表→（手工输入）公司数据库；
④ 顾客→（订货）访销员→（电话/传真）销售代表→（手工输入）公司数据库；
⑤ 顾客→（订货）访销员→（网络传输）公司数据库；
⑥ 顾客→（网上订货）→公司数据库。

其中，①、②两种为手工传输方式，③、④两种为电话/传真传输方式，⑤、⑥两种为网络传输方式。三种传输方式各有优缺点，如表3.1所示。

表3.1　三种信息传输方式的比较

传输方式	传输速度	实施费用	可靠性	准确性
手工传输	慢	低	差	低
电话/传真	中等	中等	一般	一般
网络传输	快	投资高，运行成本低	好	高

由于网络传输方式速度快，运行成本低，可靠性好，准确性高，逐渐成为最重要的订货信息传输方式。

3．订单登录

订单登录是指将顾客订货信息转变为公司订单的过程，包括：
- 检查订货信息的准确性，如订货编号、数量、品种、价格等；
- 检查库存状况，是否有货，是否能够满足顾客订货条件等；
- 检查延期订货单据或取订单，如果不能满足顾客的订货条件，则需要同顾客商议，是改变订货条件，还是延期订货，或者取消订单；
- 检查顾客信用等级；
- 规范顾客订单，把顾客的订货信息按照公司所要求的格式规范化；
- 开单，准备发货单据等。

信息技术的迅速发展大大提高了订单登录的效率。条形码扫描技术的广泛使用提高了订货信息输入的速度与准确性，并降低了处理成本。借助计算机数据库可以使库存可供水平和顾客信用的检查等活动实现自动化。与传统的手工处理相比，自动化的订单登录时间减少60%以上。

4．按订单供货

按订单供货包括货物的拣选、包装、运输安排、准备运单、发送/运输。这些活动可以并行处理，以缩短商品配送时间。

该阶段是整个订货处理过程中最复杂的部分，包括商品的配送与大量单据处理。确定供货的优先等级对订货处理周期有重要影响。许多企业没有正式地确定供货优先等级的标准，操作人员面对大量订货处理工作，习惯地优先处理简单的、品种单一、订货量少的订单，其结果往往造成对重要客户和重要订单供货的延迟。在确定供货优先等级时，以下规则可供参考：

- 按接收订单的时间先后处理；
- 处理时间最短的先处理；
- 批量最小的、最简单的订单先处理；
- 按预先设定的顾客优先等级处理；
- 按向顾客承诺的到货日期先后进行处理；
- 离承诺到货日期时间最近的先处理。

5．订单处理状态跟踪

为了向顾客提供更好服务，满足顾客希望了解订货处理状态信息的要求，需要对订货处理进行状态追踪，并与顾客交流订货处理状态信息。

订单跟踪随着信息技术，特别是互联网的迅速发展，已变得越来越重要。美国的UPS公司能够对每天运送的1300万个邮包进行电子跟踪。例如，一个出差在外的销售员在某地等待公司寄来的产品样品，他可以通过UPS安排的3COM网络系统输入UPS运单跟踪号码，即可知道样品目前的位置；当需要将样品送至另一地点时，可再次通过网络指引新的投递点。

3.2.3 顾客服务的衡量与控制

1．顾客服务的衡量

在明确了哪些顾客服务要素最为重要以后，管理层必须制定服务业务标准，员工也应该经常地向上级汇报工作情况。顾客服务绩效可以从以下4个方面来评价和控制：

- 制定每一服务要素的绩效量化标准；
- 评估每一服务要素的实际绩效；
- 分析实际绩效与目标之间的差异；
- 采取必要的纠正措施将实际绩效纳入目标水平。

顾客服务可以用图3.4中的一些方面进行评价。

企业所重视的服务要素同时也应当是其顾客所认为的重要要素。诸如存货可供率、送货日期、订货处理状态、订单跟踪，以及延期订货状态等要素需要企业与顾客之间良好的沟通。

由于许多企业在订货处理过程方面的技术落后，提高顾客服务水平在这一领域大有潜力可挖。通过与顾客的计算机联网可以大大改进信息传递与交换的效率，顾客可以获取动态即时的库存信息，在缺货时可自主安排产品替代组合，还可以得知较准确的送货时间与收货日期。

2．顾客服务战略的阻碍因素

许多企业都缺乏有效的或稳定的顾客服务战略，即使是那些管理十分出色的企业在实施顾客服务战略时也会碰到棘手的阻碍因素。

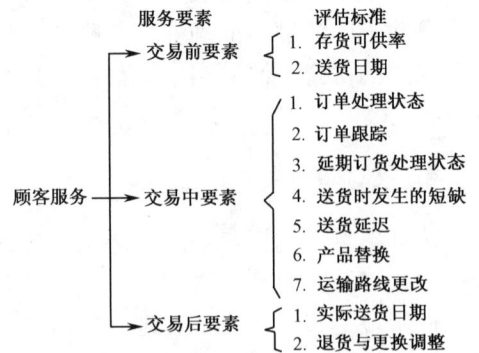

图3.4　顾客服务评价标准

例如，销售人员有时为得到一张订单而向顾客承诺不切实际的送货时间，结果使企业不得不缩短这张订单的订货周期。为此要加快服务，打乱了原本稳定的订货处理程序，导致产品的拣选、配送与运输成本上升，甚至还可能因"多米诺"效应引发整个物流系统的混乱。销售人员往往容易在送货日期、提前期、送货地点、运输方式、购买量等方面背离顾客服务政策，而这样做的结果就是为了某一顾客而排斥其他顾客，并增加了物流成本。

企业的顾客服务标准和绩效期望在很大程度上受到竞争环境及行业传统的影响。管理层要深刻理解本行业的特点、规则、顾客的期望，以及提供高水平顾客服务所需的成本费用。许多企业在实践中没有评估顾客服务水平的成本与收益，也缺乏有效的手段来确定有竞争力的服务水平。引导决策的反馈信息往往来自希望无限度提高服务水平的销售部门，或者来自行业的传统观点，以及某些过于强烈的顾客抱怨，这些信息会导致企业的过度反应。

企业在产品研究与开发以及广告促销上往往投入巨大，但是，要获得长期的盈利与发展，同样离不开对顾客服务水平的充分研究和正确决策。

3．提高顾客服务绩效的途径

企业通常可以通过以下4个活动来提高顾客服务绩效：
- 彻底研究顾客的需求；
- 在认真权衡成本与收益的基础上确定最优的顾客服务水平；
- 在订货系统中采用最先进的技术手段；
- 考核和评价物流管理各环节的绩效。

有效的顾客服务战略立足于深刻理解顾客对服务的需求。客服审计和调查研究必不可少，一旦明确了顾客对服务的需求，管理层就必须制定合适的顾客服务战略，以实现企业长期盈利和收回投资的目标。最优的顾客服务水平能以最低的服务成本为企业留住最有价值的顾客群。

制定有效的顾客服务方案所需的顾客服务标准应满足以下要求：
- 反映顾客的观点；
- 能为服务业绩提供可操作和有针对性的评估方法；
- 为管理层提供调整业务活动的线索。

3.3 顾客服务战略

企业的整个市场努力很可能因为低劣的顾客服务而徒劳无功。顾客服务在企业的市场组合中经常被轻视。其结果是，顾客服务的标准往往基于行业准则、历史经验或者管理者对顾客需求的主观判断，而这难以反映真实需求。不负责任的管理者把所有的顾客等同看待，而事实上不同的顾客对服务水平和服务类型有不同的要求。因此，企业在制定顾客服务策略时应当以顾客的真实需求为基础并支持整个市场战略。企业制造出优秀的产品，制定了有竞争力的价格，并做了充分的促销工作，但如果因为产品未能及时运送到位，顾客在销售商的货架上找不到它，则一切都是徒劳。在注重顾客服务的同时，还要兼顾节省费用，保证企业的盈利能力。

确定顾客服务水平的一个流行方法是将竞争对手的服务水平作为标杆（Benchmark）。但仅仅参照竞争对手的水平是不够的，因为很难断定对方是否很好地把握了顾客的需求并集中力量于正确的顾客服务要素。这种不足可能通过结合详尽的顾客调查来弥补，后者能够揭示各种顾客服务要素的重要性，有助于消除顾客需求与企业运营状况之间的差距。

确定顾客服务战略有多种方法，以下 4 种最具参考价值：

- 根据顾客对暂时缺货的反应来确定顾客服务水平；
- 成本与收益的权衡；
- ABC 分析与帕累托定律；
- 顾客服务审计。

3.3.1 顾客对缺货的反应

生产商的顾客包括各种中间商和产品的最终用户，而产品通常是从零售商处转销到顾客手中的。因此，生产商往往难以判断缺货对最终顾客的影响有多大。例如，生产商的成品仓库中某种产品缺货并不一定意味着零售商也同时缺货。零售环节的顾客服务水平对销售影响很大，为此，必须明确最终顾客对缺货的反应模式。某种产品缺货时，顾客可能购买同种品牌的不同规格的产品，也可能购买另一品牌的同类产品，或者干脆换一家商店看看。在产品同质化倾向日益明显的今天，顾客"非买它不可"的现象已经越来越罕见，除非顾客坚定地认为某种产品在质量或价格上明显优于其替代品种。

生产商的顾客服务战略重要的一点是保证最终顾客能方便、及时地了解和购买到所需的商品。对零售环节的关注使生产商调整订货周期、供货满足率、运输方式等，尽量避免零售环节缺货现象的发生。

顾客对不同产品的购买在时间要求上也有所不同。对绝大多数产品，顾客希望在作出购买决策时就能够拿到，但也有特殊的情况，比如选购大型家具时，顾客在展示厅选中样品并订购以后，往往愿意等待一段时间在家中收货。1970 年，美国的西尔斯百货公司与惠尔浦家电公司进行的一项顾客调查发现，当时的顾客对大型家电并不要求在订货的当天就将商品运回家，除非有特别紧急的情况，他们愿意等上 5～7 天时间。这一调查结果对西尔斯与惠尔浦的物流系统影响很大。西尔斯公司只需要在营业厅里摆放样品供顾客挑选，其配送中心里的存货也不多。惠尔浦公司的产成品被运至位于俄亥俄州马利恩的大型仓库，西尔斯公司将收到的顾客订单发送给惠尔浦公司，相应的产品随即从马利恩仓库分送到西尔斯位于各地的配送中心，然后从配送中心直接用卡车分送到顾客家中，从顾客下订单到送货上门的时间控制在 48～72 小时。

3.3.2　成本与收益的权衡

物流总费用，如库存维持费用、运输费用、信息费用、订货处理费用等，可以视为企业在顾客服务上的开支。例如，一个百货连锁集团希望将零售供货率提高到 98% 的水平，需要获取每个商店及每种商品的实时销售数据（POS Data）。为此，需要在各分店配置条形码扫描器及其他软硬件设施；同时，为尽可能地利用这些数据，集团还希望投资建设 EDI 系统，以便与供应商进行快速双向的信息交流。估计平均每家分店需要投入 20 万元。于是，管理层面临着成本与收益的权衡，对信息技术的投入能提高顾客服务水平，但同时也会增加成本。假设该公司的销售毛利是 20%，每家分店为收回 20 万元的新增投资，至少要增加 100 万元的销售额。如果实际的销售增长超过 100 万元，则企业在提高顾客服务水准的同时也增加了净收益。对这一决策的评估还要考虑各分店当前的销售额水平。若各分店当前的年销售额是 1000 万元，则收回这笔投资比年销售额只有 400 万元要快得多。

尽管存在成本与收益的权衡和费用的预算分配问题，但这种权衡只是短时期内发生的问题。在长时期中，仍有可能在多个环节同时得到改善，企业在降低总成本的同时亦能提高顾客服务水平。

3.3.3　ABC 分析与帕累托定律

ABC 分析是物流管理中常用的工具，本节通过 ABC 分析将各种产品和顾客按其相对重要性进行分类。对企业来说，某些顾客—产品相比其他而言更有利可图，因而应受到特别的关注。以利润率指标为例，利润率最高的顾客—产品组合应配以最高的顾客服务水平。

与 ABC 分析相类似，帕累托定律指出：样本总体中大多数事件的发生源于为数不多的几个关键因素。例如，物流系统中 80% 的瓶颈现象可能仅仅是由一辆送货汽车的不良运作造成的。这一概念通常也被称为 80/20 定律。

作为 ABC 分析和帕累托定律的一个应用实例，表 3.2 所示的顾客—产品贡献矩阵，将不同顾客的重要性与不同产品的重要性关联起来考虑，以确定能给企业带来最大收益的顾客服务水平。为便于理解，我们将盈利能力（利润率）作为度量顾客和产品重要性的指标，但应当注意，这一指标并不是绝对的。

表 3.2　顾客—产品贡献矩阵

顾客分类	产品			
	A	B	C	D
I	1	3	5	10
II	2	4	7	13
III	6	9	12	16
IV	8	14	15	19
V	11	17	18	20

表 3.2 中 A 类产品利润率最高，往下依次为 B、C、D 类。在整个产品线中，A 类产品

通常只占很小的比例，而利润最低的 D 类产品在产品总数中则可能占到 80%。I 类顾客对企业来说最为有利可图，他们能产生较为稳定的需求，对价格不太敏感，交易中发生的费用也较少，但这类顾客数量通常很少，可能只有 5～10 个；V 类顾客为企业创造的利润最少，但在数量上却占了企业顾客的大多数。对企业最有价值的顾客—产品组合是 I-A，即 I 类顾客购买 A 类产品，以下是 II-A 或 II-B，依次类推。管理人员可以使用一些方法对顾客—产品组合排序或打分。表 3.2 用 1～20 简单地进行了排序（优先等级）。

表 3.3 提供了在制定顾客服务战略时如何使用表 3.2 中数据的例子。例如，排序在 1～5 的顾客—产品组合应给予 100%的存货可供率、低于 48 小时的订货周期以及 99%的按订单送货完备率。

表 3.3　顾客—产品贡献矩阵实用举例

优 先 等 级	存货可供率标准/%	订货周期标准/小时	按订单送货完备率标准/%
1～5	100	48	99
6～10	95	72	97
11～15	90	96	95
16～20	85	120	93

值得注意的是，表 3.3 中较低的服务水平并不意味着所提供的服务缺乏稳定性。企业无论提供什么水平的服务，都要尽可能保持 100%的稳定性，这是顾客所期望的；而且，企业以高稳定性提供较低水平的顾客服务（如送货时间），其费用通常低于以低稳定性提供高水平的顾客服务。例如，高度稳定的 72 小时订货周期比不稳定的 48 小时订货周期更节省费用，也更令顾客满意。

编制能良好反映顾客与企业真实情况的顾客—产品贡献矩阵的关键，在于切实了解顾客对服务的要求，并从中识别出最为重要的服务要素以及确定要提供多高的服务水平。上述信息可通过顾客服务审计获取。

3.3.4　顾客服务审计

顾客服务审计是评估企业顾客服务水平的一种方法，也是企业对其顾客服务策略进行调整时产生影响的评价标尺。审计的目标是：

- 识别关键的顾客服务要素；
- 识别这些要素的控制机制；
- 评估内部信息系统的质量和能力。

顾客服务审计包括 4 个阶段：

- 外部顾客服务审计；
- 内部顾客服务审计；
- 识别潜在的改进方法；
- 确定顾客服务水平。

1. 外部顾客服务审计

外部顾客服务审计是整个顾客服务审计的起点，其主要目标是：

- 识别顾客在作购买决策时认为重要的顾客服务要素；

- 确定本企业与主要的竞争对手为顾客提供服务的市场比例。

要确定哪些顾客服务要素是顾客真正重视的，主要工作是对顾客进行调查与访谈。例如，某种普通消费品的零售商在衡量其供应商服务时主要考虑以下的顾客服务要素：订货周期的稳定性，订货周期的绝对时间，是否使用 EDI，订单满足率，延期订货策略，单据处理程序，回收政策等。

在外部顾客服务审计阶段，有必要邀请市场部门的人员参与工作，这有三方面的益处：

- 顾客服务从属于整个市场组合，而市场部门在市场组合的费用预算决策中是最有权威和发言权的部门；
- 市场营销部门的研究人员是调查问卷设计和分析的专业人员，而问卷工作是外部顾客服务审计的重要一环；
- 可以提高调查结果的可信度，从而有利于顾客服务战略的成功实施。

确定了重要的顾客服务因素之后，下一步就是对企业有代表性的和统计有效的顾客群体进行问卷调查。问卷调查可以确定顾客服务要素及其他市场组合要素的相对重要性，评估顾客对本企业主要竞争对手各方面服务绩效的满意程度以及顾客的购买倾向。依据调查的结果，企业加强顾客重视的服务要素。在考虑竞争对手的强势和不足的同时，发展相应于顾客分类的战略。此外，问卷还能反映出顾客对关键服务要素的服务水平的期望值。

在进行正式的问卷调查之前，应在小范围的顾客样本中进行测试。问卷在设计时可能会漏掉一些重要的问题，或有些条目使顾客难以读懂或难以清楚地回答。针对出现的这些问题对问卷进行修正，以保证问卷调查的质量。

问卷调查的结果能帮助管理层发现潜在的问题和市场机会。对大多数行业来说，下面这些服务要素都是最为重要的：按承诺日期送货的能力，按订单完备送货率，对送货延迟的提前通知，稳定的提前期（订货周期的稳定性），送货信息，提前期的长短，产品的质量价格比，有竞争力的价格，销售队伍的促销活动。

企业在把握各服务要素重要性的同时，也要关注顾客对本企业及竞争对手提供的各项服务的横向比较。企业和顾客对服务有各自的评价标准，但在市场竞争中，只有顾客是永远正确的。有时候顾客尚未认识到企业某方面服务的努力，企业就有必要通过与顾客的交流来引导和告知顾客。

2．内部顾客服务审计

内部顾客服务审计是审查企业当前的服务业务的运作状况，为评估顾客服务水平发生变化时所产生的影响确立一个衡量标尺。为此，内部顾客服务审计应当回答下列问题：

- 企业内部当前是如何评估顾客服务的；
- 各服务项目（部门）的工作业绩如何考核；
- 服务的标准或目标是什么；
- 当前达到什么样的服务水平（与目标值相比较）；
- 如何从企业的信息系统或订货处理系统中来导出这些测量；
- 企业的内部顾客服务报告体系是什么；
- 各个业务职能部门（如物流部门、市场部门）如何理解顾客服务；
- 各个业务职能部门之间的沟通与控制关系是什么。

内部顾客服务审计的主要目的是检查企业的服务现状与顾客需求之间的差距。顾客实际接收到的企业对顾客服务的水平也有必要测定，因为顾客的评价有时会偏离企业的实际运作状况。如果企业确实已经做得很出色，则应当注意通过引导和促销来改变顾客的看法，而不是进一步调整企业的服务水平。

内部顾客服务审计的另一个重要内容是考察顾客与企业和企业内部的沟通渠道，包括服务业绩的评估和报告体系。沟通是理解与顾客服务有关问题的重要基础。缺乏良好的沟通，顾客服务就会流于事后的控制和不断地处理随时发生的问题，而难以实现良好的事前控制。

顾客与企业之间的沟通在订货—送货—收货循环（过程）中是相当基本的，订货—送货—收货过程中的问题主要发生在以下方面：接收订单、订单检查与修改、送货、对送货时发生的各种问题的报告、开单、因单据错误而发生的纠纷、与付款有关的问题。

对管理层作访谈调查是主要的信息来源。访谈调查需要涉及与物流活动有关的所有部门经理，范围包括：订货处理、存货管理、仓库、运输、顾客服务、财务/会计、生产、物料管理、市场销售等。访谈有助于了解这些管理人员如何看待顾客服务，如何与顾客沟通，以及如何与其他部门合作。访谈主要涉及下述内容：

- 对职责的描述；
- 组织结构；
- 决策的权限与过程；
- 业绩的考核与结果；
- 对顾客服务的理解；
- 如何理解顾客对顾客服务的定义；
- 修改或改进顾客服务计划；
- 部门内的沟通；
- 部门间的沟通；
- 与主要业务对象（如消费者、顾客、运输公司、供应商）的沟通。

管理层还必须对顾客服务考核和报告体系作出评估，以便明确顾客服务业绩的考核方法、考核部门、业务标准、当前的结果、每一活动的控制部门、数据的来源、报告的格式和汇编方法、报告的频度、报告的传递等；这也有助于明确顾客如何从企业获取信息。内部顾客服务审计应确定提供给顾客的信息类型、实现提供各类信息的部门与人员、顾客与这些部门及人员的沟通方法、对顾客询问的平均反应时间，以及如何确保负责处理顾客询问的人员能获取充分的信息来答复顾客。

3. 识别潜在的改进方法

外部顾客服务审计明确了企业在顾客服务和市场营销战略方面的问题，结合内部审计，可以帮助管理层针对各个服务要素和细分市场调整上述战略，提高企业的盈利能力。管理层在借助内、外部顾客服务审计提供的信息制定新的顾客服务和市场战略时，需针对竞争对手作详细的对比分析。

当顾客对本企业和各主要竞争者的服务业绩评价相比较并相互交流时，这时竞争性的标尺（Benchmarking）显得更为重要。

4. 确定顾客服务水平

顾客服务审计的最后一步是制定服务业绩标准和考核方法。管理层必须为各个细分领域

（如不同的顾客类型，不同的地理区域，不同的分销渠道和产品）详细制定目标服务水平，并将之切实传达到所有的相关部门与员工，同时辅之以必要的激励政策以激励员工努力实现企业的顾客服务目标。此外，还要有一套正式的业务报告文本格式。

管理层必须定期按上述步骤进行顾客服务审计，以确保企业的顾客服务政策与运作满足当前顾客的需求。收集顾客信息是企业战略管理最重要的基石。

习题与思考题

一、应知目标考核题

（一）单项选择题

1. 从物流的角度看，顾客服务水平可以理解为（　　）。
    A．顾客满意
    B．衡量物流系统为某种商品或服务创造时间和空间效用好坏的尺度
    C．顾客对企业提供的产品或服务是否满意
    D．顾客忠诚
2. 下列服务要素中属于交易前要素的是（　　）。
    A．顾客服务条例的书面说明　　　　B．订货的便利性
    C．替代产品　　　　　　　　　　　D．产品跟踪
3. 下列服务要素中属于交易后要素的是（　　）。
    A．系统柔性　　　　　　　　　　　B．订货周期的稳定性
    C．替代产品　　　　　　　　　　　D．产品跟踪
4. 通常顾客不满意的最主要原因是（　　）。
    A．数量短缺　　　　　　　　　　　B．送货延迟
    C．产品破损　　　　　　　　　　　D．产品质量或品种问题
5. 企业的顾客服务标准和绩效在很大程度上受到（　　）的影响。
    A．少数顾客的特殊要求　　　　　　B．竞争环境及行业传统
    C．销售人员　　　　　　　　　　　D．企业的技术特征
6. 有效的顾客服务战略立足于（　　）。
    A．深刻理解顾客对服务的需要　　　B．产品的研究与开发
    C．调查研究　　　　　　　　　　　D．行业传统

（二）判断题

1. 顾客服务是比顾客满意更广泛的概念。（　　）
2. 把顾客服务上升到哲学层次，即把它看成是包括全公司的事和包括所有的活动。（　　）
3. 顾客服务易被竞争对手模仿。（　　）
4. 顾客服务的投资回报率要大大高于投资于促销和发展新顾客的活动。（　　）
5. 订货周期是从顾客下订单开始到收到货物为止所跨越的时间。（　　）
6. 顾客更关注订货周期的绝对天数而非可靠性。（　　）
7. 企业所重视的服务要素同时也应当是其顾客所认为的重要要素。（　　）

8．顾客服务评价标准中存货可供率属交易中要素。（　　）

9．顾客服务评价标准中订单处理状态属交易中要素。（　　）

10．确定供货优先等级时，可以按接收订单的时间先后处理。（　　）

（三）名词解释

顾客满意　　　　顾客服务　　　　订货周期　　　　顾客服务审计

（四）简答题

1．顾客服务的组成要素有哪些？

2．订货周期有哪几个阶段？

3．顾客服务可定义为一项业务活动，或业务绩效评价尺度，或一种企业哲学理念。上述这些定义的优缺点各是什么？您如何定义顾客服务？

4．顾客服务审计的目标是什么？包括哪几个阶段？

二、应会能力测试题

请结合案例回答相关问题

A 公司的增值服务

A 公司为 B 公司提供国内卡车运输业务。A 公司销售经理张先生时常会去 B 公司工厂向物流部门负责人了解业务运作情况，看是否可以协助客户提高服务水平。张先生在一次例行拜访中发现，B 公司的塑料包装箱在返回工厂后，很多包装箱都很脏，箱体内部有灰尘和油迹。这对产品质量和性能可能会造成影响，也会影响 B 公司的形象。箱体外部的产品标签也是贴得到处都是，有的旧标签已经撕去了一部分，但是也没有处理干净，层层叠叠的标签也会对客户的收货造成困扰。一般收货人员都是对标签上的条码进行扫描入库，并不会核对实物；如果标签上的信息和实际入库产品不一致，会对客户库存的准确性和后续生产排产造成重大影响。

张先生就和 B 公司的物流经理主动提出来负责清洗这些塑料包装箱。其实，B 公司也常常为清洗塑料箱的事犯愁，公司内部没有专门人员和设备来进行清洗工作，不但要新增清洗机，还要雇佣几个新员工专门来负责清洗和整理塑料箱；而塑料箱不是每天都会返回工厂的，空余时间，机器和人员就会出现闲置，这也是资源浪费。于是，张先生的提议立即就被 B 公司采纳了。A 公司在 B 公司工厂附近租用了一个小仓库，添置了清洗设备和人员，对 B 公司从客户端返回的塑料箱进行清洗、烘干和整理。当 B 公司需要干净的塑料箱时，就通知 A 公司把空箱送到工厂。A 公司根据清洗塑料箱的数量来和 B 公司结算费用。后来，张先生在市场上看到有一家公司在做自清洁标签，可以直接用高压水枪清洗，节省人力和清洗资源。于是，A 公司主动联系并把自清洁标签应用在塑料箱上，节省下来的费用又部分让利给 B 公司。

问题：

1．A 公司为 B 公司提供了哪几种类型的服务？

2．A 公司销售经理张先生的这种做法对 A、B 两家公司的合作产生了哪些影响？

第4章 现代物流运输技术与管理

应知目标

- 了解各种运输方式：铁路、公路、水路、航空和管道运输
- 熟悉不合理运输的基本内容
- 理解运输合理化途径
- 明白运输业务管理的基本程序

应会目标

- 能够从物流的角度对企业的运输方式进行选择和评价
- 能够应用简单的数学模型对运输问题进行优化分析
- 能够代表货主与运输企业签订运输合同

社会产品的生产和需求之间，不可避免地存在着空间和时间上的差异。生产布局和各地区经济发展的不平衡，会导致产品此地有余而彼地不足；有些产品在生产或消费上存在着时间上的差异，会导致产品此时有余而彼时不足。这些就要靠流通过程加以调节，需要现代化的运输体系来保证。交通运输是国民经济的大动脉，运输技术是物流技术的重要组成部分，而且占据中心地位。

我国已经建成了以铁路、公路、水路、航空和管道等方式的具有一定规模的现代化综合运输网，对促进国民经济的发展、满足人民物质生活的需要、加强国防建设和发展国际贸易起着极为重要的作用。同时，我国的货物运输还存在着总体技术水平低、不合理运输现象严重等问题，需要在发展现代物流过程中加以改进和优化。

4.1 运输与物流

4.1.1 物流运输的含义

1. 物流运输的概念

物流运输是指物的载运及输送，它是在不同地域范围内，如两个城市、两个工厂之间，或一个较大的企业内相距较远的两个车间之间，对物进行空间位移，以改变物的空间位置为目的的活动，其中包括集货、分配、搬运、中转、装入、卸下、分散等一系列操作。

在理解物流运输的概念时，我们应注意与它类似的概念"搬运"的区别。物流运输是较大范围内的活动，它是指在物流网络的结点之间经过公共空间移动货物的活动，而搬运是指场地内部的移动，是在同一区域之内的活动。在运输中，特意把短途、小宗货物的末端运输称为"配送"。

在物流的诸多环节中，运输和仓储是两个主要环节，特别是运输占有中心的地位。它们虽然不产生新的物质产品，但却能实现物品在空间上的转移或时间上的转移，创造场所性和

时间性价值，可以说，运输是物流过程中最主要的增值活动。

2．物流运输的职能

一般而言，物流运输实现了两种职能，即物品移动和短时产品库存。

（1）物品移动

显而易见，运输首先实现了物品在空间上移动的职能。无论物品处于哪种形式，是材料、零部件、配件、在制品还是流通中的商品，运输都是必不可少的。运输通过改变物品的地点与位置而创造出价值，这是空间效用；运输能使物品在需要的时间到达目的地，这是时间效用。另外，运输的主要职能就是将物品从原产地转移到目的地，运输的主要目的就是以最少的时间完成产品的运输任务。

运输是一个增值的过程，通过创造空间效用和时间效用来创造价值。商品最终送到顾客手中，其运输成本构成了商品价格的重要部分，运输成本的降低可以达到以较低的成本提供优质服务的效果。

（2）短时产品库存

产品进行短时储存也是运输的职能之一，即将运输工具作为暂时的储存场所。如果转移中的产品需要储存，而短时间内产品又重新转移的话，卸货和装货的成本也许会超过储存在运输工具中的费用，这时，便可考虑采用此法，只不过产品是移动的，而不是处于闲置状态。

例如，当交付的货物处于转移之中、而最初的装运目的地被改变时，产品需要进行临时储存，那么采取改道措施则是产品短时存储的一种方法。另外，在仓库空间有限的情况下，利用运输工具储存也不失为一种可行的选择。可将货物装上运输工具，采用迂回路径或间接路径运往目的地。尽管用运输工具储存产品可能是昂贵的，但如果从总成本或完成任务的角度看，考虑装卸成本、储存能力的限制等，那么用运输工具储存往往是合理的，甚至有时是必要的。

3．运输的原则

运输有两条基本原则，即规模经济和距离经济。

（1）规模经济

规模经济的特点是随着装运规模的增长，单位货物的运输成本下降。例如，整车装运（即车辆满载装运）的每单位成本低于零担装运（即利用部分车辆能力进行装运）。铁路或水路之类运输能力较大的运输工具，其每单位重量的费用要低于诸如汽车或飞机之类运输能力较小的工具。运输规模经济之所以存在，是因为有关的固定费用（包括运输订单的行政管理费用、运输工具投资与装卸费用、管理及设备费用等）可以按整批的货物量分摊。另外，通过规模运输还可以获得运价折扣，也使单位货物的运输成本下降。总之，规模经济使得货物的批量运输显得合理。

（2）距离经济

距离经济的特点是每单位距离的运输成本随运输距离的增加而减少。距离经济的合理性类似于规模经济，尤其体现在运输装卸的费用上的分摊。距离越长，固定费用分摊后的值越小，导致每单位距离支付的总费用很小。运输工具往往在启动时消耗最大能量（如飞机起飞），这也使得距离过近的运输不经济。

4.1.2　运输和物流的关系

1．物流和运输的区别

按物流的概念，物流是"物"的物理性运动，这种运动不但改变了物的时间状态，也改变了物的空间状态。而运输承担了改变空间状态的主要任务，运输是改变空间状态的主要手段。运输再配以搬运、配送等活动，就能完满完成改变空间状态的全部任务。运输是指运用适当的工具使人和货物产生位置移动。而物流是指为满足用户需要而进行的原材料、中间库存、最终产品及相关信息从起点到终点间的有效流动，以及实现这一流动而进行的计划、管理、控制过程。物流包括 7 个方面的内容：包装、装卸、运输、储存、流通加工、配送和信息处理。从概念中可以看出，运输只是物流的一个组成部分，但许多汽车运输公司现在也时髦地把自己的公司称为"某某物流公司"，这显然混淆了两个概念的含义。

现代物流具有系统性、综合性和总成本控制的思想。它将市场经济活动中的所有供应、生产、销售、运输、库存及相关的信息流动等活动视为一个具有动态性的系统总体，关心的是整个系统的运行效率和效益，物流的效率与效益是整个物流过程的综合反映，因此，物流的现代化水平往往是整个国家综合国力的重要标志。另外物流突出了市场服务的观点，一切从客户的需要出发。专业物流企业通过不断提高服务水平来取得竞争优势，争得市场份额。

物流与运输的主要区别表现在以下几方面：

① 物流在时间上的刚性约束 —— 物流的仓储、运输、配送是以生产企业的生产、销售计划为前提的。生产的精细化组织要求物流服务时间上的精确化，因此产品的实物流动快或慢、接取送达的早或晚都是不合理的；物流管理与运输的最大区别在于全过程是否用精确的时间进行控制和组织。

② 物流服务在时间上的弹性调整 —— 物流的作业应当有高度的计划性，但这种计划的本质要求服从于生产企业的生产销售节奏，一旦生产节奏发生变化，再合理的物流计划也要不厌其烦地进行调整和补救。物流作业计划不像运输计划一样可以作为与用户争执责任的把柄，其随生产变化的灵活性是服务水准的体现。

③ 物流服务在范围上的延展性 —— 物流对用户应追求高质量的水准，要理解质量有标准但没有极限。在服务过程中，凡是用户不满意的地方都应加以改进，凡是用户嫌麻烦的事都是应该去做的。这些改进和附加的工作，往往会形成新的服务项目或服务产品，为企业带来更多的商机和更高的回报。

④ 物流服务是为生产企业营销而进行的创造性设计。物流要加强营销以争取用户，但这种营销不是传统运输的报价和一笔合同的签订，而是为用户设计一整套最优化、最经济的产品物流方案。因此，营销的成败往往取决于是否有一支既懂运输又精通生产、销售和财务管理的人才队伍，取决于这支队伍的创造性应变和设计能力。

⑤ 物流服务在实力上需要有长期伙伴关系。物流服务与运输的明显不同在于高度重视、选择那些能长期合作的用户，不惜代价与他们建立一荣共荣、一损共损的伙伴关系。这种伙伴关系的实力体现在与各种运输方式的协作伙伴关系是否巩固、网络化支撑是否强大，因此，具备多式联运功能也是物流企业不可短缺的手段。

2. 物流对运输的超越

① 物流是远远超出运输范畴的系统化管理。物流管理系统的建立和运转，是以服务于生产、流通、消费的全部过程为出发点的。物流系统根据生产企业的供应渠道和生产过程以及销售渠道，从生产和流通企业中取得的价值远远大于运输的收益。

② 物流不同于运输只注重实物的流动，它还同时关注着信息流和增值流的同步联动。信息流不仅通过电子或纸质媒介反映产品的运送、收取，更重要的是反映由市场作出的物流质量的评价。增值流是指物流所创造的形态效用（通过生产、制造或组装过程实现对商品的增值）、地点效用（原材料、半成品或产成品从供方到需方的位置移动）和时间效用（商品或服务在客户需要的时间准确地送到）。有人把物流称为继降低成本和提高生产效率之后的"第三利润源"。物流所创造的增加值不断影响企业产品的价格和利润，这是因为：一方面，在市场零售价格均衡一致时（同类产品的价格相当），某个特定企业产品的物流费用越少，企业的利润越高；另一方面，企业在确定了产品合理利润率的情况下，物流费用越少，产品的零售价格就越有降低的可能，从而可以刺激消费者购买，提高企业产品的市场份额。

③ 物流的出发点是以生产和流通企业的利益为中心的。运输只是物流管理控制的必要环节，永远处于从属地位。从这一意义上说，有物流必然有运输，而再完善的运输也远不是物流。运输企业要开展物流，必须主动地服务于工商企业产品的生产和销售，服务于产品的市场竞争和利益，主动开展物流市场调查、市场预测，到工商企业中做好推销、宣传等业务，根据工商企业的需要，为其提供全方位的物流服务，从上游企业的利益增长中，取得附加值远大于运输的回报。从社会利益来看，也可以促进专业分工的发展。

④ 物流的管理观念比运输更先进，它特别强调顾客服务不是管理者和产品造就企业，而是顾客造就企业。如果物流与顾客保持接触并满足顾客的需要，物流则会在产品、价格相同的市场战略上起很大的作用。物流经营者一般参与企业之间的供应链，即面向为顾客服务所进行的从原材料供给到商品送到消费者手中的整个过程，这是许多企业参与的联动行为，生产企业可以集中精力从事自己的核心业务，物流企业则专门搞好物流业务，如联运、配送、仓储、流通加工等。

⑤ 物流比运输更重视先进技术的应用。由于现代物流关心顾客的服务水平提高、总成本的降低和网络化、规模化，所以人们普遍认为，建立 GPS（全球卫星定位系统）对物流的全过程进行适时监控、适时货物跟踪和适时调度是很有必要的；为了与顾客（特别是与长期合作的主要顾客）建立 EDI 联系，这样的做法在一些物流先进的国家中已经得到良好的实践。

4.2　运输方式及其选择

4.2.1　运输方式的分类

按不同的标准，可把运输方式进行以下分类。

1. 按运输的范围分

① 干线运输——利用铁路、公路的干线，大型船舶的固定航线进行的长距离、大数量的运输，是进行远距离空间位置转移的重要运输形式。一般干线运输速度较同种工具的其他运输速度要快，成本也较低。干线运输是运输的主体。

② 支线运输 —— 与干线相接的分支线路上的运输。支线运输是干线运输与收、发货地点之间的补充性运输形式，路程较短，运量量相对较小。

③ 二次运输 —— 一种补充性的运输形式，指的是干线、支线运输到站后，站与用户仓库或指定地点之间的运输。由于是单个单位的需要，所以运量也较小。

④ 厂内运输 —— 在大型工业企业范围内，直接为生产过程服务的运输。但小企业内的这种运输称为"搬运"。从所用工具来看，厂内运输一般使用卡车，而搬运则使用叉车、输送机等。

2. 按运输的作用分

① 集货运输 —— 将分散的货物汇集集中的运输形式，一般是短距离、小批量的运输。货物集中后才能利用干线运输形式进行远距离及大批量运输，因此，集货运输是干线运输的一种补充形式。

② 配送运输 —— 将结点中已按用户要求配好的货物分送给各个用户的运输。一般是短距离、小批量的运输，从运输的角度来看是对干线运输的一种补充和完善的运输。

集货运输与配送运输的关系如图 4.1 所示。

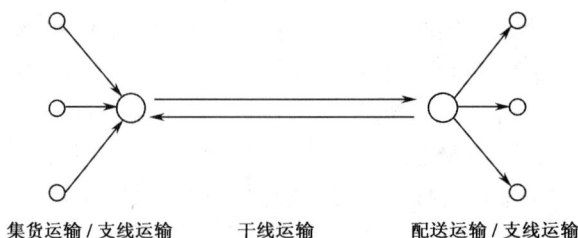

集货运输 / 支线运输　　　干线运输　　　配送运输 / 支线运输

图 4.1　集货运输与配送运输

3. 按运输的协作程度分

① 一般运输 —— 孤立地采用不同运输工具或同类运输工具而未形成有机协作关系的为一般运输。

② 联合运输 —— 使用同一运送凭证，由不同运输方式或不同运输企业进行有机衔接运输货物，利用每种运输手段的优势以充分发挥不同效率的一种运输形式。采用联合运输，对用户来说可以简化托运手续，同时可以加快运输速度，也有利于节省运费。

4. 按运输中途是否换载分

① 直达运输 —— 在组织货物运输时，利用一种运输工具从起运站、港一直到到达站、港中途不经过换载，中途不入库储存的运输形式。直达运输可避免中途换载所出现的运输速度减缓、货损增加、费用增加等一系列弊病，从而缩短运输时间、加快车船周转、降低运输费用。

② 中转运输 —— 在组织货物运输时，在货物运往目的地的过程中，在途中的车站、港口、仓库进行转运换装，称为中转运输。中转运输可以将干线、支线运输有效地衔接，可以化整为零或集零为整，从而方便用户、提高运输效率。

5．按运输设备及运输工具不同分

① 铁路运输；

② 公路运输；

③ 水路运输；

④ 航空运输；

⑤ 管道运输。

我们在以下内容中重点介绍这种分类中的各运输方式。

4.2.2　铁路运输

（1）铁路运输的含义

铁路运输是使用铁路列车运送客货的一种运输方式。铁路运输主要承担长距离、大数量的货运，在没有水运条件的地区，几乎所有大批量货物都依靠铁路。铁路运输是在干线运输中起主力运输作用的运输形式。

（2）铁路运输的优点

① 运输速度快。高速铁路运行时速可达到 210～260 公里。

② 运输能力大。能承运大量的货物，是大宗、通用的运输方式。

③ 运输成本低。一般来说，铁路的单位运输成本比公路运输和航空运输要低得多；如果考虑装卸费用，有时甚至低于内河运输。

（3）铁路运输的缺点

只能在固定线路上实现运输，需要其他运输手段配合和衔接。铁路运输经济里程一般在 200 公里以上。

4.2.3　公路运输

（1）公路运输的含义

公路运输是主要使用汽车在公路上进行客货运输的一种方式。公路运输主要承担近距离、小批量的货运；水运 、铁路运输难以到达地区的长途、大批量货运及铁路、水运难以发挥优势的短途运输。由于公路运输有很强的灵活性，近年来，在有铁路、水运的地区，较长途的大批量运输也开始使用公路运输。

（2）公路运输的优点

① 灵活性强。公路运输可以满足用户的多种要求，易于因地制宜，对收到站设施要求不高。

② 公路建设期短，投资较低。

③ 可以采取"门到门"运输形式，即从发货者门口直到收货者门口，而不需要转运或反复装卸搬运。

（3）公路运输的缺点

① 运输单位小，不适合大量运输；

② 长距离运输运费较高。

4.2.4　水路运输

（1）水路运输的含义

水路运输是使用船舶运送客货的一种运输方式。水运主要承担大数量、长距离的运输，是在干线运输中起主力作用的运输形式。在内河及沿海，水运也常作为小型运输工具使用，担任补充及衔接大批量干线运输的任务。

（2）水路运输的优点

① 运输成本低，能进行低成本、大批量、远距离的运输；

② 适合宽大、重量重的货物运输。

（3）水路运输的缺点

① 运输速度较慢；

② 港口的装卸费用较高，故不适合短距离运输；

③ 航行受天气影响较大。

（4）水路运输的形式

① 沿海运输 —— 使用船舶通过大陆附近沿海航道运送客货的一种方式，一般使用中小型船舶；

② 近海运输 —— 使用船舶通过大陆邻近国家海上航道运送客货的一种运输形式，视航程可使用中型船舶，也可使用小型船舶；

③ 远洋运输 —— 使用船舶跨大洋的长途运输形式，主要依靠运量大的大型船舶；

④ 内河运输 —— 使用船舶在陆地内的江、河、湖、川等水道进行运输的一种方式，主要使用中小型船舶。

4.2.5　航空运输和管道运输

1. 航空运输

航空运输是使用飞机或其他航空器进行运输的一种形式。

航空运输的单位成本很高，因此，适合运载的货物主要有两类：一类是价值高、运费承担能力很强的货物，如贵重设备的零部件、高档产品等；另一类是紧急需要的物资，如救灾抢险物资。

航空运输的主要优点是速度快，不受地形的限制。在火车、汽车都达不到的地区也可依靠航空运输，因而有其重要意义。

2. 管道运输

管道运输是利用管道输送气体、液体和粉状固体的一种运输方式。其运输形式是靠物体在管道内顺着压力方向循环移动实现的，其与其他运输方式的重要区别在于，管道设备是静止不动的。

管道运输的主要优点是：由于采用密封设备，在运输过程中可避免散失、丢失等损失，也不存在其他运输设备在运输过程中消耗动力所形成的无效运输问题。另外，运输量大，适合于大量且连续不断运送的物资。其主要缺点是功能单一。

4.2.6　运输方式的选择

运输方式的选择是物流合理化的重要内容，这种选择不仅限于单一的运输方式，而且还包括通过复合运输方式的合理组合实现物流的合理化。

选择运输方式的判断标准主要包括如下要素：货物的性质，运输时间，交货时间的适应性，运输成本，批量的适应性，运输的机动性和便利性，运输的安全性和准确性等。对于货主来说，运输的安全性和准确性、运输费用的低廉性以及缩短时间等因素是其关注的重点。从业种来看，制造业重视运输费用的低廉性，批发业和零售业重视运输的安全性和准确性以及运输总时间的缩短等运输服务方面的质量。

具体来说，在选择运输手段时，第一要考虑运输物品的种类，第二要考虑运输量，第三要考虑运输距离，第四要考虑运输时间，第五要考虑运输费用。

在运输物品种类方面，物品的形状，单件重量容积、危险性、变质性等都成为选择运输方式的制约因素。在运量方面，一次运输的批量不同选择的运输方式也不同。一般来说，原材料等大批量的货物运输适合铁路运输或水运。货物运输距离的长短直接影响到运输方式的选择，一般来说，中短距离的运输比较适合于公路运输。货物运输时间长短与交货时间有关，应该根据交货期来选择适合的运输方式。物品价格的高低关系到承担运费的能力，也成为选择运输方式的重要考虑因素。

虽然货物运输费用的高低是选择运输方式时要重点考虑的内容，但在考虑运输费用时，不能仅从运输费用本身出发，必须从物流总成本的角度联系物流的其他费用综合考虑。除了运输费用外，还有包装费用、保管费用、库存费用、装卸费用以及保险费用等。选择最为适宜的运输方式的时候，在成本方面应该保证总成本最低。

当然，在具体选择运输方式的时候，往往受到当时特定运输环境的制约，因而必须根据运输货物的各种条件，通过综合判断加以确定。

4.3　运输合理化

4.3.1　不合理运输

1．不合理运输的含义

商品不合理运输，是指在组织货物运输的过程中，违反货物流通规律，不按经济区域和货物自然流向组织货物调运，忽视运输工具的充分利用和合理分工，装载量低，流转环节多，从而浪费运力和加大运输费用的现象。

货物运输不合理，势必导致货物迂回、倒流、过远、重复等不合理运输，造成货物在途时间长、环节多、流转慢、损耗大、费用高、浪费运力和社会劳动力，影响生产和市场供应。

2．不合理运输的表现

商品不合理运输，概括起来主要有以下几种类型：

（1）返程或起程空驶

空车或无货载行驶，可以说是不合理运输的最严重形式。在实际运输组织中，有时候必须调运空车，从管理上不能将其看成不合理运输。但是，因调运不当、货源计划不周、不采用运输社会化而形成的空驶，则是不合理运输的表现。

造成空驶的不合理运输主要有以下几种原因：

- 能利用社会化的运输体系而不利用，却依靠自备车送货，这往往出现单程重车、单程空驶的不合理运输。
- 由于工作失误或计划不周，造成货源不实，车辆空去空回，形成双程空驶。
- 由于车辆过分专用，无法搭运回程货，只能单程实车，单程回空周转。

（2）对流运输

对流运输又称相向运输。凡属同种货物或可以相互代用的货物，在同一条运输线上或平行的两条运输路线上，采取相对方向的运输，即称对流运输。对流运输有两种类型，一种是明显的对流运输，即在同一路线上的对流运输，如图 4.2 所示。

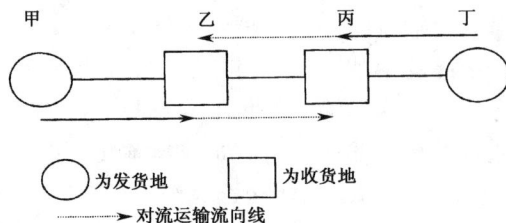

图 4.2　货物对流运输示意图

从图 4.2 中可以看出某种货物从甲地经过乙地运至丙地，同时又从丁地经过丙地运至乙地。这样，在乙地与丙地之间产生了对流运输。

对流运输的另一种类型是隐蔽的对流运输，即同一种货物在违反近产近销的情况下，沿着两条平行的路线朝相对的方向的运输。它不易被发现，故称为隐蔽的对流运输（见图 4.3）。

从图 4.3 来看，甲、丁为两个发货地，乙、丙为两个收货地，各地之间的距离分别为 40 公里、30 公里、20 公里、10 公里。从丁地发运货物 2 吨给丙地，从甲地发运同种货物 2 吨给乙地。这种运输路线是不合理的，其中浪费了 40 吨公里的运力。正确的运输路线应该是丁地发给乙地，甲地发给丙地。

（3）迂回运输

迂回运输是指货物绕道而行的运输现象（见图 4.4）。由甲地发运货物经过乙、丙两地至丁地，那么在甲、乙、丙、丁各地之间便发生了迂回运输。正确的运输路线，应该从甲地经过戊地至丁地。

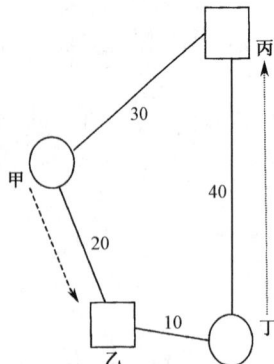

图 4.3　隐蔽对流运输示意图

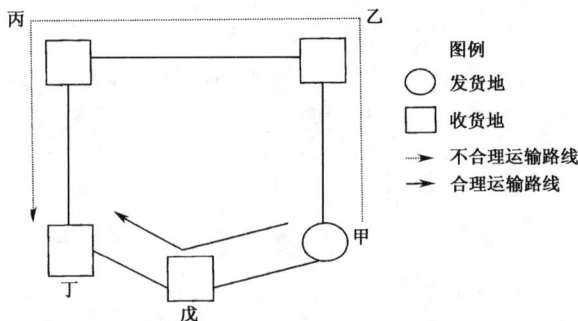

图 4.4　货物迂回运输示意图

（4）重复运输

重复运输是指一种货物本可直达目的地，但由于批发机构或商业仓库设置不当，或计划不周而在中途停卸重复装运的不合理运输现象。重复运输，一般虽未延长里程，但增加中间装卸环节，延长货物在途时间，增加装卸搬运费用，而且降低车、船使用效率，影响其他货物运输（见图 4.5）。

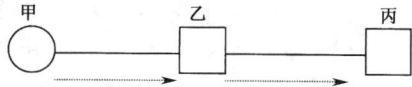

图 4.5　货物重复运输示意图

（5）倒流运输

倒流运输是指商品从销地向产地或转运地回流的一种不合理运输现象。这种现象也常常表现为对流运输或迂回运输。在实际工作中，倒流运输有两种情况：一种是指同一种货物从甲产地（供应地）运达乙销地后，又从乙销地运回原产地（供应地）或相对方向的中途另一个丁销地；另一种是从丙地运往甲地自己能够生产的同一种货物向甲产地运送。这两种均属倒流运输（见图 4.6）。

（6）过远运输

过远运输是指舍近求远的货物运输现象。即销地完全有可能由距离较近的供应地购进所需要的相同质量物美价廉的货物，却超出货物合理流向的范围，从远距离的地区运进来；或两个生产地生产同一种货物，它们不是就近供应邻近的消费地，却调给较远的其他消费地（见图 4.7 和表 4.1）。

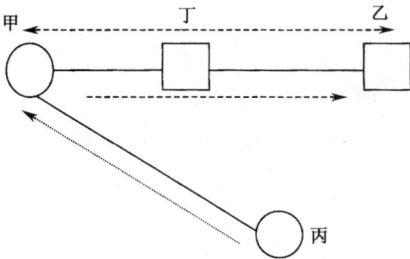

图 4.6　货物倒流运输示意图

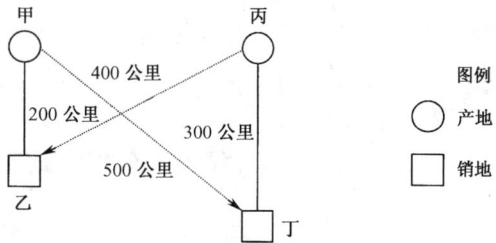

图 4.7　货物过远运输示意图

表 4.1　过远运输与合理运输比较表

（a）过远运输

产　地	销　地	吨　数	距　离	吨公里
甲	丁	5	500	2500
丙	乙	5	400	2000
合计			900	4500

（b）合理运输

产　地	销　地	吨　数	距　离	吨公里
甲	乙	5	200	1000
丙	丁	5	300	1500
合计			500	2500

例如，甲、丙是两个产地，丁、乙是两个销地，它们的货物供应量和需要量都是各 5 吨，图 4.7 和表 4.1 说明：如果由甲地供应丁地、丙地供应乙地，则是不合理的；与甲地供应乙地、丙地供应丁地相比较，要多走里程 400 公里，浪费 2000 吨公里的运力和运费。所以，合理的运输路线应该是甲地供应乙地，丙地供应丁地。

（7）运力选择不当

未选择各种运输工具优势而不正确地利用运输工具造成的不合理现象，常见有以下若干形式：

- 弃水走陆 —— 在同时可以利用水运及陆运时，不利用成本较低的水运或水陆联运，而选择成本价高的铁路运输或汽车运输，使水运优势不能发挥。
- 铁路、大型船舶的过近运输 —— 不是铁路及大型船舶的经济运行里程却利用这些运力进行运输的不合理做法。主要不合理之处在于火车及大型船舶起运及到达目的地的准备、装卸时间长，且机动灵活性不足，在过近距离中利用，发挥不了运速快的优势。相反，由于装卸时间长，反而会延长运输时间。另外，和小型运输设备比较，火车及大型船舶装卸难度大、费用也比较高。
- 运输工具承载能力选择不当 —— 不根据承运货物数量及重量选择，而盲目决定运输工具，造成过分超载、损坏车辆及货物不满载、浪费运力的现象，尤其是"大马拉小车"现象发生较多。由于装货量小，单位货物运输成本必然增加。

（8）托运方式选择不当

对于货主而言，在可以选择最好托运方式而未选择，造成运力浪费及费用支出加大的一种不合理运输。例如，应选择整车未选择，反而采取零担托运。

上述各种不合理运输形式都是在特定条件下表现出来的，在进行判断时必须注意其不合理的前提条件，否则容易出现判断上的失误。例如，如果同一种产品，商标不同，价格不同，虽发生对流也不能绝对看成不合理，因为其中存在着市场机制引导的竞争。如果强调因为表面的对流而不允许运输，就会起到保护落后、阻碍竞争甚至助长地区封锁的作用。类似的例子在各种不合理运输形式中都可以举出一些。

再者，以上对不合理运输的描述，主要就形式本身而言，是主要从微观观察得出的结论。在实践中，必须将其放在物流系统中作综合判断；在不作系统分析和综合判断时，很可能出现"效益背反"现象。单从一种情况来看，避免了不合理，做到了合理，但局部的合理却使其他部分出现不合理。只有从系统角度综合判断才能有效避免"效益背反"现象，从而优化全系统。

4.3.2　运输合理化的一般途径

1．运输合理化的含义

运输合理化就是按照货物流通的规律，用最少的劳动消耗达到最大的经济效益，来组织货物调运。即在有利于生产，有利于市场供应，有利于节约流通费用和节约运力、节约劳动力的前提下，使货物走最短的里程，经最少的环节，用最快的时间，以最小的损耗，花最少的费用，把货物从生产地运到消费地。

2．影响运输合理化的因素

由于运输是物流中最重要的功能要素之一，物流合理化在很大程度上依赖于运输合理化。运输合理化的影响因素很多，起决定性作用的有5方面的因素，称为合理运输的"5要素"：

① 运输距离（运距） —— 在运输时，运输时间、运输货损、运费、车辆或船舶周转等运输的若干技术经济指标，都与运距有一定比例关系，运距长短是判断运输是否合理的一个最基本因素。缩短运输距离从宏观、微观看都会带来好处。

② 运输环节 —— 每增加一次运输，不但会增加起运的运费和总运费，而且会增加运输的附属活动，如装卸、包装等，各项技术经济指标也会因此而下降。所以，减少运输环节，

尤其是同类运输工具的环节，对合理运输有促进作用。

③ 运输工具 —— 各种运输工具都有其使用的优势领域，对运输工具进行优化，按运输工具特点进行装卸运输作业，最大限度发挥所用运输工具的作用，是运输合理化的重要一环。

④ 运输时间 —— 运输是物流过程中需要花费较多时间的环节，尤其是远程运输，在全部物流时间中，运输时间占绝大部分，所以，运输时间的缩短对整个流通时间的缩短有决定性的作用。此外，运输时间短，有利于运输工具的加速周转，充分发挥运力的作用，有利于货主资金的周转，有利于运输线路通过能力的提高，对运输合理化有很大贡献。

⑤ 运输费用 —— 前面已述及运费在全部物流费中占很大比例，运费高低在很大程度上决定整个物流系统的竞争能力。实际上，运输费用的降低，无论对货主企业还是对物流经营企业来说，都是运输合理化的一个重要目标。运费的判断，也是各种合理化措施是否行之有效的最终判断依据之一。

从上述 5 方面考虑运输合理化，就能取得预想的结果。

3. 运输合理化的一般途径

长期以来，我国劳动人民在生产实践中探索和创立了不少运输合理化的途径，在一定时期内、一定条件下取得了效果。在发展现代物流的今天，这些做法仍然值得借鉴。同时，现代物流技术与管理的应用，也为运输合理化提供了新的途径。

（1）提高运输工具实载率

实载率有两个含义：一是单车实际载重与运距之乘积和标定载重与行驶里程之乘积的比率，这在安排单车、单船运输时，是判断装载合理与否的重要指标；二是车船的统计指标，即一定时期内车船实际完成的货物周转量（以吨公里计）占车船载重吨位与行驶公里之乘积的百分比。在计算时，车船行驶的公里数不但包括载货行驶，也包括空驶。

提高实载率的意义在于：充分利用运输工具的额定能力，减少车船空驶和不满载行驶的时间，减少浪费，从而求得运输的合理化。

我国曾在铁路运输上提倡"满载超轴"，其中，"满载"的含义就是充分利用货车的容积和载重量，多载货，不空驶，从而达到合理化之目的。这个做法对推动当时运输事业发展起到了积极作用。当前，国内外开展的"配送"形式，优势之一就是将多家需要的货和一家需要的多种货实行配装，以达到容积和载重的充分合理运用，比起以往自家提货或一家送货车辆大部空驶的状况，是运输合理化的一个进展。在铁路运输中，采用整车运输、合装整车、整车分卸及整车零卸等具体措施，都是提高实载率的有效措施。此外，发展货物市场和货运信息网络，对于减少回程空驶现象起到明显的作用。

（2）采取减少动力投入，增加运输能力的有效措施求得合理化

这种合理化的要点是，少投入、多产出，走高效益之路。运输的投入主要是能耗和基础设施的建设，在设施建设已定型和完成的情况下，尽量减少能源投入是少投入的核心。做到了这一点就能大大节约运费，降低单位货物的运输成本，达到合理化的目的。

国内外在这方面的有效措施有如下几点：

- 前面提到的"满载超轴"，其中"超轴"的含义就是在机车能力允许的情况下，多加挂车皮。我国在客运紧张时，也采取加长列车、多挂车皮的办法，在不增加机车的情况下增加运输量。

- 水运拖排和拖带法。竹、木等物资的运输，利用竹、木本身的浮力，不用运输工具载运，采取拖带法运输，可省去运输工具本身的动力消耗从而求得合理化；将无动力驳船编成一定队形，一般是"纵列"，用拖轮拖带行驶，有比船舶载乘运输运量大的优点，求得合理化。
- 顶推法。是我国内河货运采取的一种有效方法。将内河驳船编成一定队形，由机动船顶推前进的航行方法。其优点是航行阻力小，顶推量大，速度较快，运输成本很低。
- 汽车挂车。汽车挂车的原理和船舶拖带、火车加挂基本相同，都是在充分利用动力能力的基础上，增加运输能力。

（3）发展社会化的运输体系

运输社会化的含义是发展运输的大生产优势，实行专业分工，打破一家一户自成运输体系的状况。运输社会化也称第三方化，即由第三方的专业物流或运输企业承担原来由企业自己完成的运输业务。

一家一户的运输小生产，车辆自有，自我服务，不能形成规模，且一家一户运量需求有限，难以自我调剂，因而容易出现空驶、运力选择不当（因为运输工具有限，选择范围太窄）、不能满载等浪费现象，且配套的接、发货设施，装卸搬运设施也很难有效地运行，所以浪费颇大。实行运输社会化，可以统一安排运输工具，避免对流、倒流、空驶、运力不当等多种不合理形式，不但可以追求组织效益，而且可以追求规模效益，所以发展社会化的运输体系是运输合理化的非常重要的措施。

当前铁路、航空和远洋运输的社会化运输体系已经较完善。而在公路运输中，自备货车现象非常普遍，是建立社会化运输体系的重点。

在社会化运输体系中，各种联运体系是其中水平较高的方式。联运方式充分利用面向社会的各种运输系统，通过协议进行一票到底的运输，有效打破了一家一户的小生产，受到了市场的欢迎。

我国在利用联运这种社会化运输体系时，创造了"一条龙"货运方式。对产、销地及产、销量都较稳定的产品，事先通过与铁路、交通等社会运输部门签订协议，规定专门收、到站，专门航线及运输路线，专门船舶和泊位等，有效保证了许多工业产品的稳定运输，取得了很大成绩。

（4）开展中短距离铁路公路分流，"以公代铁"的运输

这一途径的要点，是在公路运输经济里程范围内，或者经过论证，超出通常平均经济里程范围，也尽量利用公路。这种运输合理化的表现主要有两点：一是对于比较紧张的铁路运输，用公路分流后，可以得到一定程度的缓解，从而加大这一区段的运输通过能力；二是充分利用公路从"门到门"以及在中途运输中速度快且灵活机动的优势，实现铁路运输服务难以达到的水平。

我国"以公代铁"目前在杂货、日用百货运输及煤炭运输中较为普遍，一般在 200 公里以内，有时可达 700～1 000 公里。经认真的技术经济论证，山西煤炭外运用公路代替铁路运至河北、天津、北京等地是合理的。

（5）尽量发展直达运输

直达运输是追求运输合理化的重要形式，其对合理化的追求要点是通过减少中转过载换载，从而提高运输速度，省却装卸费用，降低中转货损。直达的优势，尤其是在一次运输批量和用户一次需求量达到了一整车时表现最为突出。此外，在生产资料、生活资料运输中，

通过直达，建立稳定的产销关系和运输系统，也有利于提高运输的计划水平，考虑用最有效的技术来实现这种稳定运输，从而大大提高运输效率。

特别值得一提的是，如同其他合理化措施一样，直达运输的合理性也是在一定条件下才会有所表现，不能绝对认为直达一定优于中转。这要根据用户的要求，从物流总体出发作综合判断。如果从用户需要量看，批量大到一定程度，直达是合理的，批量较小时中转是合理的。

（6）配载运输

这是充分利用运输工具载重量和容积，合理安排装载的货物及载运方法以求得合理化的一种运输方式。配载运输也是提高运输工具实载率的一种有效形式。

配载运输往往是轻重商品的混合配载，在以重质货物运输为主的情况下，同时搭载一些轻泡货物。例如，海运矿石、黄沙等重质货物，在仓面捎运木材、毛竹等，铁路运矿石、钢材等重物上面搭运轻泡农、副产品等，在基本不增加运力投入的情况下，基本不减少重质货物运输，从而解决了轻泡货的搭运，因而效果显著。

（7）"四就"直拨运输和直接换装

"四就"直拨是减少中转运输环节，力求以最少的中转次数完成运输任务的一种形式。一般批量到站或到港的货物，首先要进分配部门或批发部门的仓库，然后再按程序分拨或销售给用户。这样一来，往往出现不合理运输。

"四就"直拨，首先是由管理机构预先筹划，然后就厂或就站（码头）、就库、就车（船）将货物分送给用户，而无须再入库了。

直接换装（Cross-docking）是指物品在物流环节中，不经过中间仓库或站点，直接从一个运输工具换载到另一个运输工具的物流衔接方式。直接换装的含义与"四就"直拨基本相同，只不过前者更强调信息技术的支持而已。

（8）发展特殊运输技术和运输工具

依靠科技进步是运输合理化的重要途径。例如，专用散装及罐车解决了粉状、液状物运输损耗大、安全性差等问题；袋鼠式车皮、大型半挂车解决了大型设备整体运输的问题；"滚装船"解决了车载货的运输问题，集装箱船比一般船能容纳更多的箱体，集装箱高速直达车船加快了运输速度等，都是通过用先进的科学技术来实现合理化。

（9）通过流通加工使运输合理化

不少产品由于产品本身形态及特性问题很难实现运输的合理化，如果进行适当加工，就能够有效解决合理运输问题。例如，将造纸材在产地预先加工成干纸浆，然后压缩体积运输，就能解决造纸材运输不满载的问题；轻泡产品预先捆紧包装成规定尺寸，装车就容易提高装载量；水产品及肉类预先冷冻，就可提高车辆装载率并降低运输损耗。

4.3.3　运输合理化的数学方法

运输合理化可运用多种数学方法，这里主要介绍线性规划法。

例 1　某钢铁公司有三个采矿点 A1、A2、A3，4 个选矿工厂 B1、B2、B3、B4，采矿日产量分别是 500 吨、200 吨、300 吨，选矿日处理量分别为 200 吨、300 吨、100 吨、400 吨。各采矿点和各选矿工厂之间的矿石运价（元/吨）如表 4.2 所示。问：如何调运才能使总运费最低？

表 4.2　矿石运价表

采矿点 ＼ 选矿厂	B1	B2	B3	B4
A1	6	3	2	5
A2	7	5	8	4
A3	3	2	9	7

首先，这是一个产销平衡的运输问题，要建立如表 4.3 所示的产销平衡运价表。

表 4.3　产销平衡运价表 1

点（量）＼ 厂（量）	B1	B2	B3	B4	生 产 量
A1	6	3	2	5	500
A2	7	5	8	4	200
A3	3	2	9	7	300
需求量	200	300	100	400	1000

其次，利用最小元素方法，从表 4.3 中找出运价最小者（若有多个则任选其一），我们选定为 A1 和 B3 对应的 2，用圆圈圈上。将 A1 和 B3 所对应的生产量和需求量中最小者 100 填在圈的旁边。由于 B3 的需求量已经满足，所以，A1、A2 不用再往 B3 运输，即 B3 所在列应该变为 0。此时，表 4.3 变成如表 4.4 所示的样式。

表 4.4　产销平衡运价表 2

点（量）＼ 厂（量）	B1	B2	B3	B4	生 产 量
A1	6	3	②100	5	500
A2	7	5	0	4	200
A3	3	2	0	7	300
需求量	200	300	0	400	1000

重复上述操作，将 A3 和 B2 对应的 2 圈上，填入 300，将 B2 所在列变为 0；将 A3 和 B1 对应的 3 圈上，将 B1 的需求量 200 和 A3 生产量 300 的剩余部分最小者 0（已经填入，即已经用完），将 A3 所在的行变成 0；将 A2 和 B4 对应的 4 圈上，将 200 和 400 的最小者填入，将 A2 所在行变成 0；将 A1 和 B4 对应的 5 圈上，将 A1 生产量的剩余部分（500–100）和 B4 需求量的剩余部分（400–200）的最小者填入，将 B4 所在列变成 0；将 A1 和 B1 对应的 6 圈上，将 A1 生产量的剩余部分（300–100–200）与 B1 需求量的剩余部分的最小者填入，将 B1 所在列变成 0。最后得出的结果如表 4.5 所示。

表 4.5　产销平衡运价表 3

点（量）＼ 厂（量）	B1	B2	B3	B4	生 产 量
A1	⑥200	0	②100	⑤200	0
A2	0	0	0	④200	0
A3	③0	②300	0	0	0
需求量	0	0	0	0	0

表 4.5 中最后剩下的数值即为一种调运安排（一组可行解），总运费为 3800 元。但它是否为最优方案（最优解）还需要进一步验证。其中最为简便的是位势法。操作如下：

第一步：将运价分解为生产 V 和需求 U 两个部分，如表 4.6 所示。

表 4.6　生产 V、需求 U 的运价

厂（量） 点（量）		$V1$ B1	$V2$ B2	$V3$ B3	$V4$ B4	生产量
$U1$	A1	⑥200	3	②100	⑤200	500
$U2$	A2	7	5	8	④200	200
$U3$	A3	③0	②300	9	7	300
需求量		200	300	100	400	1000

即：$U1+V1=6$；$U1+V3=2$；$U1+V4=5$；$U2+V4=4$；$U3+V1=3$；$U3+V2=2$

令：$U1=0$，则：$V1=6$；$V3=2$；$V4=5$；$U2=-1$；$U3=-3$；$V2=5$

验证 U_i+V_i 是否小于所对应的运价，若全部小于，则为最优解，对应最佳方案。如果有大于运价的情况，则需要令其小于运价，采用闭回路法进一步调整。

在表 4.6 中，A1 和 B2 对应处数值为-2，以此为始点，标上（+为偶点，-为奇点），可以形成一个运量闭回路，如图 4.8 所示。

以最小值 200 为调整量，即令空圈中的值为 200，让回路中偶点都加上 200，奇点都减去 200，这样就形成一个新的回路，如图 4.9 所示。

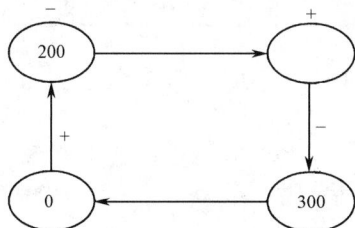

图 4.8　运量闭回路示意图　　　　　图 4.9　调整后的运量回路示意图

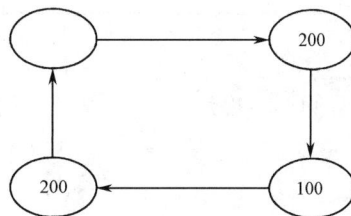

将上述数值代回表 4.5 中，最后结果如表 4.7 所示。

表 4.7　计算结果

厂（量） 点（量）	B1	B2	B3	B4	生　产　量
A1	6	3⑳⓪	2⑳⓪	5⑳⓪	500
A2	7	5	8	4⑳⓪	200
A3	③⑳⓪	2⑩⓪	9	7	300
需求量	200	300	100	400	1000

经验证，U_i+V_i 全部小于所对应的运价，得出最优解。最佳方案为 A1 向 B2 运 200 吨，向 B3 运 100 吨，向 B4 运 200 吨；A2 向 B4 运 200 吨；A3 向 B1 运 200 吨，向 B2 运 100 吨。总运费为 3400 元。

例 2　某公司有三个仓库 A1、A2、A3，共同存储某类物资，库存分别为 15 吨、18 吨、17 吨，一起向 B1、B2、B3 三个地方供货，其需求量分别为 18 吨、12 吨、16 吨。各个仓库与销售地点的距离（公里）如表 4.8 所示。问：应该如何调运这些物资才能在满足需要的前提下使总运输距离最小？

表 4.8　仓库与销地的距离

库 ＼ 销 地	B1	B2	B3
A1	5	9	2
A2	3	1	7
A3	6	2	8

首先判断是否平衡。由于库存大于需求，因而这是一个产大于销的非平衡运输问题。可以在表中虚设一个销售地 B4，其销量为产销之差，这样就可以将不平衡问题转化为平衡问题。列出产销平衡表，如表 4.9 所示。

表 4.9　产销平衡表

库（量）＼ 销地（量）	B1	B2	B3	B4	生 产 量
A1	5	9	2	0	15
A2	3	1	7	0	18
A3	6	2	8	0	17
需求量	18	12	16	4	50

下面的计算与上例相同，最后的结果是 A1 向 B3 运送；A2 向 B1 运送；A3 向 B2 运送，总运输距离为 116 公里。

4.4　运输业务管理

4.4.1　运输服务与运输合同

1．运输服务

（1）运输服务提供者

① 单一方式承运人。最基本的承运人类型是单一方式承运人。他们仅利用一种运输方式担供服务，这种集中程度使承运人高度专门化，有足够的能力和高效率。托运人方面需要与每个单独的承运人洽谈并交易，这需要更多的时间和精力，也需要更多的管理工作。

② 小件承运人。一些提供专门化服务的公司进入了小批量装运服务市场或包裹递送服务市场。他们所提供的各种服务不能千篇一律地按照传统的分类方案加以划分，因为包裹可能途经铁路、公路和航空运输。对于一些生产电子产品或者靠散发目录来卖商品的企业，包裹递送服务是最佳选择。包裹递送服务的缺点在于，它对产品尺寸和质量限制较大，运送时间长短不一，对产品的损害较大。

③ 多式联运经营人。多式联运人使用多种运输方式，以期在最低的成本条件下提供综合性服务。随着多式联运的发展，铁路和公路之间的关系有所改善，因为他们认识到将来多式联运会更密切地将他们联系在一起。当然，铁路和公路的竞争依然存在，但是他们更是潜

在的合作者。

由于两种或多种运输方式的连接具有经济潜力，所以多式联运概念吸引了托运人和承运人。多式联运的发展对物流规划者具有很大的利益，因为这种发展增加了系统设计中的可选方案。多式联运的优势体现在：

- 多式联运一次定价，有利于改善价格策略，节省交易成本；
- 重复成本减少，多种运输方式的合并体现了横向的规模经济；
- 多式联运被一个承运人控制后，有利于改进运输服务，节约管理成本。

（2）第三方运输

所谓第三方运输，是指于托运人和承运人之间联系的公司。其主要功能在于提供服务，它类似于一个渠道，包括运输经纪商，以及托运人协会或联盟。多运输方式公司也包括第三方物流服务提供者。

在大多数运输业务中，除了商品的供应商（卖者/托运人）和商品的买家之外，一般还有负责将商品从供应商运至买家的承运人，这就是通常所指的第三方运输服务。随着企业界对供应链管理重视程度的提高，越来越多的企业愿意购买第三方运输。

2．运输合同

（1）运输合同的含义

运输合同是承运人将旅客或者货物从起运地点运输到约定地点，旅客、托运人或者收货人支付票款或者运输费用的合同。货物运输合同是指承运人将货物运送至约定的地点，托运人向承运人支付运费的合同。

货物运输合同是由承运人开展运送业务的法律形式。货物运输合同可根据不同的标准进行不同的分类：

- 以运输工具分，可将运输合同分为铁路运输合同、公路运输合同、水路运输合同、航空运输合同以及管道运输合同等。
- 以运送方式分类，可将运输合同分为单一运输合同和联合运输合同。其中，单一运输是以一种运送工具进行的运送。联合运输简称为联运，是指以两种以上的运送工具进行的运输活动，又可分为国内联运合同和国际联运合同。

（2）订立运输合同的必要性

有效的物流网络要求托运人和承运人在战略和操作方面都保持良好的关系。托运人一般喜欢与可靠的、高质量的承运人订立长期合作合同。合同对托运人和承运人都有好处，可以使托运人对运输活动便于管理，增强可预测性并可去除费率波动对托运人的影响。另外，合同还可保证达到托运人所要求的运输服务水平，从而使运输成为托运人的竞争优势领域。同时，合同这种合作方式也有利于承运人自觉改善运输服务，使得承运人的服务适合托运人的物流需求，并使运费和服务之间的关系更直接，且改善托运人和承运人的关系。此外，长期合同减少了承运人为满足特殊托运人的服务要求而购买机器设备的投资风险，并保证托运人得到所需的特殊服务。一般情况下，既提供随叫随到服务又提供合同服务的承运人会给合同托运人以最高的优先级，因为合同的普遍特征使得服务不善的惩罚费用很高。因此，托运人对承运人有较强的影响力，并能得到较好的服务。

（3）货物运输合同的基本格式

以下是一份货物运输合同的格式，可供参考。

货物运输合同基本格式

订立合同双方：

托运方：_____

承运方：_____

托运方详细地址：_____

收货方详细地址：_____

根据国家有关运输规定，经过双方充分协商，特订立本合同，以便双方共同遵守。

第一条　货物名称、规格、数量、价款

货物编号	品名	规格	单位	单价	数量	金额（元）

第二条　包装要求　托运方必须按照国家主管机关规定的标准包装；没有统一规定包装标准的，应根据保证货物运输安全的原则进行包装，否则承运方有权拒绝承运。

第三条　货物起运地点_____

　　　　货物到达地点_____

第四条　货物承运日期_____

　　　　货物运到期限_____

第五条　运输质量及安全要求_____

第六条　货物装卸责任和方法_____

第七条　收货人领取货物及验收办法_____

第八条　运输费用、结算方式_____

第九条　各方的权利义务

一、托运方的权利义务

1. 托运方的权利：要求承运方按照合同规定的时间、地点，把货物运输到目的地。货物托运后，托运方需要变更到货地点或收货人，或者取消托运时，有权向承运方提出变更合同内容或解除合同的要求。但必须在货物未运到目的地之前通知承运方，并应按有关规定付给承运方所需费用。

2. 托运方的义务：按约定向承运方交付运杂费；否则，承运方有权停止运输，并要求对方支付违约金。托运方对托运的货物，应按照规定的标准进行包装，遵守有关危险品运输的规定，按照合同中规定的时间和数量交付托运货物。

二、承运方的义务

1. 承运方的权利：向托运方、收货方收取运杂费用。如果收货方不交或不按时交纳规定的各种运杂费用，承运方对其货物有扣压权。查不到收货人或收货人拒绝提取货物，承运方应及时与托运方联系，在规定期限内负责保管并有权收取保管费用，对于超过规定期限仍无法交付的货物，承运方有权按有关规定予以处理。

2. 承运方的义务：在合同规定的期限内，将货物运到指定的地点，按时向收货人发出货物到达的通知。对托运的货物要负责安全，保证货物无短缺、无损坏、无人为的变质，如有上述问题，应承担赔偿义务。在货物到达以后，按规定的期限负责保管。

三、收货人的权利义务

1. 收货人的权利：在货物运到指定地点后有以凭证取货物的权利。必要时，收货人有权向到站或中途货物所在站提出变更到站或变更收货人的要求，签订变更协议。

2. 收货人的义务：在接到提货通知后，按时提取货物，缴清应付费用。超过规定提货时，应向承运人交付保管费。

第十条　违约责任

一、托运方责任

1. 未按合同规定的时间和要求提供托运的货物，托运方应按其价值的_____%偿付给承运方违约金。

2. 由于在普通货物中夹带、匿报危险货物，错报笨重货物重量等而招致吊具断裂、货物摔损、吊机倾翻、爆炸、腐蚀等事故，托运方应承担赔偿责任。

3. 由于货物包装缺陷产生破损，致使其他货物或运输工具、机械设备被污染腐蚀、损坏，造成人身伤亡的，托运方应承担赔偿责任。

4. 在托运方专用线或在港、站公用线、专用铁道自装的货物，在到站卸货时发现货物损坏、缺少，在车辆施封完好或无异状的情况下，托运方应赔偿收货人的损失。

5. 罐车发运货物，因未随车附带规格质量证明或化验报告，造成收货方无法卸货时，托运方应偿付承运方卸车等费用及违约金。

二、承运方责任

1. 不按合同规定的时间和要求配车（船）发运的，承运方应偿付托运方违约金_____元。

2. 承运方如将货物错运到货地点或接货人，应无偿运至合同规定的到货地点或接货人。如果货物逾期到达，承运方应偿付逾期交货的违约金。

3. 运输过程中货物灭失、短少、变质、污染、损坏，承运方应按货物的实际损失（包括包装费、运杂费）赔偿托运方。

4. 联运的货物发生灭失、短少、变质、污染、损坏，应由承运方承担赔偿责任的，由终点阶段的承运方向负有责任的其他承运方追偿。

5. 在符合法律和合同规定条件下的运输，由于下列原因造成货物灭失、短少、污染、损坏的，承运方不承担违约责任：

（1）不可抗力；

（2）货物本身的自然属性；

（3）货物的合理损耗；

（4）托运方或收货方本身的过错。

本合同正本一式二份，合同双方各执一份；合同副本一式_____份，送_____等单位各留一份。

托运方：_____　　　承运方：_____

代表人：_____　　　代表人：_____

地　址：_____　　　地　址：_____

电　话：_____　　　电　话：_____

开户银行：_____　　　开户银行：_____

账　号：_____　　　账　号：_____

　　　　　　　　　　　　　　　　　　　　　　　　年____月____日订

4.4.2　对运输企业的选择

经济和资源的限制、竞争压力和客户需求都要求企业作出最有效的运输方式和运输企业选择。因为运输影响到客户服务水平、送货时间、服务的连续性、库存、包装、能源消耗、环境污染及其他因素，运输部门必须开发最佳运输方式及运输企业的选择策略。

运输方式及运输企业选择可以分为以下 4 步：

① 问题识别。问题识别要考虑的因素有：客户要求，现有模式的不足之处以及企业的分销模式的改变。通常最重要的是与服务相关的一些因素。

② 运输企业分析。分析要考虑的信息有：过去的经验，企业界的运输记录，客户意见等。

③ 选择决策。对具体的运输企业来说，选择标准包括以下主要内容：

● 取货、运输的服务质量好，即准确、迅速、安全、可靠；

● "门到门"运输服务费用合理、低廉；

● 能够及时提供运输车辆和运输状况等业务的查询、咨询服务；

● 货物丢失时，能够及时处理有关索赔事项；

● 正确填制提单、货票等运输凭证；

● 与企业保持长期真诚合作关系。

④ 选择后评价。一旦作出选择，必须制定评估机制来评价运输企业的表现。在评价过程中，可以根据其运输合同的实际履行情况，对上述因素按重要程度进行打分，按照总分（加权处理）多少判别优劣顺序，然后决定选择与否，如何选择、接洽。操作时可参考表 4.10 所示的格式。

表 4.10　运输企业评价表

评 估 因 素	重 要 程 度	承 运 绩 效	等 级 判 定
运输成本	1	1	1
中转时间长度	3	2	6
可靠性	1	2	2
运输能力	2	2	4
可达性	2	2	4
安全性	2	3	6

注：等级判定＝重要程度×承运绩效。重要程度：1——高度重视；2——适中；3——较低。承运绩效：1——好；
2——一般；3——较差。

4.4.3　确定运输路线

1. 确定合理运输路线的意义

确定合理的运输路线非常重要。一般而言，运输企业从合理的运输路线中得到的好处有：

● 更高的车辆利用率；

● 更高的服务水平；

● 更低的运输成本；

● 更少的设备资金投入；

● 更好的决策管理。

对托运人而言，合理的运输路线可以：

● 降低成本；
● 提高所接受的服务水平。

2. 路线计划问题的类型

尽管有各种各样的路线计划问题，但可以把它们划分成下面几种不同的类型：单一出发地和单一目的地，且出发地和目的地不同；多出发地和多目的地；出发地和目的地是同一地点。下面分别讨论以上三种情况。

（1）单一出发地和单一目的地

单一出发地目的地的车辆路线问题可以看成网络规划问题，用运筹学的方法解决，其中最简单直接的解法是最短路线方法。

（2）多起点、多终点问题

实际运输中常常碰到有多个供应商并供给多个工厂的问题，或者把不同工厂生产的同一产品分配到不同客户的问题。在这些问题中，起点和终点都不是单一的；但各供应商的供应量往往有所限制。

（3）起点和终点为同一地点

自有车辆运输时，车辆往往要回到起点。比较常见的情况是，车辆从一座仓库出发到不同的销售点送货并回到仓库，这一问题实际是出发地和目的地不同的问题的延伸，但相对而言更为复杂一些。它的目标是找到一个走遍所有地点的最佳顺序，使得总运输路线时间最少或距离最短。这一类问题没有固定的解题思路，在实践中通常是根据实际上情况的不同，结合经验寻找适用的方法。

在实际运输中，一些具体的限制使得问题变得更为复杂，比如：

● 每一地点既有货物要送又有货物要取；
● 部分或全部地点的开放时间都有限制；
● 因车辆容量的限制或其他因素，要求先送货再取货；
● 司机的就餐时间和休息时间也在考虑的范围内。

有了这些限制，运输队路线计划和进度计划就很难找到最佳方案。在实际操作中，通常是求助于简单易行的方法，以得到解决问题的可行方案。

习题与思考题

一、应知目标考核题

（一）单项选择题

1. 在选择运输手段时，第一应考虑（　　　）。

　　A. 运输量　　　　　　　B. 运输种类　　　C. 运输时间　　　D. 运输费用

2. 水路运输适于（　　　）。

　　A. 运距长，运量大，时间性不太强的运输

　　B. 运距短，运量大，时间性不太强的运输

　　C. 运距长，运量小，时间性不太强的运输

  D．运距长，运量大，时间性很强的运输

  3．水路运输的费用较低，我国沿海运输成本只有铁路的（　　）。

    A．30%   B．40%   C．45%   D．50%

  4．港口是水运货物的集散地，又是水陆运输工具的衔接点，除供船舶停靠使用外，为了客货的疏运，还必须与（　　）交通相接。

    A．航空   B．公路   C．陆路   D．铁路

  5．对流运输又称（　　）。

    A．相向运输   B．迂回运输   C．重复运输   D．过远运输

（二）判断题

  1．在选择以何种方式运输时，一般只需考虑运输费用因素，因为运输费用占物流费的比重很大，它是衡量运输经济效益的一项重要指标，也是组织合理运输的主要目的之一。运输费用的高低，不仅关系到物流企业或运输部门的经济核算，而且会影响商品销售成本。（　　）

  2．建立社会化运输体系的重点是铁路运输。（　　）

  3．实行运输合理化的有效措施之一是提高实载率，其意义在于：充分利用运输工具的额定能力，减少车船空驶和不满载行驶的时间，从而求得运输的合理化。（　　）

  4．运输组织经济原则，就是采取最经济、最合理的运输方案，有效地利用各种运输工具和运输设施。节约人力、物力和运力，提高运输经济效益，降低货物运输费用。（　　）

  5．配载运输就是轻重商品的混合配载。（　　）

（三）名词解释

  物流运输 直达运输 中转运输 联合运输 不合理运输

  直接换装 运输合同

（四）问答题

  1．运输的几种主要方式的优缺点各是什么？

  2．不合理运输有哪些表现？

  3．如何选择合理的运输方式和运输企业？

  4．车辆空驶产生的原因有哪些？如何消除？

二、应会能力测试题

  （一）通过搜集网络等媒体的资料，以"我国几种运输方式的现状与发展"为题，写一篇 1500～2000 字的短文

  （二）根据案例资料回答问题

  某物流公司（代称 F 公司）在市场调查时发现，某著名电器生产商（代称 X 公司）生产的冰箱在向西南地区进行分销时基本上采用公路运输承运。同时，具有大致相同运输路线的某食品生产企业（代称 W 公司）生产的儿童休闲食品也采用公路运输进行分销。F 公司的市场人员对 X 公司的冰箱和 W 公司的儿童休闲食品均采用公路运输的方式提出了疑问，因为在时间要求不很强、运输距离在 800 公里以上的运输时采用公路运输并不是最佳的方案。详细的市场调查让市场人员大吃一惊：因为冰箱自身的特殊性，其在运输过程中只能"立式"

放置，而铁路以路基为基础的限高不能超过 5 米，否则涵洞和隧道将不能通行（此为铁路部门规定）。冰箱加其外包装只能堆放一层，堆放两层即超高。由此一来，铁路运输成本反而高了；且由于铁路运输的安全性和时间性相对难以保证，X 公司放弃铁路走公路就不奇怪了。

而同时，W 公司的儿童休闲食品为易碎物品，在铁路运输过程中由于缺乏对运输质量的信心，也选择了公路运输进行分销运输。

F 物流公司的市场人员敏感地意识到其中蕴含着的商机。经过详细地分析，一个成熟的方案形成了：即分别以 X 公司和 W 公司原公路运输价格的 80% 承接了 X 公司的冰箱和 W 公司的儿童食品的分销运输（在这两个公司看来，他们都节约了成本），而在具体运作时却完全采用铁路进行搭配运输。装卸时即先将 X 公司的冰箱以"立式"的方式放置在铁路车皮的下部，再将 W 公司的儿童休闲食品堆放在冰箱的上部，使儿童食品充分利用了冰箱上空余的空间。由于铁路运输成本较公路运输成本低，F 物流公司的整合运输，不仅使 X 公司和 W 公司均节约了成本，F 公司自身也获的了较大的经济效益。

问题：

1．这种拼载运输从理论上讲传统运输企业也可以做到，为什么实际上很难实行？

2．你从本例中受到哪些启发？

（三）计算题

设有某类物资要从发站 A_1，A_2，A_3 运往到站 B_1，B_2，B_3，B_4。各发站的发货量、各到站的到货量以及从某发站 $A_i(i=1,2,3)$ 运往某到站 $B_j(j=1,2,3,4)$ 一吨物资所需运费如下表所示。问：应怎样组织运输才能使总运费最少？

运量平衡表　　　　　　　　　　　　单位：吨

发站＼到站	B_1	B_2	B_3	B_4	发货量
A_1					70
A_2					80
A_3					50
到货量	40	30	70	60	200

运 价 表　　　　　　　　　　　　单位：元/吨

发站＼到站	B_1	B_2	B_3	B_4
A_1	3	6	2	4
A_2	5	3	3	4
A_3	1	7	5	2

第5章　采购与库存管理

应知目标
- 了解采购的含义、作用、原则及分类
- 熟悉采购过程、采购政策及采购方式
- 能够正确理解供应链管理模式下的采购策略
- 明白库存的含义、必要性及分类
- 理解库存控制的目标与库存控制系统的类型
- 理解准时制与零库存的含义

应会目标
- 学会采购批量决策
- 学会应用库存控制的常用方法

采购是企业物流管理的起始点,"按需采购"是前提原则,要尽量做到以最小的费用、最低的价格购进企业所需的各类货物。采购的方式和批量在很大程度上决定了企业的库存量。库存量的控制是库存管理的核心内容,既要不影响生产和供应,又要降低物流成本,这对库存管理来说是一个考验。

5.1　采购概述

采购工作至关重要,它既涉及采购的形式、采购工作的整个过程以及采购政策的制定,还影响到物流企业的质量信誉,因此,必须高度重视和抓好采购这一环节。采购过程既包括商流,又包括物流,但习惯上由物流部门负责完成,且采购对货物运输、库存控制等物流作业有着直接的影响,故本书将采购作为企业物流管理的重要组成部分。采购环节连接供应链的各个成员,并保证供应链中供应商的质量,从而直接影响到本企业的竞争优势。这样,采购就从原来的战术层面上升到战略层面,并成为企业核心竞争力的组成部分。

5.1.1　采购的含义与方法

1. 采购的含义

采购是企业向供应商购买货物或服务的一种商业行为,通常由采购部门执行,采购员完成采购活动。企业生产或经营活动所需的货物都是通过采购获得的,是企业物流系统的输入物流。

采购工作之所以重要是由它的地位和作用所决定的。其重要性具体表现在以下内容:

(1)采购工作是组织商品生产和流通的主要保证

在市场经济条件下,社会再生产和生活消费都离不开市场供应。企业开展和组织采购,就是为了掌握适合生产和消费的各类货物或服务。在高度专业化分工的现代社会中,企业经营活动所需的绝大多数原材料、零配件和设备、能源等，必须通过采购从外部获取，并且要在品质、数量、时间等方面得到充分的保证。

（2）采购工作能及时反馈信息

在采购工作过程中，市场供应和销售信息经常处于不断变化的动态之中，企业必须敏感地加以重视和掌握。如果生产的产品不适应市场需要，那么采购工作就处于被动状况，同样，流通企业所采购的商品在市场上卖不出去，那么采购工作也同样处于窘迫之地。因此，采购工作不仅仅是纯粹的货物或商品采购，更重要的是伴随着信息处理，只有及时了解市场信息，反馈市场信息，才能有助于生产和销售。

（3）采购工作是企业经济效益的关键

在企业中，企业的采购资金占产品销售额约 40%～60%，这说明采购成本对企业利润将产生很大影响。如果采购工作不能为扩大生产和销售起作用，那么盈利水平一般很难提高，其影响效果远远大于在其他方面所采取的措施和作出的努力。虽然增加利润的因素很多，但其中降低采购成本的效果最为明显，体现了杠杆作用和原理。抓好采购工作这一环节，企业一大半的资金效用也就大大提高了。

2．采购的原则和方法

（1）采购原则

采购工作在具体执行过程中，必须根据一定的原则，这些原则既是采购工作的内在要求，也是企业采购实践的经验总结。具体包括：

① 适价。大量采购与少量采购、长期采购与短期采购往往存在价格差异，作出适宜的价格决策必须经过以下步骤：

- 多渠道询价 —— 企业在采购前，多方面了解市场行情，包括最高价、最低价和平均价。
- 比价 —— 分析供应商提供的商品的规格、品性、功能，制定适宜比价的标准。
- 自行估价 —— 企业成立估价机构或小组，由采购业务、技术和会计人员组成，估算出符合企业要求的、较为准确的基本资料。
- 议价 —— 根据基本资料、市场情报、货物用料、采购量多少、付款方式及时间长短等因素，与供应商协议制定出一个双方满意而可接受的价格。

② 适时。要充分掌握进货时间，既要保证生产顺利进行，又要保证货物流畅，尽可能降低库存。只有这样，才能合理节约采购成本，提高市场竞争能力。

③ 适量。一般而言，采购货物的数量与价格有一定关系，在一定范围内，采购数量越多，价格越低，但并不是采购越多越好。资金成本、货物储存的成本都直接影响采购成本，应综合考虑各种因素，计算出物流总成本最低的经济采购量。

④ 适质。货物的质量非常重要，直接影响最终产品的质量。如果货物的质量不能满足生产或销售的需要，将造成一系列后果。如顾客的投诉和退货，增加检验费用等。但货物的质量也不是越高越好，而是要适合顾客的需要。

⑤ 适地。供应商离企业越近越好，这样可以降低运输费用，同时采购工作的其他事宜的沟通也会方便，企业成本就降低了。这也是当前许多产业集聚化发展的重要原因。

（2）采购方法的分类

① 按采购地分，采购方法有以下两类：

- 国内采购。在价格、品质及功能等方面与国外相比无明显差距时，应选择国内采购，这样采购过程将大为简便。
- 国外采购。如果国外采购的货物比国内采购的货物更能显示生产或销售的竞争性，则在不违背当前和长远利益的前提下，国外采购是可以采取的一种方法。

② 按采购环节分，采购方法有以下三类：

- 直接采购 —— 企业直接从制造商或原料企业进行采购；
- 调拨采购 —— 在制造商与客户之间，对货物调拨，满足需要；
- 委托采购 —— 企业委托某采购代理商向制造商组织采购货物。

③ 按采购政策分，采购方法有以下两类：

- 集中采购 —— 由企业采购部门统一进行采购，完成采购任务；
- 分散采购 —— 由企业下层各部门采购机构分别按生产或销售需要自行独立采购。

④ 按采购时间分，采购方法有以下三类：

- 固定采购 —— 采购时间基本保持不变；
- 非固定采购 —— 采购行为不随时间变化，需要时就采购；
- 紧急采购 —— 急需货物时，毫无计划而紧急作出采购行为。

⑤ 按采购性质分，采购方法有以下四类：

- 秘密采购 —— 采购行为不为其他企业所认知；
- 公开采购 —— 采购计划公开化；
- 投机性采购 —— 由于其购价和数量等因素变化，直接影响企业利润增减，因此带来投机利润；
- 正常性采购 —— 市场经济和企业生产后销售无很大变化，采购纯粹是一种经济行为。

⑥ 按采购形式分，采购方法有以下三类：

- 口头电话采购 —— 通过当面口头或电话形式进行洽谈，完成采购；
- 书信电报采购 —— 双方通过书面信件、电报形式，达成一致，完成采购；
- 签约采购 —— 双方根据各自要求以书面形式，订立双方权利和义务的合约，严格履行其内容，这种方法对大宗货物的采购比较适用。

5.1.2　采购过程

采购作业过程往往回因采购货物来源、采购方式以及采购对象等不同，在具体细节上存在若干差异或不同，但是基本作业过程大同小异。采购流程通常由以下 7 个步骤组成：

（1）采购申请

采购申请由货物使用部门根据货物分析表计算出货物需求量，填写请购单，依照签核流程送至不同审核主管批准。在填制请购单的同时，还必须登记编号，以便未来查询和确证，这样可以有效防止随意性和盲目性。

（2）选择供应商

在现代市场经济中，买方市场占有相当比例，在货物采购时，市场上往往有多家供应商可供选择，此时买方处于有利地位，货比多家，空间广阔。根据货物的品种、价格、形状、功能、品质及多种相应服务条件向供应商提出，比较供应商提供货物能力和条件，尽力降低采购成本，选择最理想的供应商，在采购条件许可范围，应该列出或排出所有供应商清单，采用比较和评估的科学方法挑选合适的供应商。

（3）确定价格

确定价格的过程就是价格谈判的过程，这一过程相当困难。这是因为价格是最敏感或最棘手的一个问题，买卖双方都设法提高或降低价格来维护自身利益。值得提出的是，虽然价格是市场供需的一对矛盾，但是双方中的任何一方都不能随意要价，否则导致货物交易失败。另外，价格并不是采购业务过程中的唯一决定性因素，价格与货物质量、数量、交货时间、包装、运输方式、售后服务等内容有紧密相关的制约关系，同样要求买卖双方必须综合权衡利弊，定出令双方满意的价格，促其成交。

（4）签约或签发采购订单

货物采购协议或订单是具有法律效力的两个近似或类似的书面文件，其内容主要有：

- 采购货物的具体品名、品质、数量及其他要求；
- 包装要求及运输方式；
- 采购验收标准；
- 交货时间和地点；
- 付款方法；
- 不可抗拒因素的处理；
- 违约责任；
- 其他。

签约或签发订单是十分仔细和谨慎的采购行为，采购方必须严格按照权利和义务对等、严格执行、责任等原则行事。

（5）协议或订单跟踪与稽核

在完成订货之后，为求供应商如期、如质、如量交货，应依据合约或订单规定，督促供应商按规定交运，并予以严格验收入库。这一过程是整个采购过程的核心，必须充分重视。执行过程中经常会发生意外或意想不到的事件，在这种情况下，双方应极力采取有效措施，避免不必要的损失，或尽力降低损失。

（6）接收货物

供应商根据不同运输方式将货物送至采购方指定地点，采购方根据送至货物不折不扣认真验收。验收时一般要求：

- 确定验收时间或日期。
- 验收工作应按照合约内容进行，以确知是否完全符合合约要求。
- 确定验收人员和负责人员。
- 验收时，如发现货物存在质量或其他方面的问题时，应及时通知供应商处理。
- 验收单据由验收人员签署，并对此负全部责任。验收单据被签署后，可作为采购方付款凭证之一。

（7）确认支付发票与结案

支付货款前必须核对支付发票与验收的货物清单或单据是否一致，确认后连同验收单据一起开出保票向财务部门申请付款，财务部门经会计业务处理后通知银行正式付款。此时，采购方与供应商之间的业务事宜结束。

5.1.3 采购政策

企业的政策中应该明确"采购行为"的具体内容，包括采购应受到哪些法律、规章和企业习惯的影响，以及采购部门与其他部门之间的关系。采购政策一旦确定或制定，就作为采购部门采购行为的最高准则，认真实施和执行。采购领域是商业贿赂等犯罪行为的高发地带，制定和实施采购政策可以有效预防职务犯罪，保障企业的财产安全。

1. 采购政策的重要性

采购政策具有声明的性质，用来描述采购行动的企图与方针，其目的是引导采购部门的组织行为，达到整体目标。因此，制定采购政策具有如下意义：
- 概括采购部门的责任和采购程序；
- 确定和改善采购部门与其他部门之间的关系；
- 指导采购人员具体采购行为；
- 促进对供应商的了解，以进一步深入合作；
- 加强企业管理，认真履行政府部门的法律法规；
- 提供绩效评估考核标准体系；
- 明确采购部门在企业中的功能与地位。

2. 制定采购政策的要求

建立和完善采购政策需要企业各部门之间配合以及各主管管理层的协助，制定与推行一套可行政策方案，必须要遵循以下要求：
- 制定政策必须得到上级主管部门的支持，这对资源的合理使用、各部门之间的协助大有益处；
- 采购政策的具体内容与企业整体利益紧密相连，确保采购政策的有效实施；
- 采购政策与其他部门的政策完全相互衔接；
- 制定政策时，必须充分考虑初始使用期，一旦发现政策的缺失，必须立即修订或补充，保证其有效性和准确性；
- 采购政策一经制定后必须严格进行讨论和审视，避免失误或有损企业利益。

3. 采购政策的主要内容

采购政策为采购人员长期从事采购活动提供全面和长期的工作和决策原则或准则。通常，企业采购政策应包括以下主要内容：
- 货物采购计划必须根据需求计划拟定；
- 采购方法采用集中或分散办理；
- 列入管制货物采用预购备用方式，未列入管制货物则采用现用现购方式；
- 决定采购方式（公开招标、比价、议价）；
- 确定货物与来源地（国外或国内）；
- 直接向制造商采购或向中间商（经销商或代理商）采购；
- 规定金额范围，比较询价和供应商；
- 区分长期和短期合约，分别轻重；

- 品质、时效、价格，谁先谁优原则；
- 采购人员的采购纪律；
- 采购人员的经济核算观念和工作态度。

5.2　采购方式与采购决策

采购方式就是采购作业的商务模式。采购政策中往往根据不同的情形规定采购方式。特定的资金来源也可能附带采购方式的要求。如世界银行贷款必须进行全球公开招标，政府资助项目通常要求国内公开招标。采购决策是指采购过程重大问题的选择和决定。

5.2.1　采购的方式

1. 公开招标

公开招标是采购方事先规定招标之标的有关规范，包括货物品质、品牌、报价方式、投票手续、运输方式、交货日期、品质检验等，公开征求供应商交货、承制。凡符合资格规定的供应商，均可参加竞标，以当众开标为原则。符合各项规定报价最低者，优先得标。

（1）公开招标的适用条件

- 供应商不明或分布甚广，必须以公开方式通知所有可能供应的厂商，在某一时间内前来报价；
- 不必追求供应商过去的交货和服务业绩，对所有参与竞标的供应商一视同仁；
- 公开招标应以标准化的货物或劳务为宜；
- 在公开竞争情况下，以低廉的货物价格取得货物，不许徇私舞弊。

（2）公开招标的程序

① 招标 —— 制定和审查采购货物内容、采购方法、买卖条件以及投标资格设定，制作与发售标单与公告。

② 投标 —— 在投标截止日期前，投标商将投标单送至指定地点。必要时，收缴投标金。

③ 开标 —— 首先做好开标前准备工作，包括开标现场准备和各类文件准备。其次进行开标工作，包括启标、资格审查及开标文件整理。最后，决定底价，会同货物使用部门、采购部门及财务审计部门共同决定货物最低价格。

④ 决标 —— 首先是报价单审查，包括规格与条款审查。其次是决标单公布与通知，在决标会议上当场决标并将决标结果正式通知得标厂商。

⑤ 签约 —— 决标通知一经发出，依照惯例，即可办理书面采购与供应合约签订。

（3）公开招标的优缺点

公开招标的优点有如下几点：

- 公平。在符合规定的政策和范围内，投标者在公平竞争条件下，享有最低得标价格的权利和机会。
- 价格合理。各投标者完全公开价格组成，并根据个各自实力争取合约。
- 改进货物品质。由于公开投标，各投标者竞相得标，因此，千方百计提供最先进或最优货物，从而使货物品质不断改进。
- 减少干扰。公开招标和投标为实际业务操作带来公正性，可以避免人情关，减少各种作业干扰。

- 正确掌握货物来源。公开招标可以提供更多的供应商，提高货物来源渠道，选择和了解货物也随之扩大。

公开招标的缺点有如下几点：

- 采购费用较高。公开登报、制作表单、安排开标场所均需一定费用和人力支出，如果发生泼标或流标，费用更大。
- 可能造成抢标。由于有意低于合理价格而带来恶性抢标，以致造成偷工减料、正期交货等风险；现货急于变现，或供应政策变化、未来价格变化等，均会造成不必要损失。
- 可能串通投标。供应商之间有意串通，提供不实报价或哄抬报价，造成相应损失。
- 程序烦琐。从招标至签约整个投标过程环节细致，很容易造成纠纷，必须按部就班，因而过于呆板和缺乏弹性。

2．比价

比价又称为限定厂商公开招标，即已知少数厂家供应商具有供应能力，事先拟定有关政策和规范条款并通知其参加投标和竞标。此采购方式与公开招标方式除供应商数目不同之外，其余均无差异。

（1）比价适用条件

- 对货物供应商相当或十分了解，将其中因素不佳者予以剔除，选定若干供应商参加投标；
- 对货物品质要求很高，胜于其他因素；
- 采购货物机密性高或急需货物时；
- 在供应商技术能力或货物品质相当时，仅需比较价格高低。

（2）比价的优缺点

比价的优点如下：

- 节约费用及时间。因不必公开或登报，可以减少招标环节，赢得时间。又因了解供应商，招标工作量减少，同样减少费用支出。
- 公平。比价虽不及公开招标不限制厂家数，但不失公平竞争之本性，只是竞争程度降低而已。
- 减少干扰。比价仍有在多家厂商合理竞争，并且实行公开原则，因此人为因素可以被避免和克服。

比价具有如下缺点：比价采购方式与公开招标在具体操作上有很多相似点，因此在可能造成抢标、可能串通投标、程序等方面基本类同。这里不再一一赘述。

3．议价

议价往往基于货物专利或特定条件，与个别供应商进行接触洽谈，不公开当众竞标，纯系买卖双方面对面就货物价格讨价还价，最终确定货物供应商。

（1）议价适用的条件

- 认定个别供应商，以邀约方式接洽，就货物价格或其他交易条件进行协商，选择最合适的供应商；

- 各供应商在货物材料、技术能力、品质等方面存在距离或差异，在价格表现方面也不尽一致，有时价格最低者未必就是得标者或确认供应商，采购方尽力得到满足一切采购要求而价格最低者；
- 货物需求存在连续性；
- 采购制度严密，其执行过程中不存在营私舞弊等情况。

（2）议价程序

- 发放询单，邀请报价。向可能的供应商分别寄发询价单，要求供应商提出报价，采购方根据各报价依次排序，并一对一进行讨价还价，取得双方满意价格。
- 签约。一旦取得合理价格后，双方即刻签署书面协议，办理订购手续。

（3）议价的优缺点

议价具有如下优点：

- 节约费用和时间。议价事先不必公开登报或制作标单，只需提出规范及要求，因此可减少相应费用。同时，由于开标、投标、分析、审查等环节省略，所以采购所耗费时间也大为节省。
- 减少失误。议价是双方面对面的业务谈判，在谈判中双方均可不断修正各自的目标和利益，弹性空间比较大，这样可以减少失误和不利因素。

议价的缺点如下：

- 信息不畅。因未进行公开招标，各种采购信息只局限于谈判双方。
- 货物品质难以发展和提高。货物品质往往在不同供应商之间有在差异，议价采购方式不如招标和比价那样广泛，存在难求之困，所以货物品质标准存在约束性。
- 价格可能偏高。双方谈判限于两者之间，不存在供应商之间的市场竞争现象，供应商为维护个别利益可能采取较高价格策略，因而采购方很难得到满意货物。
- 缺乏公平竞争。采购方仅向少数个别供应商询价，在很大程度上失去选择范围，同时未被询价供应商失去一次公平竞争的机会。

5.2.2　采购决策

采购过程必然遇到"向谁采购"、"什么时间采购"、"采购多少"、"采购什么样的品质"、"价格多少"等 5 个问题，这些构成了采购的基本决策。此 5 项决策彼此关连，如选择供应商必然考虑其价格和质量，而采购的周期取决于采购的批量。所以，采购决策是一项整体性决策行为。

1. 选择供应商决策

一个好的供应商除了拥有足够的生产能力外，还必须对采购企业做好全面优质的供货工作，达到满足采购企业的要求，这样供应商在市场竞争中就具有较强的竞争力。

（1）选择供应商要素

① 货物质量和技术水平。供应商提供的货物质量及其相应的技术水平是采购方选择的重要因素。供应商必须具有良好和稳定的货物生产过程和标准，并配置质量控制体系保证其连续性。是否具有一定的技术队伍，对货物的生产和研制发展有相当重要的制约因素，如果只具备优质货物和相当技术水平，那么对采购企业仅仅是最基本的选择因素。

② 货物的供应能力、提前期和价格。连续性提供货物并且随时可以作出提前交货的决

策，是供应商必须具有相当生产规模与发展前景或潜力的可靠保证，否则无论在数量和质量上还是在交货期限等方面均丧失竞争力。价格是货物价值的最佳表现，货物实现其价值需要诸多因素的综合表现，如数量、质量、售后服务、供货时间、技术指标等，因此，价格是否恰当是采购过程中至关重要的因素。

③ 供应商的信誉表现。信誉是供应商在执行业务时所表现的形象，包括货物本身、经营作风、管理水平、口碑等。因此，选择一家满意的供应商，为保证完成采购任务打下扎实的基础。

④ 供应商地理位置。地理位置非常重要，因为其是构成采购成本的直接因素。运输成本和库存费用均由此而造成，在同等条件下，应尽力选择距离较近的供应商。

⑤ 售后服务。售后服务是采购工作的延续环节，是保证采购连续性的重要方面。一般认为，售后服务包括提供零部件、技术咨询、保养修理、技术讲座、培训等内容。如果售后服务只留于形式，那么被选择的供应商只能是短时间配合与协作，不能形成战略伙伴关系。

（2）选择供应商步骤

① 建立专家评估组；

② 明确供应商选择范围；

③ 建立指标体系；

④ 逐项评估；

⑤ 综合评分且确定供应商。

2. 货物品质决策

所谓货物品质，是指在一定生产标准范围内满足买方使用需求的程度。采购企业在作出对某一货物采购的决策时，必须对货物全面了解，这样才能得到满意的货物。

（1）货物品质构成要素

- 材料。材料是制作货物的原料，是货物品质优劣的最直接因素。生产制造商在生产货物前就根据采购企业要求选用相应材料，避免因材料差异造成品质高低，导致不必要的供应与采购的矛盾。

- 功能。功能是货物的最基本要素，它是使用者最初的构想。一般情况下，采购企业在采购前必须认真描述货物功能的表现形式，然后选择其相应制造商或供应商。

- 寿命。货物品质高低与其使用寿命有一定联系或影响。一般而言，寿命长短与货物使用频率成反比。寿命时期的确定应考虑技术创新、品质材料、生产水平、市场消费需求等因素。

- 稳定性。货物品质的稳定性包括内在稳定性和外观稳定性。内在稳定性包括货物所有功能表现情况；外观稳定性包括货物的形状结构、颜色搭配等，采购方往往根据各自要求向供应商提出。

- 安全性。安全性反映采购方在合理使用时，应保证采购方使用安全，毫无危险之兆，同时在使用过程中也不存在对环境的污染。

- 流行性。货物的流行程度对市场推进有相当影响，由于市场发展速度相当快，再加上科学技术日新月异，采购企业往往选择新材料、新技术、新工艺、新款式作为采购对象，从而满足流行要求。

（2）约定货物品质的过程

包括设计过程、制造过程和使用过程中的货物品质约定。约定形式包括通行产品标准、技术文件、样品、行业惯例等。

3．采购价格决策

采购价格通常是指货物的成本（供应商的销售价格）和采购过程中所耗用的各种费用的总和。采购价格直接影响采购企业的经营利润与资金利润。所以，对采购价格的管理具有重要作用。

（1）采购价格的组成

- 请购成本 —— 请购所花费的人工费用、事务用品费用、审查费用；
- 采购过程成本 —— 询价、估价、比价、议价、通信、联络、事务用品等的费用；
- 验收成本 —— 验收人工费用、仪器折旧费用；
- 运输及搬运成本 —— 运输费用、入库搬运费用、搬运设备折旧费用；
- 货物成本 —— 供应商提供货物的销售价格。

（2）降低采购价格的基本途径

- 积极寻找货物供应商，如跨行业采购或全球采购；
- 合理使用采购方式及方法，尽可能采用竞争性采购方式；
- 对原有货物设计作重新修正或改进，如应用价值工程原理简化产品结构和功能；
- 寻找原有货物的低价替代品，如以纸托盘替代木托盘；
- 选择合理运输方式，尽可能采用直达运输和直接换装；
- 加强采购过程标准化管理，简化采购程序，提高工作效率；
- 运用现代化计算机网络技术，尽可能使用电子商务采购，节省人工及纸张等费用。

4．采购时间决策

采购时间决策包括采购提前期和采购周期两项决策。采购提前期是指从请购货物至货物检验入库完毕所花费的时间，一般包括处理订购单时间、供应商制造货物时间或提供货物时间、运输交货时间、检验入库时间等。采购周期则是指两次采购的间隔期。

计算合理的采购时间往往根据以下两种不同制度而决定：

（1）现用现购制度

在这种制度下，不需要考虑采购周期，采购时间只取决于采购提前期。

- 需用货物日期倒算采购时间，决定采购某一日期；
- 以成本为原则，计算采购时间。

（2）存货控制制度

在这种制度下，既要考虑采购周期，又要考虑采购提前期。

- 在定量订货制下，当某一存货达到订购点时，即为采购日期。详见本章 5.4 节；
- 在定期订货制下，每隔一定时期，即为采购日期。详见本章 5.4 节。

5．采购数量决策

采购数量是指一次采购的批量，采购数量过多会造成过高的储存成本和资金占用，数量过少则会造成过高的采购成本，因此，适当的采购数量是非常必要的。关于采购数量的计算和确定详见本章 5.4 节，这里不再赘述。

5.2.3　供应链管理与采购

基于供应链管理模式的采购策略与传统采购策略之间的差异主要表现在以下几方面：

① 为订单而采购，而非为库存而采购。在传统的采购模式中，采购的目的就是为了补充库存，即为库存而采购。在供应链管理模式下，采购活动是以订单驱动方式进行的。订单驱动的准时化采购，使物流系统得以准时响应客户的需求，从而降低库存水平，提高库存周转率。

② 从一般买卖关系转向战略合作伙伴关系。在传统的采购模式中，供应商与需求企业之间是一般的买卖关系，无法解决一些涉及长期的、战略性的供应管理问题。基于战略伙伴关系的采购战略则着眼于长期利益和全局利益，从而使双方的交易成本和风险降低，达到双赢的效果。

③ 变多源供应为少源供应。传统的采购模式依靠众多的供应商相互之间的竞争达到降低进价的目的。供应链管理模式下的采购策略采用少源供应，甚至单源供应，目的是与供应商建立战略合作伙伴关系，降低交易成本。

④ 变大批量少批次采购行为为小批量多批次采购。传统的采购模式依靠大批量获取价格折扣，却使库存成本上升。供应链管理模式下的采购管理，为了降低库存，适应市场对产品多品种、小批量的需求模式，实行小批量、多批次采购。当然，小批量、多批次采购自然增加运输次数和成本，可以通过混合运输、代理运输等方式解决。

5.3　库存管理概述

库存是企业的一项巨大、昂贵的投资，其目的是支持生产连续不断地运转和满足客户的需求。良好的库存管理能够加快企业资金使用效率、周转速度、增加投资收益，同时提高物流系统效率、增强企业竞争力。

5.3.1　库存的概念与必要性

1．库存的概念

库存又称存货，是指处于储存状态的货物或商品。其与保管在概念上存在一定的差别，保管强调物流作业的效率化，库存强调物流管理的合理化和收益化，在涉及内容方面超过保管。因此，库存管理内容不仅包括保管内容，还体现了维持物流活动的畅通、维护生产和提供货物等内容。库存成本不仅包括保管费用，还包括库存占用的资金成本。

2．库存的必要性

库存的经济意义在于支持生产、提供货物和满足客户需求，其存在的必要性具体表现在以下 5 个方面：

① 平衡供求关系。长时期的市场供求关系表现可能比较平衡，但原材料的数量变化、货物价格的变化或者市场政策的变化，都会导致供求关系由平衡转向不平衡，这要求企业能够保持适当库存数量避免市场震荡。在某一时期内，如季节、节假日，市场供求关系也可能

失去平衡，这主要是由于市场需求量骤然上升、生产供给能力一时跟不上造成的，因而需要库存数量缓冲或减少市场需求对生产的压力，这同样要求企业有充足的货源迅速满足市场需要。

② 实现企业规模经济。理想的企业如果要实现大规模生产和经营活动，必须具备采购、生产制造、销售等系统，同时要使这一系列有效运作，拥有适当的库存十分必要，这是因为规模经济会带来降低采购价格、运输价格、制造价格，最终降低供给价格，这样进一步提高市场竞争能力和树立企业信誉和品牌。

③ 帮助物流系统合理化。企业在建立库存时，考虑到货物在物流系统中的各项费用，应尽力合理选择有利地址，减少原材料至仓库、产成品从仓库至客户的运输费用，这样不仅节约费用，还可以大大节省时间。

④ 预防订货制度的被迫改变。市场需求瞬息万变以及原材料供给不足在不同程度上影响订货制度的执行，为了保证有效生产和满足客户需求，订货制度不得不被迫改变。如果在尚未改变之前可能会造成缺货损失，库存就显得十分重要了。

⑤ 优化供应链管理。从传统的观念来看，库存管理仅仅是企业的个别行为，库存数量的高低所体现的库存成本也由企业所承担。如果运用供应链理论，变企业个别行为为供应链整体行为，那么库存管理随之成为系统库存管理，这样在共享信息的前提下，共同协调库存管理，使库存数量总体出现下降，大大降低库存成本。

5.3.2　库存分类

库存可从货物所处状态、货物形态和经营过程三个方面进行分类。

1. 按货物所处状态分

① 静态库存 —— 人们一般认识意义的库存概念，是长期或短暂处于储存状态的库存。
② 动态库存 —— 不仅包括静态库存，还包括制造加工状态和运输状态的库存。

2. 按货物的形态分

① 原材料库存 —— 尚未经过加工过程或只经过简单加工处理的那些原材料，由制造业经采购后生产前那段状态的库存。
② 零部件和在制品库存 —— 已经通过生产过程，但尚未最终完工、等待下道工序生产加工的状态的库存。
③ 制成品库存 —— 生产加工过程已经结束，等待销售或出库的状态的库存。

3. 按经营过程分

① 节假日或季节性库存 —— 有时在节假日或季节性时期，市场需求特别旺盛，可能出现供不应求的状况，为避免这一被动经营局面，采取提前采购相应所需货物而建立的库存。
② 促销库存 —— 企业开展促销活动，有计划地建立针对相应客户的库存。
③ 日常库存 —— 在正常经营状态下，为满足生产和供应需要而建立的库存，又称周转库存。
④ 安全库存 —— 生产和市场供应过程及物流过程中存在大量不确定因素，为摆脱被动局面而保持一定数量水平的货物库存。

⑤ 投机性库存 —— 预期物价上涨或货物短缺，由于获利思想的驱动，而建立相应货物的库存。

⑥ 积压性库存 —— 由于货物长期处于库存状态，造成货物品质水平下降丧失规定标准的使用价值水平；或市场不再需求此类货物，因而造成库存。这类库存属被动库存。

5.3.3 库存控制系统

1. 库存控制的目标

① 满足需求。需求所表现的类型为需求数量、需求率和需求模式等三种。需求数量在不同时期有不同变化；需求率即指单位时间的需求量，需求模式是指货物出库的相应方式，由于存在上述类型的变化，库存类型也随之变化。

② 提供补给。库存存在的条件是必须不断补充货物，将货物加入库存。补给可分为数量、模式和前置时间等类型。补给数量是指接收入库的订货量；补给模式是货物入库方式；补给的前置时间是指决定某项货物到实际入库之间的延续时间，库存为货物入库提供货物空间和时间。

③ 优化服务。库存充足、本地化可以缩短订货周期，从而提高顾客服务水平。

④ 降低库存成本。库存成本是指维持库存和不维持库存所耗费的代价，一般包括购入成本、订购成本、储存成本、缺货成本。

2. 合理库存的内容

① 合理库存量。合理库存是指保证某个时期内货物正常供应的库存数量。影响合理库存量的因素包括社会需求量、货物再生产时间、运输条件、设施能力和管理水平。库存控制人员必须充分掌握和运用上述因素，尽力保持和提供合理库存量。

② 合理库存结构。合理库存结构是指储存于库存内各种不同货物的储存量之间的合理比例关系。满足生产和市场需求不仅只求数量，更要结构合理，偏袒任何一点，都非真正的合理库存。

③ 合理库存时间。合理库存时间往往受到生产时间、销售时间和货物本身自然性能等限制。提前生产或加班加点提前完工货物，或货物热销，或货物在库时间不合理，都会影响库存有效作用的发挥，因此，物流部门要随时了解和掌握生产、销售和货物自然属性，才能保证合理库存时间。

④ 建立供应链库存网。建立有效的供应链库存网要充分依托制造企业、流通企业之间的库存管理系统，变个别库存行为为整体库存行为，合理配置库存资源，在共享信息的前提下，充分发挥供应链功能，显示供应链整体实力，这样供应链库存网就能保证生产和销售，维护市场稳定。

3. 库存控制系统

（1）库存控制系统的种类

- 连续库存系统。这种系统必须保持存货数量的记录，并根据存货量在一定水平下时进行补给。
- 双堆库存管理系统。这种系统没有连续的库存记录，订货点凭经验或计算来判断，当消耗一堆时便开始订货，其后的需求有第二堆来承担。

- 定期库存系统。这种系统按固定的时间间隔对库存货物的数量进行检查。
- 非强制补充供货库存系统。这种系统是连续库存系统和定期库存系统的集合系统。库存水平要按固定时间间隔检查，订货要在库存余额降至订货点时进行。
- 物料需求计划（MRP）库存系统。这种系统主要应用于生产企业，其存货水平应根据最终货物的需求量来得出。详见本教材第 2 章 2.2 节。

（2）库存控制系统的内容

- 开展需求预测；
- 选择库存控制方法；
- 计算存货成本；
- 记录和盘点货物的方法；
- 验收、搬运、保管和出库货物的方法；
- 确定信息程序。

5.4　库存控制方法

库存控制方法是库存控制系统的核心内容。第 2 章介绍的 MRP 和本节将介绍的几种方法都是工商企业或物流企业常用的库存控制方法。这些方法有些可以同时使用，如 ABC 分类控制法可以和其他任何方法同时使用。经济订购批量、定期订货制和定量订货制则适用于不同的场合；而零库存和准时制既是库存控制的方法，也是库存控制的理想。

5.4.1　ABC 分类控制法

1．ABC 分类控制法的定义

ABC 分类控制法是指将库存货物按重要程度分为特别重要的库存（A 类货物）、一般重要的库存（B 类货物）和不重要的库存（C 类货物）三个等级，针对不同类型级别的货物进行分别管理和控制的方法。一般认为，企业的库存货物无论是数量、价格还是品种，均存在一定的差异性。一些货物品种不多但价格很高，相反，另一些货物品种很多但价格很低，因此，客观上造成企业对库存货物管理的困难。如果对每一品种均予以相同管理，那是不可能的或不切合实际的。为了集中企业资源，更有效地开展科学管理，必须将管理的重点放在重要的货物上，即依据库存货物重要程度的不同，分别进行不同管理，这就是 ABC 分类控制法的主要内涵。

2．ABC 分类控制法的主要步骤

（1）对库存货物进行排队

对库存货物通常按资金比例和品种项目比例这两个指标来分类。具体地说，编制库存品种和资金序列表，并计算品种累计与全部品种比例，以及货物占用资金累计与全部资金比例。如表 5.1 所示。

表 5.1　货物排队序列表

品种数/个	品种累计/个	占库存品种/%	占用资金/万元	占用资金累计/万元	占库存资金/%
260	260	7	5800	5800	69
68	328	9	500	6300	75
55	383	11	250	6550	78
95	478	14	340	6890	82
170	648	19	420	7310	87
352	1000	29	410	7720	92
2421	3421	100	670	8390	100

（2）对库存货物分类

根据对库存货物的排队状况，确定基本界定，编制库存货物 ABC 分类表。ABC 分类表述基本思想认为：A 类库存品种少但资金占用大，即 A 类库存品种约占库存品种总数的 5%～10%，而其占用资金金额占库存金额的 70%～75%；B 类库存品种约占库存品种总数的 10%～20%，其占用资金金额占库存总金额的 15%～25%；C 类库存品种约占库存品种总数的 70%～75%，其占用资金金额占库存总金额的 5%～10%，如表 5.2 所示。

表 5.2　ABC 分类表

分类	品种数/个	占库存品种/%	品种累计/%	占用资金/万元	占库存资金/%	占库存资金累计/%
A	328	9	9	6300	75	75
B	672	20	29	1420	17	92
C	2421	71	100	670	8	100

（3）对库存货物进行 ABC 分类之后，对不同级别的货物进行不同的管理和控制。

- A 类库存货物。这类货物数量虽少但对企业却最为重要，是需要严格管理和控制的货物。企业必须对此类货物定时进行盘点，详细记录及经常检查分析货物库存量增减，在满足企业内部需要和顾客需要的前提下维持尽可能最低的经常库存量和安全库存量，加快库存周转。
- B 类库存货物。这类货物属于一般重要的库存货物。对于这类货物的库存管理介于 A 类和 C 类货物之间，一般进行正常的例行管理和控制。
- C 类库存货物。这类货物数量最大但对企业的重要性最低，因而被视为不重要的库存货物，一般进行简单的管理和控制。

对上述管理和控制的要求如表 5.3 所示。

表 5.3　ABC 分类管理和控制要求

项　　目	A 类货物	B 类货物	C 类货物
控制程度	严格	一般	简单
库存量计算	按模型计算	一般计算	简单或不计算
进出记录	详细	一般	简单
检查次数	多	一般	少
安全库存量	低	较大	大

5.4.2 经济订购批量

经济订购批量是平衡采购进货成本和保管仓储成本、确定一个最佳的订货数量来实现最低总库存成本的一种方法，这种方法需要的假设条件如下：

- 已知全部需求的满足数；
- 已知连续不变的需求速率；
- 已知不变的补给完成周期；
- 与订货数量和时间保持独立的产品价格不变；
- 不限制计划制定范围；
- 多种有货项目之间不存在交互作用；
- 没有在途存货；
- 不限制可得资本。

根据上述假设条件，设定：

- TC：年总库存成本；
- PC：年平均进货成本；
- HC：年保管仓储成本；
- D：年需要量（或采购订货量）；
- P：货物购买价格；
- Q：每次订货数量；
- I：每次订货成本；
- J：单位货物保管仓储成本；
- F：单位货物保管仓储成本与单位货物购买价格的比率（即 J/P）。

不难发现平均库存量为 $Q/2$，每年保管仓储成本为 $(Q/2) \times J$，每年订货成本为 $(D/Q) \times I$，每年采购进货成本为 $D \times P + (D/Q) \times I$，每年总库存成本（$TC$）为采购进货成本（$PC$）与保管仓储成本（$HC$）之和（见图 5.1）。

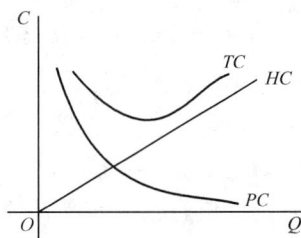

图 5.1 经济订购批量

具体方程如下：

$$TC=PC+HC$$
$$=D \times P+(D/Q) \times I+(Q/2) \times J$$
$$=D \times P+(D/Q) \times I+(Q/2) \times F \times P$$

对上式求导数，并令求导为零，整理后得：

$$Q^* = \sqrt{(2D \times I)/(F \times P)} = \sqrt{2D \times I / J}$$

以经济批量订货 Q^* 的情况下，年订货次数 N 和订货间隔期 T 的关系式分别表示如下：

$$N=D/Q^*$$
$$T=365/N$$

例 1 永恒公司是一家制造工业产品的企业，每年需采购零件 10000 只，购买价格为 16 元，每次订购成本为 100 元，每只零件保管成本为 8 元，求该零件经济订购批量，并求订货次数和订货间隔期。

解：

经济订购批量　　$Q^* = \sqrt{2D \times I / J}$

$$= \sqrt{2 \times 10\,000 \times 100 / 8} = 500（只）$$

年订购货物次数　$N = D/Q^*$

$$= 10\,000/500 = 20（次）$$

每次订货间隔期　$T = 365/N$

$$= 365/20$$

$$= 18.25（天）$$

上述经济模型是建立在许多假设条件基础上的一种简单模型实际情况并非如此理想，存在着许多复杂性，如数量折扣条件下引起采购价格下降，缺货条件下的购买延后，价格上涨和多品种等情况等，均会出现经济批量模型的不适用或修正。下面就采购数量变动引起采购价格下降对经济采购批量的影响作一介绍。

供应商为了吸引客户，一次采购更多的货物则给出数量上的价格优惠政策。其核心是确立数量标准或折扣点，在折扣点前提下，采购价格表现为折扣点前后不同，如表 5.4 所示。

表 5.4　多重折扣点与价格

折扣点	$Q_0 = 0$	Q_1	Q_2	…	Q_n
采购价格	P_0	P_1	P_2	…	P_n

根据前述经济订购数量计算最佳订货量的步骤如下：

① 计算最后折扣区间的经济批量 Q_n^*，并与 Q_n 比较。

如果：$Q_n^* \geq Q_n$

则：最佳经济订购批量为 $Q^* = Q_n^*$

如果：$Q_n^* < Q_n$

则：进行第二步骤计算。

② 计算第 t 个折扣区间的经济订购批量 Q_t^*。

如果：$Q_t \leq Q_t^* < Q_t + 1$

则：计算 Q_t^* 和折扣点 $Q_t + 1$ 相对应的总库存成本 TC_t^* 和 $TC_t + 1$ 并比较两者大小。

如果：$TC_t^* \geq TC_t + 1$

则：$Q^* = Q_{t+1}$

如果：$TC_t^* > TC_{t+1}$

则：$Q^* = Q_t^*$

例 2　继上例，供应商开展促销策略，一次购买 500 只以上则货物价格按原价的 90% 计；依次地，购买 800 只以上，货物价格按原价的 80% 计，再假定单位零件保管仓储成本是购买价格的一半。求该企业最佳订购批量。

解：根据题意，确定价格折扣区间如表 5.5 所示。

表 5.5　多重折扣点与价格

折扣点	0	500	800
折扣价格	16	14.40	12.80

① 计算第二折扣区间的经济订购批量 Q_2*：

$$Q_2* = \sqrt{(2D \times I)/J}$$
$$= \sqrt{(2 \times 10\,000 \times 100)/(12.80/2)}$$
$$= 559（只）$$

$\because\ Q_2*（559\ 只）< Q_n（800\ 只）$

$\therefore\ $ 要进行第二步骤计算

② 计算第一折扣区间的经济订购批量 Q_1*：

$$Q_1* = \sqrt{(2D \times I)/J}$$
$$= \sqrt{(2 \times 10\,000 \times 100)/(14.40/2)}$$
$$= 527（只）$$

$\because Q_1（500\ 只）< Q_1*（527\ 只）< Q_2（800\ 只）$

$\therefore$ 计算 TC_1* 和 TC_2

$$TC_1* = D \times P + \sqrt{2D \times I \times J}$$
$$= 10\,000 \times 14.40 + \sqrt{2 \times 10\,000 \times 100 \times 14.40/2}$$
$$= 147\,794.73（元）$$

$$TC_2 = D \times P_2 + (D/Q_2) \times I + (Q_2/2) \times J$$
$$= 10\,000 \times 12.80 + (10\,000/800) \times 100 + (800/2) \times (12.80/2)$$
$$= 131\,810（元）$$

$\because\ TC_1* > TC_2$

$\therefore Q* = Q_2 = 800（只）$　　　　即：最佳经济订购批量为 800 只。

5.4.3　定量订货制度

企业在实际生产或经营过程中往往会出现因订购货物未及时到达而影响企业正常生产经营活动的情况，为了预防不利因素的出现，企业采用先期订货，以保证货物被正常使用。在这一思想指导下，定量订货制度便应运用而生。所谓定量订货制度是指当库存货物量下降到某一库存数量（订货点）时，按现定数量（以经济订购批量计算）组织货物补充的一种库存管理制度。其特点是：订货点不变，订购批量不变，而订货期隔期不定。

企业认为，库存货物消耗到订货点时，便采取订货并发出订货单，经过到货时间延续，库存货物量又陡然上升，循环往复，促使生产或经营连续不断。订货点确认的计算公式如下：

订货点＝到货间隔期×平均每天耗用量

上述公式表明，企业每天货物耗用量为均匀或固定不变，并且到货间隔期可预知，那么该公式成立。但是企业经济活动经常会出现一些不可预测性，如每天耗用货物量和到货间隔期出现变化，在这种情况下，往往要考虑安全库存这一概念。所谓安全库存，就是为了预防临时用量增大或到货间隔期延长而多储备库存量。其计算公式如下：

安全库存＝（统计每天最大耗用量－平均每天正常耗用量）×到货间隔期

根据考虑安全库存这一因素，对订货点公式进行修正，其修正后的订货点计算公式如下：

订货点＝到货间隔期×平均每天耗用量＋安全库存

＝预计每天最大耗用量×到货间隔期

确定订货点之后，必须考虑订货量，订货量的确定可参照经济订购批量进行。

5.4.4 定期订货制度

企业由于受到生产或经营目标的影响，或市场因素的影响，往往在先前确定订货时间，这样在一个生产或经营周期内基本确定订货数量，从而形成相对稳定的订货间隔期，定期订货制度随之产生。所谓定期订货制度，是指按预先确定的相对不变的订货间隔期进行订货补充库存量的一种库存管理制度。其特点是：订货间隔期不变，订购货物量不定。

一般认为，库存货物耗用至某一预先指定的订货时间（不发生任何缺货损失，保证生产或经营的连续性），便开始订货并发出订货单，直至进货。待到下一期订货时间，循环往复，始终保持订货间隔期不变。订购货物量的计算公式如下：

订货量＝最高库存量－现有库存量－订货未到量＋顾客延迟购买量

一般认为，A 类货物宜采用定期订货制，B 类和 C 类货物可采用定量订货制。

5.4.5 准时制与零库存

传统意义上的存货是指存放在仓库内的货物，它是暂时毫无用处的备用物，各种物料在各个不同状态的转化之间不可避免地存在着时间差，在这段时间内，同样存在闲置物料，即被视为存货。从现代物流观点出发，存货是浪费，是企业的负债，因此要千方百计消除存货，消除浪费，消除了存货和浪费即被认为是实现了"零库存"。现代化的库存管理方法——及时管理方法（简称准时制，JIT），其思想与"零库存"一脉相承。

1．准时制的基本原理

准时制（Just-in-time，JIT）管理方法起源于日本丰田汽车公司的"看板"管理，后广泛运用于生产制造业。所谓准时制就是指按照顾客的要求，按必要的时间、必要的数量、生产或提供必要的产品或服务。从理论上说，在需要的时间及时供应所需要的数量和质量，意味着在生产的每一个过程或工序上不会出现闲置的零部件，从而也就不会产生库存，这种管理方法也称零库存管理方法。

在生产过程中，任何两个相邻的工序都是供需关系。按照传统的思想，供方（即上方）向需方（即下方）逐个工序流动，需方根据上方送来的货物数量进行加工，供方完全主动，而需方完全被动。一旦出现不利因素，货物闲置时间延长，可能中断生产活动，系统中的库存上升。准时制的方法改变了传统的思想，由需方变被动为主动，供方变主动为被动，需方决定供应货物的品种、数量、到达时间和地点，供方按需方的指令供应货物，这样库存货物大大下降，甚至到达"零库存"状态，大大提高工作效率和经济效益。

2．准时制管理的形式

准时制管理也称"看板"管理，看板的原文含义是卡片，看板管理就是利用卡片作为传递作业指示的一种有效工具，使上下工序按照卡片指示作业，相互协调地连续进行。看板使用的卡片有两种基本形式：一是领料（或传递）卡片，填写需要领用的原材料或零部件的名称和数量，用以向上道工序取货；二是生产卡片，填写需要生产的零部件的名称和数量，备工序据此加工生产，供下道工序领用。在每道工序中设置 A 和 B 两个存料箱，A 箱储存上道工序为本工序加工使用的零部件，B 箱储存本工序为下道工序使用的已加工完成的零部件，这两种卡片随同存料箱一起在上下两道工序之间往返传送。

3．准时制管理实施的条件

① 生产均衡化：整个生产过程中各工序必须按预定的生产进程、稳定地进行，不出现提前、滞后等现象。

② 质量稳定化：产品质量必须达到规定标准，决不出现降低质量标准的任何产品。

③ 现代化生产设备和技术：生产设备和技术是保证连续生产的前提，如果出现生产设备和技术与制造产品要求不相符合，一定会造成生产时间的间断性，库存积压。

④ 可供选择的外购件企业：企业不可能生产所有原材料和零部件然后加工制成产品，因此不可避免地出现一些零部件依靠外协企业同样随时满足本企业对零部件的需求。

习题与思考题

一、应知目标考核题

（一）单项选择题

1．公开招标适用于（　　　）。
　　A．对供应商十分了解　　　　　　B．供应商不明或分布甚广
　　C．长期供应　　　　　　　　　　D．供应商很少

2．如果库存系统没有连续的库存记录，可采用（　　　）。
　　A．双堆库存管理系统　　　　　　B．定期库存系统
　　C．MRP 系统　　　　　　　　　　D．准时制

3．定量订货制度在确定订货点之后，必须考虑订货量，订货量的确定可参照（　　　）。
　　A．经济订货批量来进行　　　　　B．安全库存量
　　C．企业每天货物耗用量　　　　　D．储备库存量

4．基于供应链管理模式的采购策略，对供应商的数量要求是（　　　）。
　　A．越多越好　　　　　　　　　　B．多，但不是越多越好
　　C．少数几家或一家　　　　　　　D．只能是一家

5．准时制管理也称为（　　　）。
　　A．"看板"管理　　B．卡片管理　　C．零库存管理　　D．以上三项都对

（二）判断题

1．货物的价格是选择供应商的首要因素。（　　）

2．生产均衡化是准时制管理实施的唯一条件。（　　）

3．定量订货制度是指当库存货物量下降到某一库存数量（订货点）时，按现定数量（以经济订货批量计算）组织货物补充的一种库存管理制度。（　　）

4．所谓安全库存就是为了预防临时用量增大或到货间隔期延长而多储备库存量。（　　）

5．所谓定期订货制度是指按确定的订货间隔期进行订货补充库存量的一种库存管理制度。（　　）

6．所谓 A 类货物，是指品种占库存品种 70%～75%，而占用资金占库存总金额的 5%～

10%的这类品种。（　　）

（三）名词解释

采购　　招标　　比价　　供应链　　库存　　经济订购批量　　定量订货制度
定期订货制度　　准时制

（四）问答题

1．怎样确立采购过程体系？
2．试根据不同的采购方式，说说其有哪些优缺点。
3．如何运用采购策略？试举例说明。
4．如何实施 ABC 分类库存控制法？
5．试分析和说明准时制管理方法的运用。

二、应会能力测试题

（一）计算题

某公司一年需购进某零件 1000 件，单价 10 元，年保管费率 16%，一次订购费用为 8 元，若一次订购在 200 件以上（含 200 件），可享受价格折扣 2%，问应否考虑有折扣的订购？

（二）请结合案例回答问题

格力公司的采购策略

供应商的评估与选择

为合理地评估和选择满足格力要求的供应商，格力电器制定了一套严谨的评估运作程序，对某种零部件的供应商的开发考虑如下条件：

① 等同或高于现在供应商的水平。从供应商所供零部件产品的质量，原则上必须高于现有供应商的供货质量水平；供应商所供产品的技术含量和技术水平等同或高于现有水平；供应商的生产工艺水平和生产规模必须等同或高于现有的供应商水平。

② 价格优势。供应商供货价格是否具有优势，能否在保证现有产品质量的同时把供货价格降到一个合理的幅度，以实现采购成本的降低。

③ 供应商的合理布局。由于目前国内空调制造厂家所执行的是库存销售，并不是订单销售，整个生产计划经常随着市场的变化而进行调整，因此对供应商供货的及时性必须加以考虑。这样，供应商的分布在同等质量、价格的情况下，应以厂址靠近珠海市为优先选择条件。

④ 同行供货情况。作为新供应商是否曾给同行厂家供货，而且供货的质量状况以及信誉度如何等，作为一个必须考虑的条件。

在以上 4 个基本条件满足之后，公司通过一个评审小组（包括供应部、技术部和质量部门的人员）对厂家进行全面评估和筛选，以确保最优、最好的供应商给格力电器供货。同时，可以杜绝一些人为因素的操作，体现公平、公正、优胜劣汰的原则。

供应商的组合

选择稳定、良好的供应商是制造厂家追求的目标，因而单一供货厂家更利于企业的管理。

但是，在目前国内市场不规范、供应厂家水平参差不齐的情况下，单一供应商往往对制造企业不利，表现在价格无竞争性，质量无法稳步提高，供货及时性受到影响。

因此，格力电器采购每种物料的供应商限定为 2～3 家，并考虑供货区域的分布，以确保出现质量问题时仍能保证生产的正常，同时促进供货厂家之间的良性竞争。

供应商的供货分配率

为促进供应商不断提高产品质量水平和供货服务水平，格力电器对供应商实行季度评级和年度评级。评级的依据是供应商所供物料在入厂检验、生产使用、售后反馈等过程中的质量数据。评级分为 A、B、C、D 四个级别，其中 A 级可占供货量的 60%～70%，B 级占 30%～40%，C 级作为补充。由于实行供货分配率与质量挂钩，供应商的供货质量水平稳步提高。

供货价格的确定

为了降低采购成本，同时又保证供货的质量，对供应商价格的确定是非常重要的。为此，格力电器采取如下几个原则：

① 优质优价原则。供货价格与产品质量挂钩，质量水平稳定、可靠性好、性能参数优的供应商，相对在价格上获得一定优惠。

② 竞标制。对几个候选供应商在考虑质量同等水平的情况下，实行竞标制，鼓励供应商让利给格力电器，以获取较大供货配额。

③ 价格成本结构分析与谈判。为了杜绝供应商获取暴利，对供应商的价格成本结构进行分析，既考虑到供应商的基本利益，又兼顾降低采购成本的需要；允许供应商获取相对利润，但坚决杜绝不合理的暴利行为。

供应商的淘汰机制

有竞争，企业才有进步。同样，格力电器在供应商确定方面，引入优胜劣汰的竞争机制，以确保供应商整体水平的稳步提高。

① 季度评级。每季度对供应商的产品质量实行评级，获得 A、B 级可继续供货，其中 A 级占供货量的 60%～70%，B 级占 30%～40%，C 级作为一种补充，而 D 级则暂停供货一个季度并限期整改。

② 年度评级。每年对供应商的产品质量实行评级。被评上 A 级的企业可获得奖牌、证书以及相应的奖励资金，奖励金额直接颁发给供应商厂长或经理；被评上 D 级的企业则取消供货资格、淘汰出局。

③ 严重质量问题的处罚。对供应商的供货质量实行全面跟踪，一旦发现在生产过程中或者在用户使用过程中出现严重的质量问题,则根据质量的严重性给予处罚并暂停供货资格,或者给予处罚并取消供货资格。

由于引入淘汰和竞争机制，促使供应商不断提高自身企业的管理水平和质量水平。这几年，给格力电器供货配套的企业随着格力电器的发展也获得了很大的发展，大大提高了供应商的竞争力。

问题：

1. 格力公司是如何评估与选择供应商的？

2. 格力公司是怎样管理与考核供应商的？

第6章　物流网络与物流中心

应知目标

- 了解物流结点的功能和种类
- 了解物流网络布局的约束条件和常用方法
- 理解物流中心的概念与类型
- 了解物流中心规划建设考虑的因素与途径
- 理解物流中心选址决策的目标与约束条件
- 了解区域物流规划与物流园区的定义与功能

应会目标

- 能够对物流规划方案进行初步评价
- 能够应用模拟法和方案比较法进行物流中心选择决策

物流系统是一个网络系统，既包括由物流线路与物流结点组成的实体网络，又包括由计算机和通信系统组成的虚拟网络。无论是物流线路还是通信线路，都仅仅起到传输功能，而起发出与接收、转换和控制物流和信息流功能的，则是物流结点及物流结点中最能体现现代物流内涵的物流中心。本章 6.1 节介绍各类物流结点的功能与特点，6.2 节、6.3 节则进一步讨论物流中心的规划与建设、物流中心的选址与内部合理化等问题。

6.1　物流结点与物流网络

6.1.1　物流结点的概念

物流结点是物流网络中物流线路的连结点或端点。物流结点又称物流节点或物流据点，其基本形态有两种，即枢纽型结点和普通结点，如图 6.1 所示，a、f、g 为普通结点，b、c、d、e 都是枢纽型结点。通常，枢纽型结点至少有两条或两条以上物流线路交汇，其物流规模也较大。一些大型物流枢纽结点往往是多种运输线路（水路、铁路、公路、航空）的立体交汇点。

全部物流活动是在线路和结点上进行的。在线路上进行的物流活动主要是运输，包括集货运输、干线运输、配送运输等。物流功能要素中的其他所有功能要素，如包装、装卸、储存、配货、流通加工等，都是在结点上完成的。而且，线路上的物流活动也是靠结点组织和连结的。因此，物流结点在物流网络中具有非常重要的地位，对水路和航空运输系统而言，其建设投资中绝大多数都用于结点（码头、机场）建设。

现代物流系统中的物流结点不仅自身承担多种物流功能，而且越来越多地执行指挥调度、信息处理等神经中枢的职能，是整个物流网络的灵魂所在。物流线路上的运动

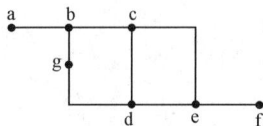

图 6.1　物流结点示意图

一旦离开物流结点的调度与衔接，就会陷入混乱。

6.1.2　物流结点的功能

（1）货物集散功能

货物集散是指将分散的物流源汇集起来或集中的物流分散化，以提高物流的效率，满足顾客的需要。在货物集散过程中，往往还附带进行分拣、包装、冷冻或冷藏、换装等简单加工。例如，配送中心这类结点，其主要功能就是把大批量、大包装、少批次到达的物流，转化成小批量、小包装、高频率的配送物流，以满足零售的需要。

（2）衔接功能

物流结点可以将不同的运输方式或同一种运输方式的不同运输路线及运输工具或物流过程中不同的物流环节，相互衔接，形成一个连续、顺畅的物流网络系统。如现代化港口，可以有效地衔接大批量输送的轮船和小批量输送的汽车两种运输方式；通过装卸搬运，可以衔接储存和运输两个不同的物流环节。而集装箱、托盘等单元化作业方式可以使衔接更为高效、快速，实现"门到门"服务。

（3）信息功能

物流结点往往既是实体物流网络的结点又是虚拟网络的结点，即物流结点起物流信息的收集、传递、处理、发送等功能。物流结点的信息功能对于物流系统能否高效、快速运转起着非常重要的作用，也是物流结点行使管理功能的基础和前提。

（4）管理功能

物流系统的管理设施和指挥机构往往集中设置于物流结点，尤其是那些大型枢纽型结点之中，从而能直接对整个物流系统进行管理、指挥、调度。整个物流系统的运转的有序化和正常化，整个物流的效率和水平，取决于物流结点的管理职能实现的情况。

（5）储存功能

尽管信息技术和管理水平的不断提高，使物流系统运转更为顺畅、高效，但由于种种不确定性的存在，总需要一定的商品处于储备状态。生产和消费在时间上的差异需要储存加以弥补，而当物流结点的衔接功能不能做到完全连续时，也需要储存作为缓冲。

6.1.3　物流结点的种类

物流结点是一个十分抽象的概念，因此它涵盖了多种类型的物流设施，或者说，它包括了除物流线路外的所有物流基础设施。在各个物流系统中，结点的功能是多重的，但随整个系统目标不同及结点在网络中的地位不同，物流结点的主要功能是不同的，据此可将物流结点分成以下几类：

1. 转运型结点

以衔接不同运输方式或同种运输方式的不同运输工具为主要功能的物流设施。铁道运输线上的货站、编组站，水运线上的港口、码头，空运中的空港，不同运输方式之间的转运站、终点站等，都属于此类结点。转运型结点除了按运输方式设置外，还可以按运输的对象设置，尤其是那些物流量大、储运过程有特殊要求的货物，常通过专用转运站进行转运作业。常见的专用转运站有集装箱转运站、煤炭转运站、散装水泥转运站、石油转运站等。

转运型结点有三种转运方式：

① 干线运输与干线运输之间的转运。干线运输之间的转运是大批量、快速、长距离运输之间的转运，包括干线水运之间的转换、干线铁路运输之间的转换、干线公路运输之间的转换以及它们之间的相互转换。这种转运的主要特点是基本保持原包装组合，在转运结点的停留时间较短。

② 干线运输与支线运输之间的转运，包括集货运输与干线运输之间的转运以及干线运输与配送运输之间的转运等两种方式。这种转运方式是大批量、快速、长距离的运输与小批量、多流向、短距离、精细运输之间的转换。这种转运的主要特点是可能需要改变原来包装组合形态，在转运结点上实现以大化小或以小集大的转换，相应的停留时间较长。

③ 支线与支线运输之间的转运。支线运输之间的转运主要是小批量、短距离运输之间的转运。在转运结点上可能要进行包装重组，也可能不重组。

2. 储存型结点

以存放货物为主要功能的物流结点，货物在这种结点停留时间较长。在物流网络中，储存型结点可以是枢纽型结点，也可以是普通结点。尤其是作为战略性储备的仓库，通常不在枢纽上。除了储备仓库外，生产企业原材料、零配件仓库等也属于储存型结点。

储存型结点除了货物存放功能外，还要提供保管保养功能。特别是那些战略性储备仓库，货物储存的时间通常较长，因此，在库房位置选择上，合适的地理气象环境条件、安全性等因素要比交通运输条件更重要。

3. 流通型结点

以商品集散、中转、配送等为主要功能的物流结点。与转运型结点不同，流通型结点往往与商流相结合，其拥有者多数为流通企业或附属于流通企业集团的物流企业。流通仓库、流通中心、配送中心等就属于这类结点。

流通型结点的主体设施仍然是仓库或类似仓库的设施，但与储存型结点有很大区别。流通型结点的位置通常位于交通枢纽并接近货源，其吞吐作业能力、信息管理能力都要求较高，而对商品养护、保管方面的能力却弱于储存型结点。

4. 综合型结点

指集合了多种功能的大型物流结点，并且多种功能在结点中并非独立完成，而是有机结合于一体，有完善设施，有效衔接并高度信息化的集约型结点。这类结点是适应物流大量化、复杂化、集成化、精确化要求的产物。物流中心、物流基地（物流园区、物流园地）等属于这类结点。物流基地是一种非常大的物流结点，它的集约功能、综合功能非常强，是一些小的物流结点集约集成的产物，也是不同的物流线路共同的交汇点。

物流基地应具有以下功能特点：

（1）非常强的综合性；

（2）集约功能；

（3）转运功能；

（4）调节功能；

（5）指挥功能。

以经济学解释，物流基地是企业追求外部经济而导致的产业在空间上的集聚的产物。物流中心的概念与特点将在本章 6.2 节介绍。综合型结点的出现，是现代物流产业社会化、高级化的结果，是现代物流结点的发展方向之一。

6.1.4　物流网络布局

物流结点是组织物流活动的基础条件。由于物资资源的分布、需求状况、运输条件和自然环境等因素的影响，在同一物流网络内的不同地方设置不同规模的结点、不同的供货范围，整个物流系统和全社会的经济效益是不相同的，有时差别甚至很大。那么，在已有的客观条件下，在物流网络中如何设置物流结点，才能使物流费用最少而社会效益最佳、对用户的服务质量最好呢？这就是物流网络结点的合理布局问题。

1. 物流网络结点设置考虑的问题

概括地说，物流结点的合理布局是以物流系统和社会的经济效益为目标，用系统学的理论和系统工程的方法，综合考虑物资的供需状况、运输条件、自然环境等因素，对物流结点的设置位置、规模、规划范围等进行研究和设计。规划物流结点的布局应以费用低、服务好、社会效益高为目标，应考虑以下问题：
- 物流网络内应设置物流结点的数目；
- 物流结点的地理位置；
- 各结点的规模（吞吐能力）；
- 各结点之间的进货与供货关系。

研究和解决这些问题，一般先通过详细的系统调查，收集资料并进行系统分析，确定一些可能设置结点的备选地址，建立模型，然后对模型优化求解，最后进行方案评价并确定最佳布局方案。

2. 物流结点布局模型的主要约束条件

物流结点布局模型的目标是系统总成本最低，其约束条件主要在于：
- 资源点向外提供的资源量不超过其生产能力；
- 运达用户的物资等于它的需求；
- 各结点中转物资的数量不超过结点的设置规模（吞吐能力）；
- 用户采取直达方式进货时，其每笔调运量不低于订发货起点的限制；
- 用户中转进货的物资应尽量集中在一个结点上，以便提高转运效率。

3. 物流结点布局的合理化

为了在变化中的物流环境中确保优质的物流服务、降低物流成本，在实践中，西方一些大的企业在设计自身的物流网络时，出现了两种不同的发展趋势：一是将物流结点分散化、个性化，将物流网络内的物流结点规模降低、数量增加，更加接近顾客；另一种是将物流结点集约化、综合化，将物流网络内的物流结点规模加大、数量减少，接近货物源。这两种方法各有优缺点（见表 6.1 和表 6.2），但都是企业为了适应激烈的市场竞争，建立完善物流网络体制的手段。

表 6.1　物流结点分散的优缺点

优　点	缺　点
1. 可向顾客提供高质量服务	1. 所需人力较多，人头费用负担增加
2. 规模较小，利于运营服务	2. 库存管理难，掌握实际库存情况也难
3. 设备机械规模小，所需费用少	3. 库存量增多
4. 向顾客配送距离较短，配送车辆周转率高	4. 规模小，不易实现机械化、省力化
	5. 物流网络维护费用增加
	6. 物流系统层次复杂化，使系统规模大型化

表 6.2　物流结点集中的优缺点

优　点	缺　点
1. 土地、房屋费用下降	1. 输送距离延长，时间增多
2. 库存减少	2. 为供货、发货、接收订单处理等所进行的联络耗费时间
3. 库存集约化，进行一元化管理	3. 需要处理的商品过多，不易处理，处理耗费时间
4. 减少劳力	4. 设备、机械费用有可能增多
5. 可以进行多品种配送	
6. 货物量增加，容易实现自动化	
7. 物流网络中物流线路减少，可实现输送合理化	

4. 物流结点布局的常用方法

选址在整个物流系统中占有非常重要的地位，主要属于物流管理战略层的研究问题。选址决策就是确定所要配置设施的数量、位置以及分配方案；这些设施主要指物流网络中的结点，如制造商、供应商、仓库、配送中心、零售商网点等。就单个企业而言，它决定了整个物流系统及其他层次的结构，反过来，该系统其他层次（库存、运输等）的规划又会影响到选址决策。因此，选址与库存、运输成本之间存在密切联系。一个物流系统中的设施数量增大，库存及由此引起的库存成本往往会增加，所以，合并减少设施数量、扩大设施规模是降低库存成本的一个措施。这也部分地说明了大量修建物流园区、物流中心，实现大规模配送的原因。

近一二十年来，选址理论发展迅速，各种不同的选址方法也越来越多。特别是电子计算机的广泛应用，促进了物流系统选址问题的研究，为不同方案的可行性分析提供了强有力的手段和多种多样的选址方法。概括起来，选址方法可归纳为解析方法、模拟方法和启发式方法三大类。

（1）解析方法

解析方法是通过数学模型进行物流结点布局的方法。采用这种方法，首先根据问题的特征、外部条件和内在联系建立其数学模型或图解模型，然后对模型求解，获得最佳布局方案。解析方法的特点是能获得精确的最优解，但是，这种方法对某些复杂问题难以建立恰当的模型，或者由于模型太复杂而求解困难，或要付出相当高的代价。因而这种方法在实际应用中受到一定的限制。

采用解析方法建立的模型通常有微积分模型、线性规划模型和整数规划模型等，对某个问题究竟建立什么样的模型，要根据具体分析而定。

（2）模拟方法

模拟方法是将实际问题用数学方程和逻辑关系的模型表示出来，然后通过模拟计算和逻辑推理确定最佳布局方案。这种方法要比用数学模型找解析解简单一些。采用这种方法进行物流结点布局时，分析者必须提供预订的各种结点结合组合方案以供分析评价，从中找出最佳组合。因此，决策的效果依赖于分析者预订的组合方案是否接近最佳方案，这也是该方法的不足之处。

（3）启发式方法

启发式方法是针对模型的纠结方法而言的，是一种逐次逼近最优解的方法，这种方法对所求得的解进行反复判断、时间修正直至满意为止。启发式方法的特点是模型简单，需要进行方案组合的个数少，因此只要处理得当，可获得决策者满意的近似最优解。

用启发式方法进行结点布局时，一般应包括以下几个步骤：

① 定义一个计算总费用的方法；
② 拟定判别准则；
③ 规定方案改选的途径；
④ 建立相应的模型；
⑤ 迭代求解。

这些方法将在本章 6.3 节中结合物流中心的选址具体介绍。

6.2　物流中心的规划与建设

6.2.1　物流中心的概念与类型

1．物流中心的概念

物流中心（Logistics Center）的概念有广义和狭义之分，广义物流中心泛指达到一定规模的物流结点，狭义物流中心则排除了铁路货运站、港口、机场等物流基础设施部分，专指处于枢纽或重要地位的、具有较完整的物流环节，并能将物流集散、信息和控制等功能实现一体化运作的物流结点。

一般来说，物流中心应具备以下特点：

* 主要面向社会服务。物流中心多数由第三方物流企业经营，但也有一些是面向企业集团的。
* 物流功能健全。物流中心除货物集散、转运、储存等基本功能外，往往还附带包装、流通加工等功能。
* 完善的信息网络。物流中心在物流网络中通常处于信息中心的地位，有完善的信息网络和很强的信息处理能力。
* 辐射范围大，即客户分布较广，至少是区域性的，也可能是全国性或国际性的。相应物流中心也可以根据辐射范围大小分为区域性物流中心、全国性物流中心和国际性物流中心。
* 储存、吞吐能力强。为此，物流中心需要有现代化的库房、货架及装卸搬运设备。
* 物流业务统一经营、管理。这也是物流中心与物流基地的主要区别，后者只能做到统一规划和一定程度的统一管理。

2. 物流中心的类型

物流中心虽以功能健全为待征，但由于其建设的目的、所处的位置等因素，功能上仍存在明显差异。典型的物流中心主要有以下 6 种类型。

（1）集货中心

集货中心是将一定范围的分散的、小批量的但总数量较大的货物集中以便大批量处理或大批量发出的物流结点。这样的物流中心通常多分布在小企业群、农林牧区等地域。其主要功能有：

- 集中货物，将分散的产品、物品集中成批量货物；
- 初级加工，进行分拣、分级、除杂、剪裁、冷藏、冷冻等作业；
- 运输包装，将多种来源、小批量的货物集合成大包装，以适应高效率、低成本运输的要求；
- 集装作业，采用集装箱、托盘等进行货物集装作业，提高物流过程的连续性；
- 货物储存，进行季节性储存保养等作业。

（2）分货中心

分货中心是将集中到达的大批量货物进行分块化小处理，以满足较小数量的分散需求的物流结点。分货中心运进的多是集装、散装、大批量、大包装的货物，运出的是经分装加工转换成小包装的货物。此类物流中心一般分布在产业集中地或消费地，并靠近大型交通枢纽设施。其主要功能有：

- 分装货物，大包装或散装货物换装成小包装货物；
- 分送货物，送货至零售商、客户；
- 货物储存等。

（3）转运中心

转运中心即实现不同运输方式或同种运输方式联合（接力）运输的物流设施，包括多式联运站、集装箱中转站、货运中转站等。转运中心分布在交通枢纽站、综合运输网络的结点处等地域。其主要功能有：

- 货物中转，不同运输工具间货物装卸中转；
- 货物集散与配载，集零为整、化整为零，针对不同目的地进行配载作业；
- 货物储存等。

与集货中心、分货中心相比，转运中心的物流量更大而储存能力较弱，且一般没有加工功能。

（4）加工中心

集货中心、分货中心等物流结点都有一定的加工功能，但其主要功能是集散，加工是附带功能；而加工中心则是以流通加工为主要功能的物流结点。物流过程的加工特点是将加工对象的仓储、加工、运输、配送等形成连贯的一体化作业。加工中心或分布在原料、产品产地，或分布在消费地。前者主要是因为加工后物流效率更高；后者则是为了向消费者提供增值服务，如配煤加工、钢材剪切加工、平板玻璃加工等都在这类加工中心中完成。

（5）配送中心

配送中心是从事货物配备（集货、加工、分货、拣货、配货）和对用户送货服务的综合型物流结点，也称城市集配中心。配送中心是物流功能较为完善的一类物流中心，分布于城市边缘且交通方便的地带，在物流过程处于终端位置。配送中心送货通常使用自备或包租的货车，有时也委托专业运输公司。

（6）流通中心

流通中心有时也称为配送中心或分销中心。本教材所谓流通中心，是指大型制造商或批发商设立的，以零售商和二级批发商为主要服务对象，兼有商流功能的大型物流中心。流通中心与配送中心相比，主要有以下区别：

- 品种少而批量大；
- 主要使用社会运力；
- 辐射范围大；
- 商品周转、储存能力更强；
- 更为接近生产地而不是消费地。

此外，物流中心还可以根据不同的管理、运营主体分为制造商运营的物流中心、批发商运营的物流中心、零售商运营的物流中心及第三方物流业者运营的物流中心等。

6.2.2　物流中心的规划

物流中心的规划与设置对于优化区域乃至国家的物流，进而促进工农业生产和贸易的发展具有重要意义。同时，物流中心的规划布局又受到资源分布、工业布局、运输网络、区域经济发展规划等因素的制约。因此，物流中心的规划布局既不仅仅是政府的事，也不仅仅是企业的事，而是需要在政府的总体规划指导下，由企业具体实施、建设。由于我国区域经济发展很不平衡，各区域的区位优势与定位各不相同，因此，政府及主管部门、工商企业和物流企业必须根据各地区的社会经济特点和总体规划，确定物流中心建设与优化配置的规划方案，合理分工、合理布局，促进全国乃至国际物流网络的形成。

1. 物流中心规划的主体

物流中心是物流网络中最具影响力的结点，是物流系统的重要基础设施，也是区域经济板块之间相互连结的接口。在形成以中心城市为核心的经济圈或区域经济圈的体系中，物流中心有举足轻重的地位和作用。从区域经济圈形成与运行的角度分析，完整意义上的物流中心已是物流科学、经济科学、城市规划、交通科学等多学科的交叉区、结合部。所以，中国大范围的物流设施规划，既不是企业能胜任的，也不是某个行业主管部门能胜任的，应由中央和地方政府主持和组织制定。我国目前物流设施的建设，涉及国家发改委、商务部、铁道部、交通部、民航总局、建设部等多个部门，政府部门之间的相互协调，也是物流中心合理布局的关键。现有物流中心设施建设已经出现了许多不协调现象。例如，公路运输枢纽与铁路运输枢纽各自规划、相互脱节；物流中心选址建设取得土地使用权难度很大、土地费用很高；各行业在物流结点选址上无秩序，在住宅区有大量大型货车通过；物流中心周边交通阻塞、交通事故频发、环境质量恶化等问题。这些问题的解决，有赖于政府的合理规划及各行业主管部门的相互协调。

企业是物流中心建设的投资主体。随着我国基本建设投资体制改革的深入，投资主体不断向多元化方向发展，民营企业、外资企业也是物流设施建设的投资主体。投资与运营体制的变革反过来也会影响物流设施的规划。追求利益最大化的投资者对区域经济定位、发展方向有其自身的看法，而他们的看法可能和政府一致，也可能不一致。对此，政府不应一概排斥民间投资者不符合政府规划的投资行为，而是适应性调整与引导双管齐下。可以说，物流中心规划是政府与企业双向互动的过程，单纯依靠一方的积极性都是不可能完成的。

2. 影响物流中心规划布局的因素

物流中心规划布局涉及自然、社会、经济、技术等多方面因素，其中较为重要的有以下几点：

① 区域经济发展趋势。物流中心投资回收期长、金额大，必须充分考虑区域经济发展的趋势与潜力。不仅要分析有关社会经济发展规划、产业布局等背景资料，还要注意预测实际的发展趋势。

② 交通运输网及物流设施现状，包括交通运输干线、货运站、港口、机场、多式联运中转站等布局现状。物流中心的建立，必然离不开交通运输网的支持，也与现有物流设施存在互补或竞争关系。

③ 城市规划。物流中心以城市为主要服务对象，城市布局、产业结构、交通道路状况等因素都会影响物流中心的选址。一些城市的物流中心选址不合理，往往会在主干线通道上造成交通阻塞、运距过长造成能源浪费、车辆空载率增高、调度困难等问题。

④ 环境保护与社会可持续发展。目前，绿色物流的理念逐渐为大众所接受。煤炭、石油、化工等产品的物流中心，容易对环境造成污染，应远离生活区。

⑤ 自然资源分布。对于集货中心、加工中心等类型的物流中心布局，必须考虑自然资源的分布情况。例如，对于一些在加工过程损失重量的原料、资源，设立加工中心应尽可能接近产地；而对那些加工过程中增加重量的物品，则应接近消费市场。

⑥ 人口分布。人口既是消费市场，又是潜在劳动力。对于消费品配送中心等类型的物流中心，人口密度等因素及变化趋势是必须考虑的重要因素。当前我国人口变化的最主要趋势是城市化，这是工业化过程的必然产物。

⑦ 政策。我国各地区的地方税的税率是不同的，许多地区为了促进当地经济发展，还制定了一系列优惠政策。美国还有专门的"存货税"。此外，土地批租政策也存在较大的地区差异，各地区的对内对外开放程度也存在差异。这些地方法规、政策对物流中心规划布局都会产生直接的影响。

3. 物流中心的数目与规模

（1）物流中心的数目与运输方式

各种运输方式的经济里程是不同的，即在一定里程范围内运输，某种运输方式的物流成本最低。一些学者研究认为，300 公里以内适合采用公路运输，300 至 500 公里最适合采用铁路运输，500 公里以上宜用船舶运输。所以，如果采用汽车运输，则物流中心的数目多而分布广；采用铁路运输，则物流中心数目少而集中。

（2）物流中心的数目与服务水准

物流中心的数目少，物流功能比较集中，存货水平一般较低。物流中心数目多，接近用户，反应迅速，服务水准一般较高，但存货水平和物流成本也较高。采用哪一种策略，取决于目标市场顾客的选择。对于那些对服务水准要求高而对成本不太敏感的顾客，应采用多布点、高水准服务策略；对于那些对成本十分敏感而对服务水准要求不高的顾客，应采用少布点、低收费策略。

（3）物流中心数目与规模

在需求一定的前提下，物流中心少、功能集中，则单个物流中心的规模应较大。反之，物流中心数目多，单个物流中心的规模应小一些。由于当前交通运输条件的改善与运输工具的大型化、高速化以及信息技术的普及，物流中心服务半径呈现扩大的趋势，相应的物流中心也呈现大型化、综合化的趋势。

物流中心布局与选址的定量分析方法将在本章 6.3 节介绍。

6.2.3　物流中心的建设

企业建立物流中心的基本途径有两种，一是利用原有设施，进行技术改造和升级；二是新建。20 世纪 80 年代中期以来，各企业开始广泛地对传统物流设施进行技术改造，以使其适应现代生产和流通发展的需要。改造的动机多种多样，诸如原有物流中心老化、营业区域的扩大、在库机能的强化等，都成为企业进行物流中心再造的直接动因。但是，不管是什么具体因素在推动企业再造行为，从总体上看，企业物流中心再造的一个根本目的在于通过物流中心运作的高效化、信息化和机械化，充分对应企业顾客的各种要求，并能在满足顾客需求的基础上缩短产品的流动时间，有效降低物流成本，从而使物流管理成为企业第三大利润源泉。

新建物流中心必须适应现代物流多品种、高频度、小单位化等趋势，适应 JIT 等新型生产、流通方式的需要。新建物流中心需要较大资金量投入，采用什么样的筹资方式是关系到物流中心项目能否顺利建设的关键问题之一。国外的一些做法可供我们借鉴。例如，在法国巴黎最大的中心市场的 Semmaris 物流中心筹资建设中，国家出资占最大份额，为 53.21%，巴黎市出资 16.52%，Val de Marne 州出资 6.87%，银行出资 5.5%，Sagamris 州出资 3.7%，物流企业及其他方面出资 14.20%。这样做的原因在于，区域性物流中心的效益更多地体现为社会经济效益和综合效益：车辆空驶的减少、道路利用效率的提高、物流费用的降低、物资周转速度的加快等。我国各级政府对那些关系到区域经济发展的大型物流中心建设应予以特别的重视，在筹资、选址及运营中给予必要的资金和政策上的支持。

物流中心建设的具体形式，主要表现为两种表面上截然相反的变化趋势，即物流中心的集约化、综合化方向发展与分散化、个性化方向发展。这是因为每个企业的物流费用构成情况以及产品的特性不完全一致。对于处于产销供应链起端的生产企业或中间环节的批发企业而言，除了广义的存货费用和收发货处理费外，运输费用所占比例较大，而配送费用相对较少，产品也较易适应长距离运输或集中保管。因此，对于这部分企业来说，企业物流中心具有集约化、综合化发展的趋势。例如，日本著名家电制造商松下电器公司将其在日本全国的120 个家电物流中心集约到 40 个，其中 8 个物流中心为松下公司的骨干中心，其他 30 多个为区域性物流中心，同时，对松下系列家电店的配送制度也由一日两次改为一日一次，通过这样的集约化、综合化管理，松下电器公司的商品库存量压缩了三成，库存周转时间也由 40天削减到 25 天，从而为松下公司节约了数十亿日元的物流费用。相反，对于接近终端用户的零售企业，特别是对于从事生鲜产品或时效性较强的产品经营的便利店、超级市场等企业来说，商品配送费用比例较大，而且配送速度、准确性、灵活性等因素直接决定了物流服务水平的高低程度，所以这部分企业的物流中心有分散化、个性化发展的趋势。例如，日本西友公司对其冷藏食品的物流中心进行分散化、个性化的管理，它们在各店铺附近设置数个冷藏食品专用的物流中心，店铺打烊后办理订货业务，工厂连夜进行生产，凌晨直接向物流中心发货，经物流中心对商品进行分拣、处理后，到中午前配送的商品直接摆到了店铺的货架上，从而大大提高了物流效率，减少了商品损耗，同时也使物流服务的速度迅速提高。

　　总之，物流中心集约化、综合化发展方向和分散化、个性化发展方向其实并不矛盾，而是处于供应链不同位置的企业采取的不同物流服务战略。但是，从总体上看，物流中心集约化、综合化的趋势更明显一些，因为这样的物流中心更易实现信息化、自动化、柔性化，更易实现一体化物流管理。

6.2.4　物流中心的运营

　　我国物流管理体制正处于改革之中。传统上，我国以工业、交通、内贸、外贸等行业主管部门为主体，建设和管理物流设施。除交通运输部门外，其他部门的物流设施只为行业内部服务，存在封闭、分散、技术水平低、功能单一等问题。20 世纪 90 年代开始，我国兴建或改建了一批较为现代化的物流中心，投资主体也从过去单一的政府投资改变为多方筹资。投资主体的多元化导致物流中心的运营主体相应发生变革。传统上投资者与经营管理者合一，即谁投资，谁负责运营。但是，对于现代大型物流中心，其投资和运营可以完全或部分分开，按现代企业制度，根据法人财产权要求运作经营。物流中心也可以采用租赁经营的方式，即由物流中心经营者向物流中心的产权所有者租赁，借助外部资源，实现物流的集约化经营。日本物流设施所有者与运营者的分布情况，可以为我们对物流体制改革提供一定的参考依据（见表 6.3）。不同行业因其物流特点不同，其物流设施的所有权与运营主体的分布也有差别（见表 6.4、表 6.5）。

表 6.3　日本物流设施所有者与经营者的分布形态　　单位：%

全体分类	公司	物流子公司	物流业经营者	共同所有	其他	合计
所有者	50.5	11.5	31.5	3.5	3.0	100
经营者	31.9	29.0	28.6	9.2	1.2	100

表 6.4　日本分行业种类的物流设施所有权分布形态　　单位%

行业类别	公司	物流子公司	物流业经营者	共同所有	其他	合计（个）
基础资材	37.8	8.1	44.6	9.5	—	74
加工装配	47.4	14.1	33.8	3.0	1.7	361
生活用品	51.2	9.5	34.9	2.9	2.4	252
批发业	64.2	11.7	20.0	2.5	1.7	120
零售业	54.5	9.0	28.7	2.8	5.1	178
其他	48.6	12.5	25.7	5.6	7.6	144

表 6.5　日本分行业种类的物流设施运营主体的分布形态　　单位：%

行业类别	公司	物流子公司	物流业经营者	共同所有	其他	合计（个）
基础资材	24.3	14.3	50.0	11.4	—	70
加工装配	26.3	31.1	32.9	8.0	1.7	350
生活用品	23.5	33.3	26.9	13.7	2.6	234
批发业	46.2	34.9	13.2	4.7	1.0	106
零售业	40.6	27.4	24.0	8.0	—	175
其他	42.3	21.8	27.5	8.5	—	142

6.3　物流中心的选址与内部合理化

6.3.1　物流中心选址决策的目标

1. 成本最小化

成本最小化是物流中心选址决策最常用的目标。与物流中心选址相关的成本主要有：

- 运输成本。运输费用取决于运输距离与运输单价，物流中心位置合理，则总的运输距离就小，而运输单价则取决于运输方式，与物流中心所在地点的交通运输条件及顾客所在地的交通运输条件直接相关。
- 土地成本。取得土地使用权的费用与物流中心选择的地点直接相关。即使采用租赁经营的方式，土地成本也会在租金中体现出来。
- 存货成本，即仓储费用。广义存货成本中包含土地成本，从而与物流中心选址直接相关。此外，运输方式的选择与库存水平直接相关，即采用快速、低运量的运输方式（如公路运输或航空运输）则库存水平低，周转快；采用速度较慢、运量大的运输方式（如水运或铁路运输），则库存水平高、周转慢。因此，存货成本与物流中心选址也间接相关。

此外，作为负责任的物流中心建设者，还应该考虑物流中心选址所产生的社会成本或外部成本问题。所谓外部成本是指企业在从事经济活动中，有意或无意地使其他企业或个人承担了额外的成本，如物流过程中的泄漏给周围地区居民的生活和身体健康造成损害，运输车辆增多加剧道路拥挤，增加他人在途中时间。这些成本由于计量、定价、收费都很困难，并不由企业自身承担，故称为外部成本。外部成本加上由企业承担的内部成本称为社会成本。物流中心所在位置不同，其产生的外部成本有很大差异。需要说明的是，物流中心的建设也会产生外部收益，即由于物流费用的节省而给用户企业带来的收益，且这些收益仍保留在用户企业。

2. 物流量最大化

物流量是反映物流中心作业能力的指标。传统上反映物流量的主要指标是吞吐量和周转量（吨公里）。但是，这两个指标无法适应当前物流多品种、小批量、高频度等趋势。例如，物流中心与顾客距离越远，则周转量（吨公里）越大，费用也越高。换句话说，以吨公里最大为决策目标，物流中心选址将是与顾客距离越远越好，这显然违背我们设置物流中心的根本目的。由于目前缺乏能够科学地评价物流量的指标，在物流中心选址决策时，物流量仅作为参考目标。

3. 服务最优化

与物流中心选址决策直接相关的服务指标主要有速度和准时率。一般来说，物流中心与顾客距离近，则送货速度快，订货周期短；而订货周期越短，准时率越高。

4．发展潜力最大化

物流中心投资大、服务时间长，因此，物流中心选址时，不仅要考虑在现有市场条件下的成本最小化、服务最优化及物流量等目标，还要考虑将来发展的潜力，包括物流中心自身扩建的可行性及顾客需求增长的潜力。

5．综合评价目标

单纯考虑成本、服务或发展潜力可能都不能满足投资决策者的需要，这时，可以采用多目标决策方法。但是，由于各目标的性质不同，不能采用简单的加总或加权平均等做法，必须采用综合打分法。即对各可行方案达到目标的程度打分，并赋予各目标不同的权重，以总分最高者为最优方案。

6.3.2　约束条件

约束条件指系统或系统环境中那些由于种种原因而不能改变的因素。在某种意义上，每一个约束条件都能使情形得以简化，因为它减少了需要进行分析的可供选择方案的数目。例如，资金的约束可能使我们把选址的注意力放在特定的区块，而不必考虑所有区块。

对于约束条件，还应注意两点。第一，不能把人为假设的一些条件当作约束条件。我们常受习惯思维影响而把人为假设的一些东西当成是必然的，从而束缚了我们的创新意识。第二，约束条件是可变的，当前的约束条件将来可能不是，而现在不是约束条件的因素将来可能是。例如，位于美国佛罗里达州的迪斯尼游乐场，在最初的营建方案中，只允许在夜间 23:15～7:15 时段内从中心仓库向位于整个游乐场的 110 个售货点送货。在游乐场营建时，这个约束条件因在游乐场地下修建一个地下通道网而被排除。修建地下通道网后，商店和饭店可随时在地面看不见的情况下接受送货服务。

物流中心选址决策常见约束条件有：

- 资金。资金约束将会影响到区位决策，因为不同位置的土地价格差异非常大。
- 交通运输条件。由于只能选择能够到达用户的运输方式，选址决策必须在此范围内进行。例如，对多数用户而言，公路是唯一能到达的运输方式，那么物流中心位置必须在公路交通枢纽或干线附近选址。
- 通信条件。订单和其他物流信息传递受现有通信条件限制。但是，中国电信业发展速度很快，在不远的将来可能就不成其为约束条件。
- 政府对土地用途的规划。地方政府对使用不同区块的土地有着各种不同的限制。有的地方，物流中心只允许建在政府指定的区域范围内。对化工、燃料等易造成环境污染的物流设施建设，限制就更多。

此外，一些特殊商品的物流中心还受到温度、湿度、雨量等自然因素的约束。

6.3.3　物流中心选址的方法

物流中心选址的常用方法有数学模型法、模拟法与方案比较法等。前面两种方法适合于单目标的情形，后面这种方法适合多目标但可行方案有限的情形。

1．数学模型法

所谓数学模型，是指对于现实世界的某一特定对象，为了某个特定目的，作出一些必要的简化和假设，运用适当的数学工具得到的一个数学结构。它或者能解释特定现象的现实状态，或者能预测对象的未来状况，或者能提供处理对象的最优决策或控制。

在选址问题中，我们把决策目标简化为运输（配送）费用最小，并假设用户对商品物料的需求量不变，这样就把选址问题转化为数学极值问题。如图 6.2 所示。

图 6.2　物流中心和用户坐标图

设物流中心的位置为 (x_0, y_0)，有 n 个用户，它们各自的坐标为 (x_j, y_j) $(j=1,2,\cdots,n)$，物流中心到用户 j 的运费为 C_j，总运费为 A，则

$$A = \sum_{j=1}^{n} C_j \tag{6.1}$$

$$C_j = h_j w_j d_j \tag{6.2}$$

式中，h_j 为配送中心到用户 j 的运输费率（每吨公里运费）；w_j 为物流中心向用户 j 的发货量；d_j 为从物流中心到用户 j 的直线距离，其计算公式为

$$d_j = \sqrt{(x_0 - x_j)^2 + (y_0 - y_j)^2} \tag{6.3}$$

将式（6.3）、式（6.2）代入式（6.1），得

$$A = \sum_{j=1}^{n} h_j w_j [(x_0 - x_j)^2 + (y_0 - y_j)^2]^{1/2} \tag{6.4}$$

对式（6.4）求偏导可求出 (x_0, y_0)，再用迭代法求数值解。由于计算过程较为复杂，本教材忽略。在实际应用中，可选用专用软件求解。

2．模拟法

模拟法也称模拟模型法，就是用便于控制的一组条件来代表真实事物的特征，通过模仿性的试验来了解实体的规律。常用的模拟模型有计算机模拟（又称仿真）、实物模拟等。物流中的选址问题也可以采用实物模拟的方法，求得近似最优解。

在一块水平放置的平板上划上或粘贴上包括各个用户位置的缩尺地图，在各用户位置上钻出小孔，从小孔中穿线，并于线下端悬挂砝码，砝码的重量与此用户的需求量成一定比例关系。实验时，将线的上端拴结在一起，小孔中可以采取磨光打蜡或装上定滑轮的方法以减少摩擦力，将拴结在一起的线头提起，然后松手，使各线绳在砝码的作用力下自由下垂，记下平衡时结点的位置，如图 6.3 所示。反复实验几次，即可获得物流中心最佳位置的近似解。

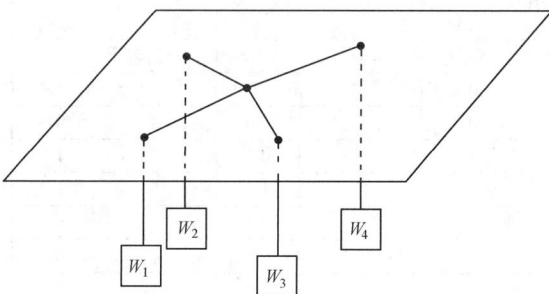

图 6.3　物流中心选址的模拟法

上述两种方法都是设定理想条件下求出物流中心最佳位置的方法，且假定用户至物流中心的路线为直线。实际上，受交通条件限制，直线运输的可能性极小。此外，用户需

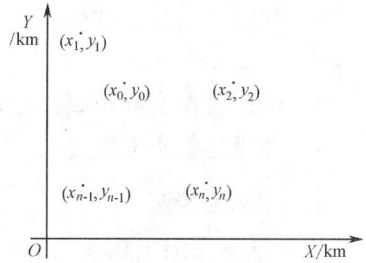

求不变的假设也不符合实际情况。因此，在实际应用时应当对理论结果作出以下修正：

- 对用户需求量的变化趋势进行预测，并根据预测结果，对物流中心的理论位置进行修正；
- 根据运输实际距离，对理论位置进行调整；
- 理想位置不能满足约束条件，则也要在其附近再行选择。

3. 方案比较法

当可供选择作为物流中心的地址只有少数几个地块时，采用上述两种方法意义不大。这时可采用方案比较法。

方案比较法以每一个可能选址处所能建立的物流中心为一种方案，在方案过多时，可以先用主观判断进行初步筛选，将显而易见没有价值的方案淘汰，只保留少数看来有价值的方案。

方案比较法的操作步骤如下：

① 设计方案。根据每一个备选地址的约束条件（如面积大小、交通状况、允许通过能力等）确定在该场所建立物流中心的方案。

② 计算各方案经济效益。为使各方案具有可比性，其经济性评价必须数量化。一般采用投资回收期、投资收益率、投资总额、单位固定资产生产能力、利润率、成本、物流中心寿命期、物流中心至各用户的运费及吨公里总和等指标。

③ 决定比较项目。选择有典型性、可比性及代表性的若干项目，作为对各方案进行比较的基准。在对物流中心方案比较时一般选择以下几个比较项目：

- 综合经济性，即综合上述所列举的各项经济指标，或选择其中某一比较重要的经济指标（如投资收益率）来代表；
- 物流中心生产能力；
- 服务水平；
- 物流中心的可持续发展能力；
- 技术先进性；
- 建设难易等。

④ 确定各比较项目的权重。由于各项目的重要性程度不同，故必须赋予不同的权重。一般可采用投票打分或强制打分法得到各项目的权重，如表 6.6 所示。

表 6.6　方案比较法

评价项目	项目权重 K	A 项目得分 P	A K×P	B 项目得分 P	B K×P	C 项目得分 P	C K×P	D 项目得分 P	D K×P
（1）	0.3	8	2.4	3	0.9	7	2.1	6	1.8
（2）	0.1	5	0.5	2	0.2	6	0.6	3	0.3
（3）	0.2	7	1.4	8	1.6	3	0.6	8	1.6
（4）	0.2	6	1.2	4	0.8	7	1.4	6	1.2
（5）	0.1	3	0.3	5	0.5	4	0.4	7	0.7
（6）	0.1	9	0.9	7	0.7	5	0.5	6	0.6
总　分			6.7		4.7		5.6		6.2

⑤ 对各方案的相应评价项目打分，并计算总分。对各评价项目，有些本身是数量指标，

如投资收益率，可采用比例法折算成 10 分制分值。有些项目如服务水平、持续发展能力等非数量指标，亦可采用 10 分制进行打分。各方案的评价项目得分乘以该项目权重，并计算总分，就得到该方案的综合评价分值，如在表 6.6 中，A 方案的总分最高，选为物流中心的入选方案。

6.3.4　物流中心的内部合理化

1．物流中心内部设施分布合理化

物流中心内部设施的设置是否合理，直接关系到物流作业的效率和服务水平，关系到物流中心平面和空间的利用率。物流中心内部设施布置应遵循以下原则：

① 单一的流向 —— 输入物流中心及输出物流中心的整个流程必须是单一的流向，尽量不要出现对流的现象。输入口与输出口（物流门）必须分开，以保证单一的流向。

② 最小的物流距离 —— 货物的移动都是必要和直接的，各作业区（收货区、理货区、储存区、加工区、发货区等）安排尽量紧凑，路程直线化，避免不必要的迂回、交叉、倒流，以减少中间停留时间，加快货物的周转。

③ 最少的装卸次数 —— 充分利用起重机、升降机、输送机、叉车、自动导向车等装卸搬运设备，将装卸次数减到最少，尽可能不落地装卸。采用托盘和集装箱等集装化作业方式，提高装卸作业效率。

④ 保持一定的柔性 —— 社会化物流中心涉及产品种类繁多且易变，季节性变化明显，物流中心布置上应充分考虑适应变化的能力，易于扩大生产能力。

⑤ 有利于内部管理 —— 使有密切关系或性质相近的作业单位布置在一个区域或就近布置，甚至合并在同一个建筑物内。

⑥ 有利于职工作业 —— 为职工提供方便、安全、舒适的作业环境，使之合乎生理、心理的要求，为提高生产效率和保证职工身心健康创造条件。

2．物流中心信息处理网络化、自动化

现代化的物流中心必须建立强有力的管理信息系统，并通过 EDI 或互联网与供应商、用户、运输企业等连接，实现采购、订单处理、存货管理、配送计划等信息处理的网络化、自动化。同时，尽可能采用条形码与 POS 系统，实时、准确的采集基础信息，提高货物收发的效率。有关物流信息技术的具体应用见本教材第 10 章。

3．物流中心进出和流通加工作业效率化

现代化物流中心都极力在中心内导入自动化作业，在实现物流作业快速化的同时，极力削减作业人员、降低人力费用。特别是以往需大量人力的备货、理货、分拣、标价、再包装等流通加工作业如何实现自动化是很多企业面临的重要课题。为了提高作业效率，除了改善作业内容外，很多企业所采取的方法是极力使各项作业标准化。尤其像食品、饮料等单价较低、大量销售的商品，可以在物流中心内彻底实现自动化，从而将所有备货作业完全建立在标准化的基础之上。备货自动化中最普及的是数码备货，所谓数码备货就是不使用人力而借助于信息系统有效地进行作业活动。具体来说，在由信息系统接受顾客订货的基础上，向分拣员发出数码指示，从而按指定的数量和种类正确、迅速地备货作业系统。

4．物流中心在库管理的合理化

物流中心内的商品在库管理分为两种方式，一种是定置管理，即利用信息系统事先将货架分类、编号，并贴附货架（或货物通道）代码，各货架内放置的商品事先加以确定；另一种是非定置管理，即所有商品按顺序存放在空的货架中，不事先确定各类商品专用的货架。在定置管理方式下，各货架内存放的商品是固定不变的，这样从事商品备货作业较为容易，同时，信息系统的建立也较为方便，只要第一次将货架编号及商品代码输入计算机系统，就能很容易地掌握商品进出库动态和现有库存量，以便及时补充库存。相反，非定置管理方式由于各货架内存放的商品是不断变化的，在商品变更登录时出差错的可能性较高。定置管理方式尽管有准确性和便利性等优点，但是，它也有某些局限性，或者说，定置管理和非定置管理各有其适用范围。一般来说，季节性商品或流行性变化剧烈的商品，由于周转较快，出入库频繁，适合于非定置管理，而需求较为稳定的商品适合于定置管理。此外，物流中心还可以按产业类别，以及商品周转情况进行管理，也有物流中心按客户划分货架进而提高发货效率。

6.4　区域物流规划与物流园区

6.4.1　区域物流规划

在现代物流概念形成之前，交通运输、仓储、邮政等产业已有了多年的发展，并形成了各自的发展规划，所以物流规划本质上是以协调发展为主要功能的二次规划。而且，由于除铁路等基础设施外，大部分物流园区、物流中心等设施主要为区域经济服务，物流规划的主要制定和实施者是地方政府，在国家宏观规划指导下的区域性物流规划是物流规划的主体。

1．区域物流规划的必要性

首先，物流系统是涉及面很广的复杂系统，没有共同遵循的规划会引起混乱。从物流涉及的范围来说，它涉及了军事、生产、流通、消费及后消费领域，涵盖几乎所有社会产品在社会上和企业中的运动过程，庞大而复杂。就社会物流的共同基础设施来说，我国就有交通、铁道、航空、仓储、外贸、内贸六大领域分兵把口，不用说涉及到这些领域的更多行业；可是，这些领域和行业在各自的发展规划中都包含有局部的物流规划，这些规划由于缺乏沟通和协调，更多的是从局部利益考虑，再加上局部资源有限，往往破坏了物流大系统的健康，妨碍它的良性发展。

其次，物流过程长且环节众多，如果没有共同的规划可以遵循、制约，各个环节各自发展，就可能出现"效益背反"的现象；物流领域进入的门槛比较低，而发展的门槛却比较高，很容易会易进难出，陷入低水平的重复建设，在配送中心、一般物流中心和小型物流结点方面可能更有突出的表现。

最后，从投资和发展的角度来说，物流领域的建设一般投资规模巨大，更需要有规划的引导；我国物流系统建设刚刚起步，已经与发达国家有了几十年的差距，要迅速追赶，如果缺乏规划引导和制约，必然会有相当多的地区和企业，要重复低水平发展阶段，白白地消耗资源和时间。

2. 区域物流发展规划的主要内容

① 物流基础设施的规划和建设。近十几年来，国家加大了对交通基础设施的投资，投资主体多元化的格局已经形成。以道路、铁路、港口、空港等为对象的物流基础设施建设进展迅速，运输线路、特别是高等级道路和电气化铁路的通车里程大幅提高，综合运输网络正在逐步得到改善。但是，在重视线路部分建设的同时，应该加强物流结点设施建设，现有的结点设施功能需要扩充，以适应开展现代物流的需要。物流活动的形态包括线路部分的活动和结点部分的活动，大部分的物流功能是要通过结点设施发挥的。只有将线路功能与结点功能有机结合起来，才可以满足物流合理化的要求。物流设施建设需要大量资金投入，但同时由于公共物流设施具有一定的公益性，收益性较差，投资回报期长，因此，需要政府在土地使用，融资、税收等方面予以支持。

② 创造现代物流发展的宏观环境。政府主管部门在发展现代物流的问题上首先要有一个明确的战略发展思路，建立健全各项政策，协调物流相关行业和部门行动。

③ 培育和发展物流市场，鼓励竞争，支持企业联合。竞争是搞活物流市场、提高物流企业经营水平最为有效的方式。但同时也应该看到，物流市场的准入条件较低，物流服务产品的技术含量相对较低，企业之间容易产生过度竞争。因此，适当提高市场准入条件，严格行业服务标准，有利于维持正常的市场秩序。其次，要重点培育一批具有一定资金实力和技术实力，业已形成比较广泛的物流网络的现代物流企业，使他们成为我国发展现代物流事业的旗手，推动我国现代物流事业水平的提高。此外，通过合资的方式，引进国外先进物流企业的管理经验和运作模式也是提高我国物流企业经营水平的有效途径。

④ 解决好物流与环境和城市发展的矛盾。物流作业活动的核心是货物运输，随着消费需求的多样化、个性化，物流需求也朝着高度化方向发展，现代物流呈现出多品种、小批量、高频次的特点，卡车运输成为实现物流目的的主要运输手段。区域内、城市内商品运输配送活动的频繁发生给环境和城市交通带来一定的负面影响，交通环境的恶化反过来也会影响到物流效率的提高。因此，必须搞好物流结点设施的规划，将其作为城市规划的一部分充分加以重视，通过物流结点设施的合理布局，将干线运输和支持末端配送有机结合起来，在保证物流效率的同时，减轻物流对城市功能的负面影响以及对环境的破坏。

此外，政府的物流规划中还需要有物流信息的发展规划、物流人才培养、物流学术研究等方面的内容以支撑整个区域内的物流发展。

6.4.2　物流园区

1. 物流园区的定义

物流园区是多家专业从事物流服务的企业和物流密集型工商企业在空间上集中布局的场所，是具有一定规模和综合服务功能的物流结点。它依托经济发达地区的中心城市，位于大型交通枢纽附近，一般与两种或两种以上的交通运输方式相连接。物流园区在社会属性上既有别于企业自用型的物流中心，又有别于公路、铁路、港口等非竞争性基础设施，是具有经济开发性质的物流功能区域，与科技园区、工业园区有相似之处。

过去，在城市建设方面一般未考虑到涉及物流因素。20 世纪五六十年代经济高速发展以后，商品物流量大大增加，尤其是在西方发达国家的大城市，城市里外星星点点散布着各种产业的大量批发商、经销商，商流和物流融为一体，成为造成交通混杂、车辆空驶率高、城市功能混乱的最大原因。为解决这一世界性难题，各国政府和企业研究了种种对策，其中，建设物流园区是常见的方法。

2．物流园区的功能

（1）基本功能

① 集约功能。物流园区首先要有量上的集约，要有一批物流企业在此集中经营。从这个意义上讲，物流园区可以被视为一个物流业的开发区。当然，量上的集约并不意味着经营项目上的趋同，而要注重业内的分工细化。在这方面可以借鉴日本物流团体的经验：搞仓储的不搞运输；跑长途的不做市内配送，千方百计把本企业的专业特色显示出来，把本企业的专业运作成本降下来，把规范服务搞上去，以此来增强企业的市场竞争能力。非本企业专长的业务，其运作成本肯定比专业公司高，应该转让给专业公司去做，以实现优势互补，形成集合优势。此外，园林在技术、设备、规模管理上也应该有非常强的集约功能。

② 综合运作与转运衔接功能。物流园区在实现集约功能的同时，还应该体现综合的功能，如深圳平湖物流园区的功能定位就是五位一体，即市场信息、现代仓储、专业配送、多式联运和市场展示及交易，以实现产业运作的配套化和系统化。物流园区的综合功能还应该体现在发挥有效衔接作用上，主要表现在要实现公路、铁路、河运、海运等多种不同运输形式的有效衔接上。综合功能的另一方面是商流与物流的统一。由于我国目前对物流的认识与西方发达国家还有差距，物流企业的利润相对较低，提供的服务中增值部分少。因此，在建设园区的同时，应该增加其中商业设施、会展中心、大型批发市场等，利用市场的"造市"功能来拉动物流需求，带动物流业的发展。

③ 辐射、拉动功能。物流园区的服务区域不能仅仅按行政区域来划分，而应该考虑自身的辐射、拉动半径，这个半径很可能不再局限于某个行政区域，而是一个经济区域。

④ 其他功能。作为一种公共事业，物流园区除了承担以上功能之外，还应该在软件建设、物流平台开发等方面发挥应有的创新作用。比如，信息系统的构筑，专业人才的培养培训，产业政策的研究制定，物流理论的研究探讨，等等。

（2）拓展功能

① 整合现有资源，引入现代产业培育机制。通过引进"第三方物流"的产业组织形式，建立现代物流企业，以及将传统的储运企业转变为现代物流企业，即，从整合现有物流资源入手建设物流园区有利于促进现代物流业的形成，提高物流社会化程度，为企业优化物流系统提供市场环境。对中小工业企业来说，"第三方物流"能够规避自身在物流上的劣势，充分发挥在生产制造方面的优势。对于物流企业来说，应提高现有设施、设备条件，树立新型物流意识，进行专业化、现代化的物流运作，降低物流成本。在工业园区的规划中，可通过入驻典型物流企业发挥园区物流系统的作用，吸引优秀工业企业入园。

② 通过物流园区，带动产业链的发展。物流园区的一个重要功能是集聚效应，通过集聚扩大企业的商圈，增加交易的机会。同时，通过物流园区将零散的资源进行优化整合，将产业发展链条中的采购、供应、会展、销售、客户服务，以及交易结算、物流、信息反馈等各项功能集中在一起，充分发挥经济集聚作用，降低流通成本，提高经营效率，不仅使本企业的综合竞争力得以提升，还能够带动产业链条上的相关企业降低成本、提高竞争力。物流园区的建设对整合流通产业链、提升流通业整体水平、促进产业快速发展起着重要作用。

③ 创造良好的投资环境。从以往工业园区的实践经验看，吸引企业和资金入园，提供优惠政策是一方面；提供适合企业发展的优良园区环境（基础设施、物流系统）是更为重要的另一方面。完备的基础设施和物流系统的支持能够使入园企业降低运营成本、增加企业效益，这会给企业带来实实在在的好处，使企业获得更强的综合竞争能力。因此，在园区的规划中，基础设施和物流系统建设规划是极为重要的部分。

④ 改善城市环境。通过优化整合现有零散资源，发挥园区系统、集散、整合的优势，采用统一发展的模式，以利于生产、方便生活、优化交通、改善环境、满足城市功能发展的需要，有利于提高城市形象，成为城市功能的重要组成部分。

从各国、各城市的实践来看，在现代化的过程中，城市规划的重要性将越来越清楚地显现出来，并且规划的先进程度将直接影响城市的进一步发展速度。随着我国经济环境的不断改善，物流作为城市功能的重要组成部分已被大多数人所接受。因此，可以充分利用园区的建设，政府统一规划，将分散的工业及物流设施整合进园区内，重新定位城市功能，改善城市环境，树立一个全新的城市形象。

习题与思考题

一、应知目标考核题

（一）单项选择题

1. 物流结点上所不能完成的物流功能是（　　）。
　　A. 仓储　　　　　　　　B. 运输　　　　　　C. 装卸　　　　　D. 流通加工
2. 物流网络中，物流结点分散的优点是（　　）。
　　A. 所需要人力较少　　　B. 土地成本下降
　　C. 可以进行多品种配送　D. 规模较小，利于运营
3. 不属于集货中心主要功能的是（　　）。
　　A. 初级加工　　　　　　B. 运输包装　　　　C. 分送货物　　　D. 货物储存
4. 属于物流园区拓展功能的是（　　）。
　　A. 集约功能　　　　　　B. 带动供应链　　　C. 综合运作　　　D. 指挥功能

（二）判断题

1. 物流结点布局模型的目标是总成本最低。（　　）
2. 与集货中心、分货中心相比，转运中心的储存能力强。（　　）
3. 在定置管理中，各货架内商品事先加以确定。（　　）
4. 物流园区可以被看成物流业的开发区。（　　）

（三）名词解释

物流结点　　　　物流中心　　　　转运型结点　　　　储存型结点
流通型结点　　　物流基地

（四）简答题

1. 物流结点设置应考虑哪些问题？

2. 影响物流中心规划布局的因素有哪些？

3. 物流中心在库管理有哪些形式？如何进行？

4. 什么叫物流园区？它有哪些功能？

二、应会能力测试题

（一）请结合案例回答问题

京东的物流体系

自建仓配一体化的物流体系是京东的核心竞争力之一。京东物流体系中主要包括 5 个级别的物流结点。一级结点是在北京、上海、广州等 7 地设置中心仓，用于存放全品类商品。由于覆盖区域面积太大，在济南、南京、重庆等城市设置二级结点——前置仓，以增加仓储多点覆盖。前置仓的功能是存放周转快的商品，不会全品类存放，重点加快对二三线城市用户的反应速度，使时效加快，用户体验提升。三级结点是分拨中心，四级结点是中转站，五级结点就是配送站。配送员从站点出发，用面包车、三轮车、电动车等进行配送。

截至 2016 年 9 月，京东物流已经形成了中小件物流网、大件物流网和冷链物流网的三张网布局，拥有 7 大物流中心、254 个大型仓库、550 万米^2 的仓储设施及 6 780 个配送站和自提点，完成了对全国 2 646 个区县的覆盖。其中，中小件物流网已覆盖中国大陆 93%的区县，211 限时达及次日达订单占比已经达到了 85%，大件物流网已全面覆盖中国大陆的所有省级行政区，冷链物流网则通过 7 地生鲜仓覆盖全国，目前依旧在快速扩张中。京东物流已经成为涵盖仓储、运输、配送、客服、售后等的一体化供应链服务的解决方案提供商。

问题：

1. 京东物流体系中的 5 级物流结点根据主要功能可以分成几类？

2. 通过网络收集资料，分析京东物流是如何实现物流结点布局合理化的。

（二）请结合案例回答问题

日本世界物流中心株式会社成立于 1991 年 4 月，资本额 24 亿日元，占地 92 870 米^2，地下一层，地上五层。中心配有载货电梯 23 台，垂直输送机 46 台，油压升降平台 149 台，垂直升降平台 23 台。进出货月台只设在一楼的前后，货物的上下是利用电梯和垂直输送机的搬运方式，而不是采用卡车上下各楼层的方式。物流中心的主要功能是处理商品的进出货、装卸、拣货、配送、流通加工、储存保管、库存管理、品质管理等，是一大型综合物流中心。

世界物流中心位于东京港，邻接大型货柜场站群（大井货柜场及青海货柜场），是世界主要港口及货柜商船的主要航路。中心离成田机场只有 70 公里，从中心到首都高速公路只要数分钟，到东京市中心只需 10 分钟就可以到达。世界物流中心在几分钟内可以到达弯岸道路，同时与日本全国高速公路网连接，且接近铁路货运站。

世界物流中心连接的腹地——东京都圈，是世界最大规模的经济活动地区，在 100 公里半径内有日本人口的四分之一，约 3 000 万人在此生活，是世界最大的消费地区。

问题：

1. 哪些因素影响了世界物流中心的选址？

2. 从世界物流中心的内部结构和其腹地的特点看，该中心主要从事哪类商品的流转？为什么？

第7章　仓库及配送中心业务管理

应知目标

- 了解仓库的概念、种类、仓库设施与设备及自动化立体仓库的主要类型
- 能够看懂仓库常用经济技术参数
- 熟悉货物维护保养及仓库安全工作
- 明白配送的含义、种类及配送模式的选择
- 熟悉配送中心的功能和作业流程及内部组织机构

应会目标

- 掌握仓库作业过程的组织，学会设计仓储作业流程
- 能够应用所学方法对现实中企业的配送路线进行评价并提出优化思路

　　积极有效的仓库管理必须对仓库的概念、原理以及基本业务管理过程等内容有全面认识，同时，在仓库业务具体操作中，始终与配送中心相联系、相沟通，因此，同样要全面而深刻地熟悉和掌握配送中心的相关概念、原理和基本业务管理。只有这样，才能进一步提高仓库与配送中心的业务管理水平，从而实现最佳物流效果。仓库和配送中心在物质形态上极为相似，不同的是，仓库强调静态功能而配送中心强调动态功能。有理由相信，随着仓储企业向现代物流企业转型，绝大多数仓库会向配送中心或物流中心发展（除战略性储备仓库外）。

7.1　仓库管理概述

　　仓库是物流系统中的重要组成部分，也是分布最广、数量最多的物流结点。目前全球大约有 75 万个大型仓库设施，包括人工和计算机管理仓库。在追求以最低成本向顾客提供优质产品的服务过程中，仓库这一环节扮演着极其重要的角色。作为连接生产者和消费者的纽带，仓库管理已经发展成为物流系统中一个举足轻重的职能部门。

7.1.1　仓库的种类

1. 仓库的定义

　　仓库指的是在生产和流通过程中担负着保管、存储物品（包括原材料、零部件、在制品和产成品等）的建筑物和场所的总称。一般使用建筑物作为仓库，但也有使用车辆、船舶、集装箱等设备或其他容器，甚至直接利用地面或水池作为仓库的。现代仓库的功能，除了保管和储存物品外，还有运输发送、流通加工、信息处理等功能。

2. 仓库的种类

　　仓库形式多种多样，规模各异，可以从以下不同角度加以分类：

（1）按使用范围分

- 自有仓库 —— 在生产或流通企业中，为物流业务的需要而建造的仓库，其目的是储存本企业的原材料、外购件、在制品或产成品等。
- 营业仓库 —— 为专门经营物流业务而建造的仓库，其服务对象为社会性客户。
- 专用仓库 —— 由政府或某一主管部门投资建造的仓库，其服务对象为社会性物流部门或为企业提供商品储存。

（2）按储存物品分

- 生产性仓库 —— 生产企业为保持或保证生产的连续性，专门储存原材料、外购件、在制品和产成品的仓库。
- 流通性仓库 —— 流通部门为保证流通过程的正常进行和市场的供应，解决生产和消费时间差异或商品使用的季节性差异，储存较广泛的商品的仓库。
- 农副产品仓库 —— 经营农副产品的企业，专门用来储存农副产品的仓库。
- 专门仓库 —— 经营或流通某类特定货物而用来储存该类货物的仓库，如水果、木材、粮食等仓库。
- 战略储备物资仓库 —— 为防止各种自然灾害或意外事件的发生，保证物资及时供应而储存的应急物资的仓库。

（3）按储存条件分

- 危险品仓库 —— 由于危险品随时可能发生意外，因此仓库设有特别防护保障系统，该类仓库主要用于储存化工危险品、石油及系列衍生品等。
- 冷藏仓库 —— 这种仓库安装特别低温设备系统，保证物品在库期间始终处于低温，仓库储存物品主要有鲜活类肉或鱼等商品。库内温度维持在零度以下的则称为冷冻仓库。
- 恒温仓库 —— 又称暖库，这种仓库同样装有特别恒温设备系统，专门储存防冻或怕高温物品，如精密仪器。
- 常温仓库 —— 库内温度随外界而改变，用于存放对温湿度没有特殊要求的货物。

（4）按建筑结构分

- 平房仓库 —— 构造简单，无楼层之分，建筑费用低廉，人工作业方便。
- 楼房仓库 —— 二层以上的多层仓库，这种仓库与平房仓库比较具有造价高、占用土地面积小等特点。
- 简易活动仓库 —— 这种仓库往往是在仓库数量不足或物资由于种种原因不能及时进入仓库的情况下，临时代用的仓库。该仓库形式简单，随时可以搭建或拆除，因此费用相对低廉。
- 货架仓库 —— 在仓库内部设置不同层次货架是为了储存物资不同特点需要而设立的。根据货架的层次不同可以分为单层和多层货架。在具体仓库作业过程中，往往借助于电子计算机、机械化等手段来加以操作，因此作业效果也相应提高了。
- 罐式仓库 —— 外形呈球形或柱形，主要用于储存液体和气体物资。

（5）其他分类方法

- 按仓库地理位置分：车站码头机场仓库、市区仓库、郊区仓库。
- 按行业分：商业仓库、工业仓库、外贸仓库。
- 按建筑材料分：钢筋混凝土仓库、砖木结构仓库。

7.1.2   仓库的设施与设备

仓库中的设施与设备是指仓储业务活动的一切作业工具，是仓库不可缺少的物质技术基础。仓库设施与设备可以起到保障安全、合理组织商品运转、提高劳动生产率、减轻劳动强度的作用。根据这些设施与设备的不同用途，其类型大致有以下几种。

1. 装卸搬运设备

（1）手推车

手推车是仓库中最基本操作工具。一般有两轮手推车（见图7.1）、三轮手推车（见图7.2）、四轮平板车（见图7.3）和油泵手推车。这些手推车适用于商品的平面运输，具有轻巧、灵活、方便等特点。

图 7.1   两轮手推车   图 7.2   三轮手推车   图 7.3   四轮平板车

（2）上桩机（又称堆垛机）

上桩机是仓库机械设备中专门用于堆、拆桩的机具之一。主要类型有平台式上桩机、吊勾式上桩机、旋转式上桩机。这些上桩机同样具有方便、灵活等特点，并且特别适用于走支道及较狭窄条件下操作。

（3）输送机

输送机主要是为了仓库内部运输目的将商品送到先前安排的目的地。输送机一般分为平面输送机和折叠输送机两种，适用于立体输送和平面输送两种功效。输送机具有操作连续性强、占地面积小和辅助作业（核对、置喨、分拣）等特点。

（4）叉车

叉车是仓库设备中具有较高效率的搬运工具之一。根据动力装置不同分为内燃机叉车和电瓶叉车两种；根据作业载重量分为0.5吨、1吨、3吨、5吨、10吨等规格叉车；根据制造结构不同分为直叉平衡式叉车、直叉前移式叉车、侧叉式叉车等；根据叉车轮胎不同分为硬胎叉车和充气胎两种。根据仓库不同结构分别选用叉车以符合各自条件。在仓库中，选用较多的叉车有直叉前移式硬胎电瓶叉车（见图7.4）和直叉前移式充气电瓶叉车（见图7.5）两种，这种叉车具有速度快、大大降低劳动强度等特点。

（5）电梯（又称升降机）

电梯是仓库进行垂直运送的有效机具，一般分为1吨、2吨、3吨、5吨和10吨等不同规格的电梯。电梯具有载货量大、方便等特点。

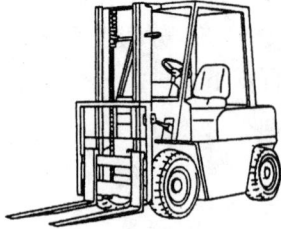

图 7.4　直叉前移式充气电瓶叉车　　　　图 7.5　直叉前移式硬胎电瓶叉车

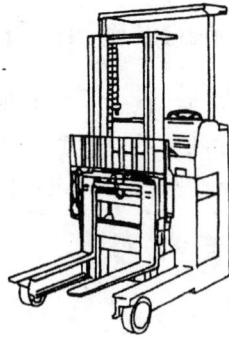

（6）行车（又称起重机）、吊车

行车和吊车是主要用于装卸笨重商品的机械设备。行车可分简易式行车和龙门式行车（见图 7.6）两种。吊车可分为汽车旋转式吊车和固定旋转式吊车（见图 7.7）两种。这些行车和吊车具有高效、方便等特点。特别适用于散货和大型、特大型商品的装卸。

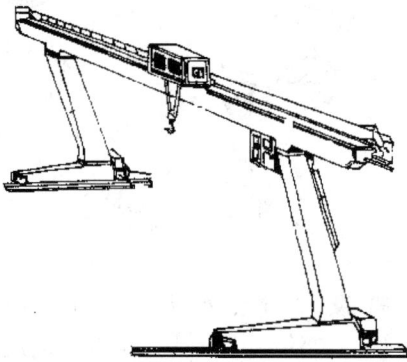

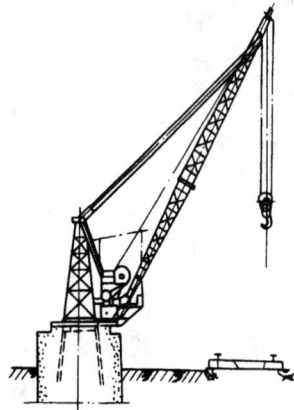

图 7.6　龙门式行车　　　　　　　　　图 7.7　固定旋转式吊车

（7）滑梯

滑梯一般为钢筋混凝土螺旋形结构，主要用于多层楼房的仓库选配。这种螺旋形滑梯具有速度快、操作简便且配合置唛、点数等辅助作业等特点。

2．保管设备

（1）苫垫用品

苫垫用品包括苫布（篷布、油布）、芦席、塑料布、枕木（楞木、垫木）、垫仓架（码架）、水泥条、花岗石块等。主要用于露天货物堆放商品的苫垫以及底层仓库的衬垫。具有防风、防雨、防水、防散、隔潮等作用。

（2）存放用品

存放用品包括货架、货橱等。主要用于批量小、拆零、贵重等物品。具有易点数、提高仓容利用率等特点。

（3）仓储机械辅助用品

仓储机械辅助用品包括平面托盘和立桩折叠式托盘两种。这两种托盘辅助于叉车装卸作业，用于体积小或重量比较大的商品。具有点数方便、装卸简便等特点。

3．计量设备

计量设备是指商品在入库验收、在库检查和出库交接过程中使用的度量衡具，包括汽车秤、大车秤、磅秤、杆秤、台秤、天平秤、尺子等。各类不同的秤主要用于按重量交货的商品的计量。

4．安全与养护设备

（1）消防设备

消防设备包括警报器、消防车、泵站、各式灭火器、水源设备、砂土箱、铁钩、斧子、水桶、水龙带等。主要用于防火和灭火。

（2）物资养护设备

物资养护设备主要有吸水机、隔潮机（风幕）、烘干机、测潮仪、温湿度计、鼓风机、冷暖机等。主要用于检验、保养商品。

7.1.3　自动化立体仓库

1．自动化立体仓库定义

自动化立体仓库指采用货架储存货物并配有以巷道堆垛起重机或其他机械化设备进行作业的一种仓库。目前国外对自动化立体仓库叫法并不一致，如称之为"高层货架仓库"、"货架系统"、"无人化仓库"、"信息仓库"、"情报仓库"。这些名称的出现与仓库作业自动化程度息息相关。

2．自动化立体仓库的分类

（1）按建筑结构分

根据建筑高度不同分成一体式和分离式两种。一体式高度在 12 米以上，分离式高度在 12 米以下。在 5 米以下为低层自动化立体仓库，5～12 米为中层自动化立体仓库，12 米以上为高层自动化立体仓库。

（2）按仓容来分

根据仓库空间容量大小一般分为三种：仓容在 2000 托盘以下为小型自动化立体仓库，仓容在 2000～5000 托盘为中型自动化立体仓库，仓容在 5000 托盘以上为大型自动化立体仓库。

（3）控制手段分

根据自动化程度不同，一般分为：手动控制、远距离控制和电子计算机控制三种。手动控制一般认为自动化程度较低，投资建造费用少，适用商品复杂，管理难度大。电子计算机控制则不同，自动化程度相当高，则投资费用大，保管商品绝大多数为标准化系统化，因此管理难度相对容易。远距离控制则介于手动控制和电子计算机控制之间。

3．自动化立体仓库的发展过程

第二次世界大战以前，一些资本主义国家经济还不是很发达，仓库业务操作的机械化水平相对低下，主要是叉车作业，因而造成仓库仓容巨大浪费，仓库面积利用率不到 30%。随着经济的不断发展，特别是"二战"结束以后，全球经济一体化速度扩张，全球范围内的商品流通量无限度的扩张，客观上要求仓库利用率不断提高。1950 年，美国 E.L.Dupoutde Nemours 公司率先建成手动控制桥式堆垛机作业化仓库，大大提高了仓库面积利用率。1962 年前西德将计算机技术应用于仓库作业，建成第一座现代化仓库，显示了强劲的竞争能力。接着，美国、法国、英国、日本等相继建起了类似仓库，于是"立体仓库"、"自动化仓库"、"高层货架仓库"的名称不断出现。另外，因这类仓库的作业人员明显减少，也有人称"无人仓库"。由于计算机作业化程度高、数据及数据分析涉及面广，又有人称它为"信息仓库"、"情报仓库"。

7.1.4　仓库主要经济技术参数

仓库经济技术参数是反映仓库业务活动全过程的动态指标体系，它不仅表明业务活动的数量过程，更体现业务活动的质量过程，因此，仓库经济技术参数的核算对仓库业务发展规模、水平、比例和速度具有深刻意义。

（1）日平均储存量和吞吐量

日平均储存量，即平均"日储存量"，是指一定时期内仓库储存量的平均吨数，它反映仓库储存规模。

日平均储存量计算公式是

$$日平均储存量 = \frac{计算期储存量累计数}{同期储存期数}$$

吞吐量是指一定时期内商品实际进出仓吨数，它反映仓库实际商品进出水平。按计算时间不同，可分为月吞吐量、季吞吐量、年吞吐量等。

商品吞吐量的计算公式是

$$吞吐量 = 计算期商品进出仓累计吨数 - 同期非实际进出仓累计吨数$$

（2）单位面积储存量

单位面积储存量是指仓库每平方米实际面积储存商品的吨数，它反映仓库利用程度。

单位面积储存量计算公式是

$$单位面积储存量 = \frac{日平均储存量}{实际面积}$$

（3）账货相符率

账货相符率是指仓库实际业务账货相符笔数与储存总笔数之间的比率，它反映仓库储存商品账面商品质量的真实程度，也是衡量仓库保管工作质量的指标。

账面相符率计算公式是

$$账面相符率 = \frac{账货相符笔数}{储存产品总笔数} \times 100\%$$

（4）收发货差错率

收发货差错率是指计算期收发货差错累计笔数与同期收发货总笔数之间的比率，它反映仓库收发货的准确程度，也是衡量仓库商品进出的工作质量指标。

收发货差错率计算公式是

$$收发货差错率 = \frac{计算期收发货差错累计笔数}{同期收发货总笔数} \times 1000‰$$

有的仓库储量大、批量小，但计量工作相当繁重，也容易发生差错，据此，反映收发货正确性程度的收发货差错率的计算公式则相应发生变化，其计算公式为

$$收发货差错率 = \frac{计算期收发货差错累计笔数}{同期收发商品吨数}$$

（5）平均保管损失

平均保管损失是指储存商品而发生的商品保管损失金额，其反映了商品在仓库期间保管质量指标。

平均保管损失计算公式为

$$平均保管损失 = \frac{计算期保管损失金额}{同期平均储存量}$$

$$平均保管损失率 = \frac{计算期保管损失金额}{同期平均库存商品金额} \times 1000‰$$

（6）平均保管费用

平均保管费用实质为平均储存商品所支付或发生相关费用的金额，其反映商品在库期间费用耗用水平。费用内容一般包括工资、福利费、固定资产折旧、养护费等。

平均保管费用计算公式为

$$平均保管费用 = \frac{计算期保管费用金额}{同期平均储存量}$$

（7）每人工作量

每人工作量是指按天计算每人每日收发商品吨数或计算每人每日保管商品吨数，其反映工作效率的指标。计算公式为

$$每人每日收发商品吨数 = \frac{计算期平均收发货吨数}{同期平均收发货人员数}$$

$$每人每日保管商品吨数 = \frac{计算期平均储存量}{同期平均保管人员数}$$

7.2 仓库业务管理

在物流系统中，货物的流转是无时不在的。货物的储存只是物流过程中暂时的滞留，这种暂时滞留是静止和动态的统一表现形式，体现了商品流通的连续性和永久性。在此过程中，仓库业务管理就显得特别重要。仓库业务管理包括仓库的作业过程组织、维护保养、仓库安全管理等内容。

7.2.1 仓库作业过程的组织

1. 货物进仓作业过程

货物进仓库作业又称验货收货，是仓库作业过程的第一个步骤，主要包括以下内容：

（1）收货点验

仓库作业规程要求，凡入库货物与货物进仓单必须一起到库，收货员对货物的品名、规格、数量、质量、包装和印章应逐一核对，确认无误后，决定货物正式入库。收货检验的标

准应严格遵照仓库已经制定的入库程序制度、货物质量标准制度、货物包装执行制度以及货物供应方与仓库之间的合同或其他标准。收货方如果是流通企业或物流企业，则只进行外观质量验收。

（2）分咳搬运

收货员将入库商品严格分咳后，按照单货同行的要求，交有关人员将货物分批送到预定位进行堆垛，在此过程中，尽量做到"一次连续到点"，力求避免货物在搬运途中停顿和重复劳动，避免不必要的业务差错事故，这对缩短收货时间、加速商品流通、入库货物的管理具有重要影响。

（3）签发凭证

收货员对于检验合格的入库货物，即可签盖货运交接单和货物入库凭证。如果发现货物有异样或其他不符制度标准的情况，则应做好经双方确认的记录，并交付有关部门处理。

2．货物保管作业过程

货物保管作业是仓库作业过程的第二个步骤。仓库针对种类繁多的货物应积极寻找其变化规律，确保在库货物质量标准水平和使用价值。

（1）堆码

仓库积极推行分区分类和货位管理制度，根据不同货物适当存放相应货物。在堆码操作中力求达到以下要求：

- 充分利用货位空间，采用立体堆码方式。
- 正确使用堆码工具，努力提高劳动水平。
- 适当保持库内货物之间距离，保持货物堆码或拆码的工作效率。
- 选择货位时，严格遵照先进先出原则；如果是食品等货物，也可以按先到期（有效期）先出的原则安排货位。
- 一旦货位发生紧缺时，应避免发生货物堆码操作时的随意性。

（2）盘点

仓库针对大宗货物管理难和程度深的特点，建立相应盘点制度，其内容包括货物盘点的方式、盘点的程序、盘点职责和要求以及盘点发现问题的处理办法。根据具体内容应逐一执行，力求做到仓库内所有货物账、卡、物三者一致，实现万无一失的目的。

（3）货卡

货卡是货物储存的动态记录，是衡量货物保管员管理水平的有效工具。其作用表现在三个方面：一是正确反映每批货物进出库和在库的数量及质量动态。二是对货物的并垛、分垛、移位起着原始记录的控制。三是货物出库和货物盘点的有效依据。

3．货物出库作业过程

货物出库作业是仓库作业过程的第三个步骤。仓库发货在根据有效凭证、在保证货物品种规格和数量的前提下，进行正确、及时、有效的出库作业。

（1）核对出库凭证

仓库发货员根据出库凭证，经核对无误后方能发货。核对内容除货物品名规格之外，还应核对储存凭证号码以及货物数量和品质，保证发货的正确性。

（2）配货出库

凡是需要发运的货物，仓库发货员和理货员在组织发货时除了核对出库凭证以保证发货的正确性之外，还应做好相应运输标志等业务，确保货物送到目的地。

（3）登账

登账是货物出仓作业的最后一道工序，在发货完毕之后，仓库账务员根据有效的发货凭证，确实做好发货登记工作。登记时，必须严格实行"一单一唛"、"同批次同一货物"等要求，同时为了提高登账工作质量，还必须做到"日账日清"，为编制仓库货物统计业务表打下坚实的基础。

我们将仓库作业的整个流程总结在图 7.8 中。

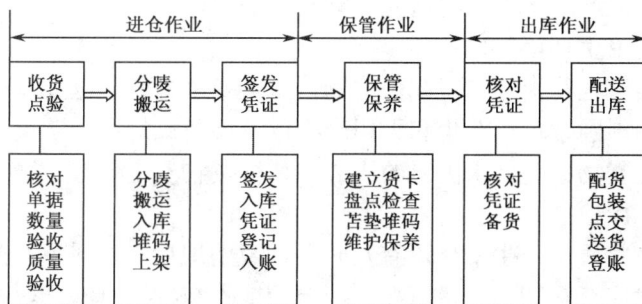

图 7.8　仓库作业流程

7.2.2　货物维护保养

1．货物维护保养工作的作用

货物维护保养是货物储存过程中一项极为重要的工作，是保证货物在库期间质量完好的关键环节。货物维护保养是一门独立的综合性应用学科，它来源于仓库工作实践，又能动地指导仓储工作，为仓储工作服务。由于货物受本身自然属性及外界因素的影响，一定程度上会发生这样和那样的变化，从而降低货物的使用价值，甚至丧失全部使用价值，因此，货物维护保养的研究和实践在于保证货物在库期间质量和使用价值，并最大限度地降低货物损耗。

2．货物维护保养的主要工作环节

"以防为主，防治结合"是维护保养的基本方针。为切实履行这一方针，必须做好以下具体工作：

（1）严格验收入库货物

货物入库时严格质量验收，防止货物在库发生质量变化。例如，某货物在入库时已经发现超出安全水分范围，入库应立即采取通风、晾晒等措施，尽力降低含水率。有时还会发现货物生霉、腐败、溶化、沉淀、出蛀、变色、沾污等异状，入库后应会同有关部门及时救治，以免扩大损失。

（2）适当安排货位

由于货物性能不尽相同，客观上要求安排适当储存场所与之相对应。例如，易溶（熔）、发黏、挥发、易燃、易爆货物应存放在温度较低或阴凉货位；怕冻且怕热货物应存放于恒温货位；性能明显不一或易串味的货物，不应存放在同一货位区域；化学危险品应存放于独立货位区域。

（3）苫垫堆码

地面潮气或地势较低货位对货物有很大影响，特别是在梅雨季节、地潮上升时，容易引起货物霉变和溶化，这就要求货物在堆码时，做好苫垫和隔离工作。苫垫堆码的目的是便于防潮、隔热通水、散潮，同时还便于日常检查。

（4）调节库内温湿度

库内温湿度也是影响货物质量的重要因素之一。任何货物本身的物理性能和化学性能都与温湿度保持紧密的联系，这种联系程度如果很高，就必须每天注意和观察其变化，通过通风、密封或人为机械调节使之适应于储存货物，保持良好的温湿度状态。反之，联系程度很低，则保持一般正常温湿度水平即能适应货物储存需要。

（5）建立良好的卫生环境

储存环境不清洁，往往很容易引起微生物、虫类孳生繁殖，因此，必须经常保持良好卫生环境，如经常清除周围杂草、灰尘和无用废物以及墙角蜘蛛网，实质上去除了微生物和虫类的温床，就能保证货物不受外来因素的侵袭，使得货物安全储存。

（6）坚持货物在库检查

如果储存期间货物质量发生变化没有及时发现或发现后没有采取有效措施，就会造成或扩大损失。因此，对库存货物的质量情况，应定期或不定期认真检查，并做好相应的客观记录。检查的时间和方法应视货物性能的稳定性程度、气候季节变化、储存环境优劣和储存时间长短等因素决定。在检查时，运用人的五官功能或用器具对货物是否发生质量变化作出判断，一旦发现异样或异状，及时弄清发生问题的原因，并采取一定的有效防治措施，恢复货物原来状况和功能，保持其使用价值。

7.2.3　仓库安全工作

1. 治安保卫

仓库治安保卫工作要立足于"防范"，预防和戒备各种有政治或经济影响的事故发生，其具体防范措施包括：

- 经常性制度化开展法制宣传；
- 建立和完善仓库出入库制度和日常安全检查制度；
- 仓库内部重要部位和存放易燃、易爆、剧毒场所，指定专人负责并加强检查；
- 加强库区的巡逻检查；
- 仓库管理人员一旦发现货物包装有任何异状，应当模拟组织检查，并做好现场记录，直到弄清为止；
- 重要库房应配备电子报警装置，应用现代科技手段确保仓库安全。

2. 消防安全

消防工作是保障仓库货物和全体员工安全的重要工作，仓库必须严格认真地做好每一项预防工作，彻底保证仓库安全。消防安全的基本措施包括：

- 加强防火宣传和教育，普及灭火基本科学知识；
- 建立消防设备和系统，保障消防通道和安全门、走道畅通无阻；

- 保护电器设备的完整性，对避雷和静电装置要经常检查，工作结束后要切断所有电源；
- 加强火种管理，严禁任何形式的火种进入库区；
- 任何形式的明火或明火操作，必须经消防部门或安全部门审查批准，并配置防火安全措施，方能实施；
- 发生任何火警和爆炸事故，必须立即通知公安消防部门，认真调查事故原因，严肃处理事故责任者，直至追究刑事责任。

3．劳动安全

劳动安全也是仓库安全工作的重要内容之一。为了确保仓库员工的生产安全，提高劳动效率，防止各类工伤事故的发生，其防范措施包括：

- 制度化开展劳动安全条例的教育与学习、考核；
- 定期或不定期开展业务安全操作技能竞赛以及业务安全操作的检查，发现问题及时纠正，严重时可以采取相应行政手段，直至消除隐患；
- 对业务操作的机械设备和设施经常检查和维修保养，严格遵循使用者、维修保养者和检查者分离制度，并切实做好相关记录；
- 积极推行劳动条件更新制度，使劳动设备工具、操作环境、保护措施适应和符合现代化操作要求。

7.3　配　送　概　述

在现代市场经济竞争中，为了满足不同客户或收货人的需要，尤其是"多品种、小批量、多批次、高频率"的物流服务需要，流通企业或物流企业必须对运输资源（包括车辆、运输计划、送货路线、人员）进行科学、合理的配置，以低成本满足客户的需要，从而产生了配送这一物流活动。配送是物流中一种特殊的、综合的活动形式，是商流与物流的结合，也是包含了物流中若干功能要素的一种集成物流形式。

7.3.1　配送的概念

配送是指按用户或收货人的订货要求，在配送中心或其他物流结点进行集货、分货、配货业务，并将配置货物送交客户或收货人。这一过程由集货、配货和送货三部分有机构成。

为了进一步阐明配送的内涵，我们对配送的特点作以下说明：

- 配送是一种末端物流活动。配送的对象是零售商或用户（包括单位用户、消费者），故配送处于供应链的末端，是一种末端物流活动。
- 配送是"配"和"送"的有机结合。配送的主要功能是送货，但科学、经济的送货以合理配货为前提。即送货达到一定的规模，可以更有效地利用运输资源，才产生了配送。少量、偶尔的送货不能说是配送。
- 配送以用户要求为出发点。配送是从用户利益出发，按用户要求进行的一种活动，体现了配送服务性的特征。配送的时间、数量、品种规格都必须按用户要求进行，以用户满意为最高目标。
- 配送是物流活动和商流活动的结合。配送作业的起点是集货，必然包括订货、交易等商流活动。在买方市场占优势的当代社会，商流组织相对容易，故配送仍被视为一种以物流活动为主的业务形式。

● 配送是一种综合性物流活动。配送过程包含了采购、运输、储存、流通加工、物流信息处理等多项物流活动，是一种综合性很强的物流活动。

7.3.2　配送的种类

配送有许多种类和形式，可以从以下三个角度加以分类：

（1）按配送的数量及时间不同分

① 定量配送 —— 按规定的批量在一定时间范围内进行配送。其特点是配送数量相对固定或稳定，时间要求不十分严格，备货工作相对简单，运输效率较高。在运输手段上可采用集合包装、托盘、集装箱等设备，进一步提高配送效率。

② 定时配送 —— 按规定的时间间隔进行配送。其特点是间隔时间固定，配送数量和品种可按计划或按一定联络方式（电话、电子计算机网络）进行确定。有时，这种配送临时性较强，一定程度上增加了配送难度。

③ 定时定量配送 —— 按规定时间、规定的货物品种数量进行配送。其特点兼有定时和定量配送两种优点。但计划性很强、稳定性要求很高，故此类配送不很普遍。

④ 定时定量定点配送 —— 按照确定的周期，确定的货物品种和数量，计划确定的客户或用户进行配送。其特点表明配送中心与用户签有配送协议，并严格执行。适用于重点企业和重点项目的物流支持。

⑤ 即时配送 —— 完全按用户的配送时间、品种数量要求进行随时配送。其特点是以当天任务为目标，对临时性或急需货物进行配送。这种方式要求配送企业的配送资源相对富余。

（2）按配送的品种和数量分

① 少品种大批量配送 —— 对制造业所需的货物品种少但需求量大实行的配送。其特点是采用卡车运输、配送工作简单、配送成本低廉。

② 多品种小批量配送 —— 针对零售企业所需的货物品种多批量小的特点，通过配备齐全后，送达该企业或用户的配送。其特点是除了配备良好硬件设备外，还需要一流的业务操作水平和训练有素的管理水平。

③ 成套配套配送 —— 对那些装配型或流水线制造企业生产的需要，集合各种产品一切零部件，按生产节奏定时定量的配送。其特点适应于专业化生产和实现制造企业"零库存"的需要。

（3）按配送的组织形式分

① 分散配送 —— 销售网点或仓库根据自身或用户的需要，对小批量、多品种货物进行配送。其特点是分布广、服务面宽，适合于近距离、品种繁多的小额货物的配送。

② 集中配送（又称配送中心配送）—— 专门从事配送业务的配送中心针对社会性用户的货物需要而进行的配送。其特点是规模大、专业性强、计划性强，与客户关系稳定、密切，配送品种多、数量大，是配送的主要形式。

③ 共同配送 —— 若干企业集中配送资源，制定统一计划，满足用户对货物需求的配送形式。一般分成两种类型：一种是中小生产企业间通过合理分工和协商，实行共同配送；第二种是中小企业配送中心之间实现联合、共同配送。前者可以弥补配送资源不足的弱点；后者可以实现配送中心联合作业的优势，两者均可实现配送目的，创造共同配送。

7.3.3　配送模式及其选择

1. 配送模式

目前我国各企业系统、各地区都开展了配送业务，并在不断发展和壮大。就其实践过程来看，大致有以下几种模式：

① 企业内自营型配送模式——企业或企业集团通过独立组建配送中心，实现对其内部各部门、厂、站的货物供应，即配送。这种模式的配送中心只服务于企业内部，不对外提供任何配送服务。虽然是一种传统的"自给自足的小农意识"，形成了"大而全，小而全"形式，造成新的资源浪费，但是，实践表明这种模式保证和满足了企业内部对货物的需要，对企业的业务发展发挥了重要作用。美国沃尔玛公司所属的配送中心是一种典型的该类模式，它专门为本公司所属的连锁门店提供配送服务。这种模式适用于大企业或社会物流企业不能提供配送服务的场合。

② 单项服务外包型配送模式——一种具有相当规模的物流设施设备（包括库房、月台、车辆、操作机械）、专业经验、批发技能、储运以及其他物流业务的经营企业，根据和利用自身优势，承担和经营制造企业或流通企业在本地区或以外地区的市场开拓、商品营销而进行的纯配送业务。在这种模式下，制造企业或流通企业通过租用物流硬件设施，在现场设置办公系统来开展配送业务，提供场所的物流企业收取相应的费用，因此，可能缺乏经济收入的合理性。

③ 社会化的中介型配送模式——从事配送业务的企业通过与制造业或加工企业建立广泛的代理或买断关系，与零售商业企业形成的稳定契约关系，从而组合配送信息，按客户或用户的货物需求，实现配送。这是一种比较完整意义上的配送模式，得到多数物流、配送企业的重视。

④ 共同配送模式——一种配送经营企业之间为实现整体的配送合理化，以互惠互利为原则，互相提供便利的配送服务的协作型配送模式。

后两种共同配送模式是我国未来配送业务模式的发展趋势。

2. 配送模式的选择

在当今我国市场经济发展中，极其需要创建配送业务平台，支撑商品流转，满足生产和消费需要。但是，配送新理念在我国发展相当短暂，由于社会缺乏对配送的支持和投入，到目前为止尚未形成集约化和规模化的配送体系。因此，配送业务始终处于低谷期，而需要配送的企业就显得苍白而无力，一定程度上造成资源的浪费。如国内一些相当规模的连锁超市，虽然建立了内部配送中心，并严格实行统一采购、统一进货、统一配送，各分销网点同时得到了满足，但从经济效益或利益角度上分析，这是迫于一种无奈，最大潜能和效能远远没有发挥，始终充当"后勤兵"角色。当然这是一种选择。

传统批发体制的解体使得相当的物流设施和设备、物流专业技术人员等资源闲置，在这种状况下，物流企业委曲求全，租赁资源，依靠承揽单项服务外包配送业务，实现经济利益。这也是一种选择。

社会化的中介型配送企业模式是一种地道的独立经济模式，其实质是一种规模经营模式。根据我国巨大生产能力和消费能力，社会化中介配送和共同配送两种模式将是我国今后经济发展的开放的巨大平台，这种平台是一种最好的选择。

7.4　配送中心业务管理

配送中心作为流通领域的一种新形式，事实证明已经构筑了一条更为畅通的流通渠道。配送中心不仅是一种"门到门"的服务，更是一种现代化的送货方式，是大生产、专业化分工在流通领域的反映，它完善了整个物流系统，将支线运输和小搬运统一起来，使运输得以优化，提高末端物流的经济效益。同时，配送中心使分散库存得以集中，加强调控能力，实现企业低库存或零库存，最大限度满足企业生产或商品流通需要。因此，配送中心不仅只是一种服务供应性的工作方式，更是一种重要的流通渠道。

7.4.1　配送中心的概念和类型

1．配送中心的概念

配送中心是位于物流结点上，专门从事货物配送活动的经营组织或经营实体。配送中心的核心任务就是将货物送到指定用户或客户。为了实现这一核心任务，配送中心还要进行收集信息、订货、储存等一系列活动，基本集中了所有物流功能。因此，配送中心还有"小物流"之称。

配送中心是开展货物配送及其相关业务的场所，一个完整的配送中心其结构除了基本的硬件设施（包括货物场地、仓库和运输车辆）外，还必须具备保障配送中心各项业务活动有效运作的各种设备，还必须具备现代化经营和管理的计算机硬件和软件。

2．配送中心的类型

根据配送中心所发挥功能的不同，一般将其分为三类，既流通型配送中心（Tranfer Center，TC）、储存型配送中心（Distribution Center，DC）、加工型配送中心（Process Center，PC）。

流通型配送中心没有长期货物储存功能，仅以暂存或随进随出的方式进行配货、送货。比较典型的是：大量货物整进并按一定批量零出。其过程是，采用大型分货机对货物进行分拣传送，分送到用户单位或配送车辆上。其主要功能是分货与转运。货物流通路线为：用户向企业总部发出订货后，总部随即通知制造商送货到 TC，TC 负责对货物进行检验并进行分配，将属于同一区域的客户货物集合在车辆内，及时配送到各客户。

储存型配送中心具有极强的储存功能，这一功能体现出适应和调节用户或市场的需要。其主要功能是储存与转运。货物流通路线为：用户通过电脑向企业总部发出订货，DC 根据总部要求，下达出货指示，并配送至各客户。

加工型配送中心具有货物再加工功能，货物进入该中心后，经过进一步的简单加工后再进行配送。其主要功能是加工、包装和转送。货物流通路线与ＤＣ相类似，所不同的是货物的加工过程和货物再包装等作业过程。

7.4.2　配送中心的功能及作业流程

1. 配送中心的功能

配送中心为实现各用户货物需求目标，必须通过自身具体功能的体现，才能满足用户需求。其功能表现在以下方面：

（1）采购集货功能

配送中心从制造业或供应商那里采购大量的、品种齐全的货物。一般而言，在执行其功能时，应考虑以下要求：

- 加强对货物采购信息的收集和分析，包括货源信息、价格信息、运输信息。
- 建立稳定的与制造商或供应商合作伙伴关系，通过合作过程，选择诚实可信、声誉良好的供应商合作，可以杜绝假冒伪劣商品的混入，提高企业形象。
- 尽力降低采购集货风险，通过对商品市场的调查，了解商品供需状况，减少因采购批量不当而造成的库存积压。
- 确定采购集货操作时间，防止因采购不及时或因一次采购批量不足而造成商品销售脱销或停止生产。

（2）储存保管功能

配送中心必须保持一定水平的货物储存量。一方面，如果低于合理的储存量水平，可能带来负面效应。另一方面，储存量水平与一般仓库储存量有诸多不同，如品种花色、数量、要求等内容。因此，配送中心必须掌握或考虑其流动性很大这一特点，严格控制储存水平。

（3）分拣功能

由于配送中心面对广泛的用户且用户之间存在相当差异性，因此，必须对所需货物进行规模性分离、拣选，从而筛选出所需货物。

（4）加工功能

配送中心的加工主要是为了扩大和提高经营范围和配送服务水平，同时，还可以提高货物价值。加工形式主要有以下类型：

- 切割加工，即对整件货物通过分割形成等量或等额单元。
- 分装加工。为了便于生产或销售，货物按要求被重新包装成大包装、小包装、运输包装、销售包装等多种形式包装。
- 分选加工。由于购进货物在质量等级、规格、花色上存在一定差异，不利于生产或销售，必须进行有效的、有目的性人工或机械方式分选，以满足不同需求。

（5）连接功能

配送的连接功能主要表现在两个方面：第一，连接生产领域和消费领域的空间距离。许多供应商制造的货物通过配送中心送达各用户。第二，连接生产领域和消费领域的时间距离。由于货物的制造与货物的消费不可能保持时间一致，因此客观上存在供需矛盾，而配送中心就是通过其功能的发挥，有效地解决这一矛盾。

（6）信息处理功能

配送中心的整个业务活动必须严格按照订货计划或通知、用户的订单、库存准备计划等内容进行有效操作，而这一过程本身就是信息处理过程。如果没有信息，配送中心就是死水一潭。信息的处理具体表现在：

- 接受订货 —— 接受用户订货要求，经综合处理后，确定相应供货计划。
- 指示发货 —— 接受订货后，根据用户分布状况确定发货网点，通过计算机网络或其他方式向发货网点下达发货指示。
- 确定配送计划 —— 确定配送路线和车辆，选定最优配送计划并发出配送命令。
- 控制系统 —— 配送中心即时或定时了解采购情况、库存情况、加工情况、配送情况，以便准确、迅速、有效地处理业务。
- 与制造商和用户的衔接 —— 掌握制造商的情况，就能及时向制造商发出采购通知以便于进货，同时了解各用户对货物的要求，也便于及时储存货物和运输货物，满足用户需求。

2. 配送中心的作业流程

配送中心的作业流程形式有许多种类，主要取决于配送中心本身规模大小、设施条件、经营服务功能等诸多因素。根据配送中心的一般功能，其作业流程如图 7.9 所示。

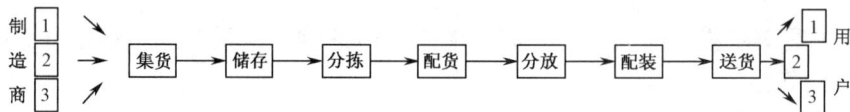

图 7.9　配送中心作业流程

（1）集货

集货过程包括货物采购、接货、验货和收货等具体内容。配送中心的信息中心每天汇总各用户销售和生产信息，汇总库存信息，然后向总部采购部门发出以上信息，由采购部门与制造商联系，发出订单，组织货物采购。配送中心根据制造商送来的订购货物组织入库作业，通过接货、验货和收货等不同程序，最终将合格货物存入库中。

（2）储存

储存是为了保证货物生产和销售的需要，在保持合理库存的同时，还要求货物储存不发生任何数量和质量变化。

（3）分拣、配货、分放

分拣和配货作业是在配送中心理货区内进行的。分拣是对确定需要配送的货物种类和数量进行挑选，其方式可采用自动化分拣设备和手工方式两种。配货也有两种基本形式：播种方式（"货到人"）和摘果方式（"人到货"）。所谓播种方式，是指将需要配送的同种货物从库区集中于发货区，再根据每个用户对货物需求进行二次分配。这种方式适用于品种集中或相同、数量比较大的情况。所谓摘果方式，是指利用分拣等在库区内为每个客户拣选其所需货物。这种方式适用于货物品种多但分散、数量少的情况。所谓"货到人"（Goods to Person，G2P）拣选方式，即在物流拣选过程中，人不动，货物被自动输送到拣选人面前，供人拣选。与"货到人"对应的拣选方式是"人到货"（P2G）拣选。"人到货"方式拣选效率受制于分拣人员是否熟悉货位分布、选取的拣选路线是否合理、拣选数量是否正确等因素。而"货到人"的拣选方式集成了先进的软硬件技术，使用超高速穿梭车进行分拣作业，拣选人员只需根据拣选台电子标签提示的数量，从周转箱中拣选相应数量的商品放入包装盒即可，不需要考虑货位、拣选路线等因素，打破了原有人对照订单去货位找货拣选的模式，有效地提高了作业效率，降低了错误率，人员也可减少 60%。"货到人"的拣选方式尤其适用于 SKU 数量多而深度浅，分拣作业量大而时效性要求高的电商及服装、化妆品、箱包等的拆零拣选。

分放往往是经分拣并配备好的货物由于不能立即发送，而需要集中在配装区或发货区等待统一发货。

（4）配装

为了提高装货车厢容积和运输效率，配送中心把同一送货路线上不同客户的货物组合、配装在同一载货车上，这样不但降低送货成本，而且减少运输数量，避免交通拥挤状况。

（5）送货

送货是配送中心作业流程的最终环节。一般情况下，配送中心利用自备运输工具或借助社会专业运输力量来完成送货作业。送货有的按照固定时间和路线进行；有的不受时间和路线的限制，机动灵活完成送货任务。

7.4.3　配送中心的内部组织体系

配送中心内部组织机构一般由行政职能部门、信息中心以及账务处理、仓库、运输等部门组成，如图 7.10 所示。

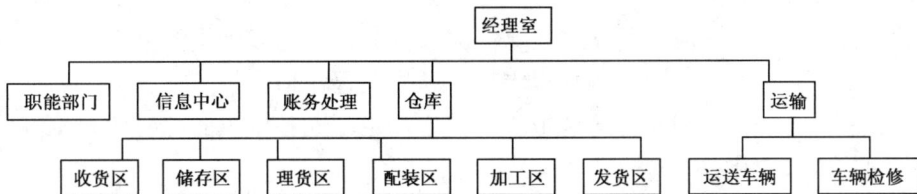

图 7.10　配送中心内部组织机构

1. 行政职能部门

行政职能部门包括行政经理室和职能管理部门。行政经理室的主要职责是负责配送中心全面、高效的货物配送业务运转，保证货物顺利流通，满足各用户对货物的需求。职能管理部门则从不同管理角度深层次配合和协调配送业务的展开，是经理室管理职能的延续。

2. 信息中心

信息中心是配送中心的信息处理部门，主要职责是对外负责和汇总各项信息，包括各用户的生产和销售信息、订货信息以及制造商或供应商信息；对内负责协调、组织各项业务活动信息等。

3. 账务处理部门

账务处理部门是配送中心专职处理业务单据的业务部门，其主要职责是记账和完成各类账单和报表，并保证其完整性，做好和监督业务单据的移交和签署；随时提供仓库和配送业务的进出存以及运输数据；改进和设计业务单据和数量，使之更趋合理和科学。

4. 仓库和运输部门

仓库和运输部门是配送中心的具体业务运作部门，是肩负着整个配送中心完成配送任务的两大力量。仓库除了储存货物外，还负有配送环节的其他业务，因此，设有理货区、配装区、加工区等功能区域。仓库的主要职责是及时有效安排货物进出库，保质保量货物的完整性，同时根据用户或客户的不同要求组织不同货物的加工、分拣、配装以满足业务单位需要。运输部门的主要职责是接受指令将已经完成的单元货物按照最优运送路线送至各用户单位或指定地点，最终实现配送业务。具体表现在预先规划送货路线，组配合理货物量，安排货运车辆和作业人员，完成各种配送单据的签署和交接，定期检修车辆设备使用状况和功能状况，保持其稳定性和安全性。

7.4.4　配送路线的选择

1．确定配送路线的原则

配送路线的选择对配送货物的速度、成本、利润有相当大的影响，所以采用合理和科学的方法确定路线尤为重要。

① 路程最短原则 —— 一种最为直观的原则。如果路程与成本相关程度高，其他因素可忽略不计时，是首选考虑的。

② 成本最低原则 —— 成本是配送核算的减项部分，是诸多因素的集合，较为复杂，在具体计算过程中，必须在同一范围内加以考虑，认同其最小值。

③ 利润最高原则 —— 利润是配送中心的核心，也是业务成果的综合体现。因此在计算时，力争利润数值最大化。

④ 吨公里最小原则 —— 这一原则在长途运输时被较多地利用和选择，在多种收费标准和到达站点的情况下最为适用。在共同配送时，也可选用此项原则。

⑤ 准确性最高原则 —— 准确性内容包括配送至各大用户的时间要求和路线合理选择的要求。如何协调这两个因素，有时操作起来比较困难，会造成与成本核算相矛盾，因此，要有全局观念。

⑥ 合理运力原则 —— 运力包括组织配送人员、配送货物和各项配送工具。为节约运力，必须充分运用现有运力，实现配送任务。

2．确定配送路线约束条件

① 满足用户或收货人对货物品种、规格、数量和质量的要求；
② 满足用户或收货人对货物送达的时间限制的要求；
③ 在允许通行的时间进行配送；
④ 配送的货物量不得超过车辆载重量和容积等指标要求；
⑤ 在配送中心现有生产力范围之内。

3．确定配送路线的方法

确定配送路线的方法很多，这里主要介绍其中一种 —— "节约里程法"。其基本原理思想是几何学中三角形一边长必定小于另外两边之和。使用该方法的前提条件如下：

- 配送的是同一货物；
- 各用户距离和需求量均为已知；
- 有足够的运输能力；

- 配送方案满足各用户要求;
- 运输车辆不出现超容和超载现象;
- 运输车辆不超过运行时间和里程。

根据上述前提条件,"节约里程法"的基本原理为:

如图 7.11 所示,假设:P_0 为配送中心,P_1、P_2 为配送用户点。

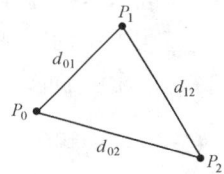

图 7.11 节约里程法

A 方案配送路线为

$$P_0 \rightarrow P_1 \rightarrow P_0 \rightarrow P_2 \rightarrow P_0$$

配送路线长度为

$$D_a = 2d_{01} + 2d_{02}$$

B 方案配送路线

$$P_0 \rightarrow P_1 \rightarrow P_2 \rightarrow P_0$$

配送路线长度为

$$D_b = d_{01} + d_{02} + d_{12}$$

对比上述 D_a 与 D_b 哪个最短,不难得出下式:

$$D_a - D_b = 2d_{01} + 2d_{02} - d_{01} - d_{12} - d_{02} = d_{01} + d_{02} - d_{12}$$

根据三角形任意两边之和大于第三边的原理,可以认为

$$D_a - D_b = d_{01} + d_{02} - d_{12} > 0$$

故:$D_a > D_b$

由 $D_a > D_b$ 可知,在这两种条件中,选用 B 方案。由此得出:配送中心 P_0 分别向多个用户(或 n 个用户)配送货物,如果在满足前提条件下,配送路线所经过的用户个数越多,则配送路线越短,配送方案也就越合理。

习题与思考题

一、应知目标考核题

(一)单项选择题

1. 分布最广,数量最多的物流结点是(   )。
   A. 物流中心　　　　　B. 配送中心　　　　　C. 仓库　　　　　D. 车站
2. 物流企业选择仓库的首要因素是(   )。
   A. 客户要求　　　　　B. 企业盈利形式　　　C. 技术因素　　　D. 与客户关系
3. 适用于重点企业和重点项目支持的配送方式是(   )。
   A. 定时配送　　　　　　　　　　　　　B. 定量配送
   C. 即时配送　　　　　　　　　　　　　D. 定时定量定点配送
4. 中小型企业间通过合理分工和协商,制定统一的计划,满足用户对货物需求的配送形式是(   )。
   A. 分散配送　　　B. 集中配送　　　C. 共同配送　　　D. 成套配送

(二)判断题

1. 配送处于物流活动的末端。(   )

2．仓库作业过程中，为提高登账工作质量，必须做到"日账日清"。（　　）

3．"以防为主，防治结合"是维护保养的基本方针。（　　）

4．长途运输时，企业会比较多地利用吨公里最小原则。（　　）

（三）名词解释

仓库　　自动化立体仓库　　　配送　　　配送中心　　共同配送模式

（四）问答题

1．如何对仓库进行分类？

2．如何正确理解和运用仓库主要经济技术参数？其分别体现哪些特点？

3．简述仓库作业流程。

4．在一般情况下，如何对储存货物实施养护措施和手段？

5．配送有哪些具体类型？

6．我国目前有哪几种配送模式？较有发展前途的模式有哪些？简述之。

7．简述配送中心的类型和功能。

8．如何对配送中的作业流程加以正确管理？

9．如何在配送中应用"节约里程法"的核心内容？

二、应会能力测试题

（一）由教师组织学生参观仓储企业

要求学生描述仓库作业组织流程，画出流程图，并提出改进意见。

（二）建议教师组织学生到连锁企业的配送中心实习

通过实习，让学生了解配送中心的作业管理，并能针对配送中心在配送过程中选择配送路线的方式进行评价，提出如何进一步优化的思路。

（三）请结合案例进行相关计算

某仓库占地 20 000 米^2，7 月 1 日库内有货物 1 万吨，到 8 月 1 日为止的一个月的使用期内，共入库货物 5 000 吨，出库货物 5 000 吨，每天出入库大体均衡，该仓库共有员工 15 人，本月共计仓储成本 12 万元。

求：

1．该仓库 8 月 1 日单位面积储存量；

2．平均保管费用；

3．每人每日收发货吨数。

第8章　包装与物料的搬运

应知目标

- 了解包装材料的种类
- 熟悉各种包装技术
- 明白包装标准化对整个物流活动的影响
- 了解不同的运输方式应选用的包装材料
- 熟悉装卸搬运工具和类型

应会目标

- 能够根据产品特点正确选择包装容器与包装技术
- 学会装卸搬运的基本形式，并能进一步提出装卸搬运的改进措施

　　包装是物流过程的起点，也是保证物流活动顺利进行的重要条件。合理化的包装能够保护商品不受损坏，便于集中运输，获得最佳的经济效果，同时还要能分割及重新组合适应多种装运条件及分货要求。包装材料的选用及包装技术的正确运用是包装合理的基本条件。

　　物流系统各个环节的先后或同一环节的不同活动之间，都必须进行装卸搬运。合理的装卸搬运需要能够有效防止和消除无效作业，通过重力做功实现省力化，不断提高搬运活性，科学地选择一次搬运量和包装重量。

8.1　包装与包装技术

8.1.1　包装及其作用

　　包装是为在流通过程中保护产品、方便储运、促进销售，按一定技术方法而采用的容器、材料及辅助物等的总体名称；也指为了达到上述目的而采用容器、材料和辅助物的过程中施加一定技术方法等的操作活动。

　　在社会再生产过程中，包装处于生产过程的末尾和物流过程的开头，既是生产的终点，又是物流的起点。作为生产的终点，产品生产工艺的最后一道工序是包装。因此，包装对生产而言，标志着生产的完成，也就是说，包装必须根据产品的性质、形状和生产工艺来进行，必须满足生产的要求；作为物流的起点，包装完成之后，被包装了的产品便有了物流的能力，在整个物流过程中，包装便可发挥对产品的保护作用和方便物流的作用，最后实现销售。从这个意义上来说，包装对物流有决定性作用。

　　包装有三大特性，即保护性、单位集中性及便利性。这三大特性具有保护商品、方便物流、促进销售、方便消费等四方面的作用。

　　（1）保护商品

　　保护商品是包装的首要功能，是确定包装方式和包装形态时必须抓住的主要矛盾。只有有效的保护，才能使商品不受损失地完成流通过程，实现所有权的转移。

包装的作用体现在下述几个方面：

- 防止商品破损变形。这就是要求包装能承受在装卸、运输、保管过程中各种力的作用，如冲击、震动、颠簸、压缩等，形成对外力破坏抵抗的防护作用；
- 防止商品发生化学反应，即防止商品吸潮发霉、变质、生锈，这就要求包装能在一定程度上起到阻隔水分、溶液、潮气、光线、空气中酸性气体的作用，起到对环境、气象的影响进行保护的作用；
- 防止腐朽霉变、鼠咬虫食，这就要求包装有阻隔霉菌、虫、鼠侵入的能力，形成对生物的防护作用。

此外，包装还有防止异物混入、污物污染，防止丢失、散失、盗失等作用。

（2）单元化

包装有将商品以某种单位集中的功能，这就是单元化。包装单元的规格要视商品生产的情况，消费的情况以及商品种类、特征，还有物流方式和条件而定。一般来说，包装的单元化主要应达到两个目的：方便物流和方便商业交易。

从物流方面来考虑，包装单位的大小要和装卸、保管、运输条件的能力相适应。在此基础上应当尽量做到便于集中输送以获得最佳的经济效果，同时又要求能分割及重新组合以适应多种装运条件及分货要求；从商业交易方面来考虑，包装单位大小应适合于进行交易的批量，在零售商品方面，应适合于消费者的一次购买。

（3）便利性

商品的包装还有方便流通及方便消费的功能，这就要求包装的大小、形态、包装材料、包装重量、包装标志等各个要素都应为运输、保管、验收、装卸等各项作业创造方便条件，也要求容易区分不同商品并进行计量。包装及拆装作业，应当简便、快速，拆装后的包装材料应当容易处理。

（4）促销

商品的包装就是"无声的推销员"，在商业交易中促进销售的手段很多，包装也是其中之一。恰当的包装能够唤起人们的购买欲望。包装的外部形态、装潢和广告说明一样，是很好的宣传品，对顾客的购买行为起着说服的作用。由此看来，适当的包装可以推动商品销售，有很大的经济意义。

8.1.2　包装材料

包装材料是形成商品包装的物质基础，是商品包装各种功能的具体承担者，是构成商品包装使用价值最基本的要素。因此，了解包装材料对深入分析研究商品包装使用价值具有重要意义。

1. 包装材料应具备的性能

从现代商品包装具有的使用价值来看，包装材料应具有以下几个方面的性能：

- 保护性能 —— 保护内装物，防止其变质，保证其质量。对此应研究包装材料的机械强度、防潮防水性、耐腐蚀性、耐热耐寒性、透光性、透气性、防紫外线穿透性、耐油性、适应气温变化性、无毒、无异味等。
- 加工操作性能 —— 易加工、易包装、易填充、易封合，且效率高而适应自动包装机械操作。对此应研究包装材料的刚性、挺力、光滑度、易开口性、热合性、防静电性等。

- 外观装饰性能 —— 材料的形、色、纹理的美观性，能产生陈列效果，提高商品价值和激发购买欲望。对此应研究包装材料的透明度、表面光泽、印刷适应性、不因带静电而吸尘等。
- 方便使用性能 —— 便于开启包装和取出内装物，便于再封闭，对此应研究包装材料的开启性能、不易破裂等。
- 节省费用性能 —— 指经济、合理地使用包装材料，对此要研究节省包装材料费用、包装机械设备费用、劳动费用、包装效率、自身重量等。
- 易处理性能 —— 包装材料要有利于环保，有利于节省资源，对此要研究回收再生等。

包装材料的有用性能，一方面来自材料本身的特性；另一方面还来自于各种材料的加工技术。随着科学技术的发展，新材料、新技术的不断出现，包装材料满足商品包装的有用性能在不断完善。

2．包装材料的选用

常用的包装材料有金属、玻璃、木材、纸、塑料等。

（1）金属材料的选用

用于包装材料的金属材料有以下几种：

- 镀锡薄板 —— 俗称马口铁，是表面镀有锡层的薄钢板。由于锡层的作用，除有一般薄钢板的优点以外，还有很强的耐腐蚀性，不同钢基成分和钢板工艺有不同调质加工性能，可加工成各种形状的容器。主要用作制造高档罐容器，如各种饮料罐、食品罐等。表面装潢之后为工业和商业包装合一的包装。
- 涂料铁 —— 由镀锡薄板一面涂以涂料加工制成，以有利于盛装各种食品。主要用于制造食品罐。
- 铝合金 —— 以铝为主要合金元素的各种铝合金，按照其他合金元素种类及含量不同，有许多型号，分别可制铝箔、饮料罐、薄板、铝板及型材，可制成各种包装物，如牙膏皮、饮料罐、食品罐、航空集装箱等。也可与塑料等材料复合制成复合薄膜，用作商业小包装材料。铝合金包装材料的主要特点是隔绝水、汽及一般腐蚀性物质的能力较强，强度重量比大，因而包装材料轻、无效包装较少、无毒、外观性能好，易装饰美化。

（2）玻璃、陶瓷

玻璃、陶瓷的主要特点是有很强的耐腐蚀性能，强度较高，装潢、装饰性能好，因此广泛用于商业包装，较多用于个装，有宣传、美化的推销作用。玻璃用于运输包装，主要是指存装化工产品如强酸类的大型容器，其次是指玻璃纤维复合袋存装化工产品和矿物粉料上应用；玻璃用于销售包装，主要是玻璃瓶和平底杯式的玻璃罐，用来存装酒、饮料、其他食品、药品、化学试剂、化妆品和文化用品等。

（3）木材

木材是一种优良的结构材料，它长期以来一直用于制作运输包装，近年来虽然有逐步被其他材料所替代的趋势，但仍在一定范围内使用，在包装材料中占有一定的比重。木材主要使用板材制作各种包装箱，常用包装木材有杉木、松木等。以木材为原料制成的胶合板、纤维板、刨花板等板材也用于制作包装箱、桶等。

（4）纸及纸制品

纸及纸制品既广泛应用于运输包装，又广泛应用于销售包装。常用的包装纸类制品有以下几种：

- 牛皮纸 —— 可用作铺衬、内装和外装，可制成纸袋，还可用作瓦楞纸面层，有较高强度和耐磨性，柔韧性也好，有一定的抗水性。
- 玻璃纸 —— 透明或半透明的防油纸，用于内装、小包装和盒外、瓶外封闭包装，有装饰、绝潮隔尘等作用。其主要特点是美观、透明，有很强的装饰性能，缺点是强度较低。
- 植物羊皮纸 —— 用硫酸处理的半透明纸，也称硫酸纸。主要用于带一定装饰性的小包装，如用于包装食品、茶叶、药品等，可在长时间存放中防止受潮、干硬、走味。
- 沥青纸、油纸及蜡纸 —— 由包装原纸经浸渍沥青或油、蜡而制成，有较强的隔水、隔汽、耐磨的保护性能。主要用于个装、内装和箱、盒包装内衬，工业品包装中较多采用。
- 板纸 —— 有以稻草及其他植物纤维为原料的档次比较低的草板纸（又称黄板纸）、以多层结构而面层用漂白纸浆制的高档白板纸和密度较高的箱板纸三种类型。草板纸用作包装衬垫物及不讲究外观效果的包装匣、盒；白纸板用于价值较高商品的内装及中、小包装外装；箱板纸用于强度要求较高的纸箱、纸盒、纸桶。
- 瓦楞纸板 —— 纸质包装材料中最重要的一种，由两层纸板和芯层瓦楞芯纸黏合而构成。面层纸板主要是箱板纸。瓦楞芯可制成不同形状，按芯的瓦楞高度和密度分为 A、B、C、D 四种，工业品包装采用较厚的、强度较高的 A、B、C 三种，各种瓦楞纸板主要参数及性能如表 8.1 所示。

表 8.1　瓦楞纸板种类及主要性能

种类	瓦楞高/mm	瓦楞数/m	耐平面压力排序	耐垂直压力排序	耐平行压力排序
A	4.5～4.8	120	3	1	3
B	2.5～3.0	170	1	3	1
C	3.5～3.7	140	2	2	2
D	1.1～1.2	320			

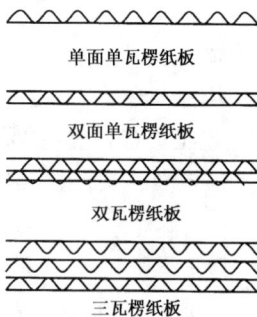

单面单瓦楞纸板

双面单瓦楞纸板

双瓦楞纸板

三瓦楞纸板

图 8.1　瓦楞纸板

瓦楞纸单层强度有限，为扩展其包装适用范围，瓦楞纸板可制成多种层形的（如图 8.1 所示）：有仅一张面层和一层瓦楞的单面瓦楞纸板；有一层芯层和两层纸板的三层瓦楞纸板；有三张面层和二层芯层复合的五层瓦楞纸板；还有四张面层和三层芯层的七层瓦楞纸板。瓦楞纸板的主要特点是和相同厚度的其他纸制品相比，重量轻、强度性能好，有很好的抗震性及缓冲性，其生产成本也较低，面层有一定装饰和促销作用。

8.1.3　包装技术及其应用

1. 包装容器技术及其应用

（1）包装袋

包装袋是柔性包装中的重要技术，包装袋材料是挠性材料，有较高的韧性、抗拉强度和耐磨性。一般包装袋结构是筒管状结构，一端预先封死，在包装结束后再封装另一端，包装操作一般采用填充操作。包装袋广泛适用于运输包装、商业包装、内装、外装，因而使用较为广泛。包装袋一般分成下述三种类型：

- 集装袋 —— 一种大容积的运输包装袋，盛装重量在 1 吨以上。集装袋的顶部一般装有金属吊架或吊环等，便于铲车或起重机的吊装、搬运。卸货时可打开袋底的卸货孔，即行卸货，非常方便。适于装运颗粒状、粉状的货物。集装袋多由聚丙烯、聚乙烯等聚酯纤维纺织而成。由于集装袋装卸货物、搬运都很方便，装卸效率明显提高，近年来发展很快。
- 一般运输包装袋 —— 这类包装袋的盛装重量是 0.5～100 公斤，大部分是由植物纤维或合成树脂纤维纺织而成的织物袋，或者由几层挠性材料构成的多层材料包装袋。例如，麻袋、草袋、水泥袋等。主要包装粉状、颗粒状和个体小的货物。
- 小型包装袋（或称普通包装袋）—— 这类包装袋盛装重量较小，通常用单层材料或双层材料制成。对某些具有特殊要求的包装袋也有用多层不同材料复合而成的。包装范围较广，液状、粉状、块状和异形物等可采用这种包装。

上述几种包装袋中，集装袋适于运输包装，一般运输包装袋适于外包装及运输包装，小型包装袋适于内装、个装及商业包装。

（2）包装盒

包装盒是介于刚性包装和柔性包装之间的包装技术。包装盒的材料有一定挠性，不易变形，有较高的抗压强度，其刚性高于袋装材料。包装结构是规则几何形状的立方体，也可裁制成其他形状，如圆盒状、尖角状，一般容量较小，有开闭装置。包装操作一般采用码入或装填，然后将开闭装置闭合。包装盒整体强度不大，包装量也不大，不适合做运输包装，适合做商业包装、内包装，适合包装块状及各种异形物品。

（3）包装箱

包装箱是刚性包装技术中的重要一类。包装材料为刚性或半刚性材料，有较高强度且不易变形。包装结构和包装盒相同，只是容积、外形都大于包装盒，两者通常以 10 升为分界。包装操作主要为码放，然后将开闭装置闭合或将一端固定封死。包装箱整体强度较高，抗变形能力强，包装量也较大，适合做运输包装、外包装，包装范围较广，主要用于固体杂货包装。主要包装箱有以下几种：

① 瓦楞纸箱。瓦楞纸箱是用瓦楞纸板制成的箱形容器。按瓦楞纸箱的外形结构分类有折叠式瓦楞纸箱、固定式瓦楞纸箱和异形瓦楞纸箱三种。按构成瓦楞纸箱体的材料来分类，有瓦楞纸箱和钙塑瓦楞箱。

② 木箱。木箱是流通领域中常用的一种包装容器，其用量仅次于瓦楞纸箱。木箱主要有木板箱、框板箱、框架箱三种。

- 木板箱 —— 一般用作小型运输包装容器，能装载多种性质不同的物品。木板箱作为运输包装容器具有很多优点，如具有抗拒碰裂、溃散、戳穿的性能，有较大的耐压强度，能承受较大负荷，制作方便等。但木板箱的箱体较重，体积也较大，其本身没有防水性。

- 框板箱 —— 先由条木与人造材板制成的箱框板，再经钉合装配而成。
- 框架箱 —— 由一定截面的条木构成箱体的骨架，根据需要也可在骨架外面加木板覆盖。这类框架箱有两种形式，无木板覆盖的称为敞开式框架箱，有木板覆盖的称为覆盖式框架箱。框架箱由于有坚固的骨架结构，因此具有较好的抗震性和抗扭力，有较大的耐压能力，而且其装载量大。

③ 塑料箱。塑料箱一般用作小型运输包装容器，其优点是自重轻，耐腐蚀性好，可装载多种商品，整体性强，强度和耐用性能满足反复使用的要求，可制成多种色彩以对装载物分类，手握搬运方便，没有木刺，不易伤手。

④ 集装箱。集装箱是由钢材或铝材制成的大容积物流装运设备，从包装角度看，也属于一种大型包装箱，可归属于运输包装的类别之中，也是大型反复使用的周转型包装（详见本章 8.3 节）。

（4）包装瓶

包装瓶是瓶颈尺寸有较大差别的小型容器，是刚性包装中的一种。包装瓶材料有较高的抗变形性能，刚性、韧性要求一般也较高，个别包装瓶介于刚性与柔性材料之间。包装瓶的形状在受外力时虽然可以发生一定程度变形，但外力一旦撤除，仍可恢复原来瓶形。包装瓶结构是瓶颈口径远小于瓶身，且在瓶颈顶部开口；包装操作是填灌操作，然后将瓶口用瓶盖封闭。包装瓶包装量一般不大，适合美化装潢，主要用作商业包装、内包装使用。主要包装液体、粉状货物。包装瓶按外形可分为圆瓶、方瓶、高瓶、矮瓶、异形瓶等若干种。瓶口与瓶盖的封盖方式有螺纹式、凸耳式、齿冠式、包封式等。

（5）包装罐（筒）

包装罐是罐身各处横截面形状大致相同，罐颈短，罐颈内径比罐身内径稍小或无罐颈的一种包装容器，是刚性包装的一种。包装材料强度较高，罐体抗变形能力强。包装操作是填装操作，然后将罐口封闭，可做运输包装、外包装，也可做商业包装、内包装用。包装罐（筒）主要有三种：

- 小型包装罐 —— 典型的罐体，可用金属材料或非金属材料制造，容量不大，一般是做销售包装、内包装，罐体可采用各种方式装潢美化。
- 中型包装罐 —— 其外形也是典型罐体，容量较大，一般用作化工原材料、土特产的外包装，起到运输包装的作用。
- 集装罐 —— 一种大型罐体，外形有圆柱形、圆球形、椭球形等，卧式、立式都有。集装罐往往是罐体大而罐颈小，采取灌填式作业，罐填作业和排出作业往往不在统一罐口进行，另设卸货出口。集装罐是典型的运输包装，适合包装液状、粉状及颗粒状货物。

2．包装的保护技术

（1）防震保护技术

防震包装又称缓冲包装，是指为减缓内装物受到冲击和震动，保护其免受损坏所采取的一定防护措施的包装。防震包装主要有以下三种方法：

- 全面防震包装方法：指内装物和外包装之间全部用防震材料填满进行防震的包装方法。
- 部分防震包装方法：对于整体性好的产品和有内装容器的产品，仅在产品或内包装的拐角或局部地方使用防震材料进行衬垫即可。所用包装材料主要有泡沫塑料防震垫、充气型塑料薄膜防震垫和橡胶弹簧等。
- 悬浮式防震包装方法：对于某些贵重易损的物品，为了有效地保证在流通过程中不被损坏，外包装容器比较坚固，然后用绳、带、弹簧等将被装物悬吊在包装容器内，在物流过程中，内装物被稳定悬吊而不与包装容器发生碰撞，从而减少损坏。

（2）防破损保护技术

缓冲包装有较强的防破损能力，因而是防破损包装技术中有效的一类。此外还可以采取以下几种防破损保护技术：

- 捆扎及裹紧技术：捆扎及裹紧技术的作用是使杂货、散货形成一个牢固整体，增加整体性，防止散堆来减少破损。
- 集装技术：利用集装，减少与货体的接触，从而防止破损。
- 选择高强保护材料：通过外包装材料的高强度来防止内装物受到外力作用而破损。

（3）防锈包装技术

- 防锈油防锈蚀包装技术：大气锈蚀是空气中的氧、水蒸气及其他有害气体等作用于金属表面引起电化作用的结果。防锈油包装技术可以使金属表面与引起大气锈蚀的各种因素隔绝，达到防止金属大气锈蚀的目的。用防锈油封装金属制品，要求油层要有一定的厚度，油层的连续性能好，涂层完整。不同类型的防锈油要采用不同的方法进行涂覆。
- 气相防锈包装技术：用气相缓蚀剂（挥发性缓蚀剂），在密封包装容器中对金属制品进行防锈处理的技术。气相缓蚀剂是一种能减慢或完全停止金属在侵蚀性介质中的破坏过程的物质，它在常温下即具有挥发性，它在密封包装容器中，在很短的时间内挥发或升华出的缓蚀气体就能充满整个包装容器，同时吸附在金属制品的表面上，从而起到抑制大气对金属锈蚀的作用。

（4）防霉腐包装技术

包装防霉烂变质的措施通常是采用冷冻包装、真空包装或高温灭菌的方法。冷冻包装可减慢细菌活动和化学变化的过程，延长储存期，但不能完全消除食品的变质；高温杀菌法可消灭引起食品腐烂的微生物；有些经干燥处理的食品包装，应防止水汽侵入以防腐，可选择防水汽和气密性好的包装材料，采取真空和充气包装。采用真空包装，要注意避免过高的真空度，以防止损伤包装材料。

防止运输包装内货物发霉，还可使用防霉剂，用于食品的必须选用无毒防霉剂。机电产品的大型封闭箱，可酌情开设通风孔或通风窗等相应的防霉措施。

（5）防虫包装技术

防虫包装技术常用的是驱虫剂，即在包装中放入有一定毒性和嗅味的药物，利用药物在包装中挥发气体杀灭和驱除各种害虫。常用的驱虫剂有萘、对位二氯化苯、樟脑精等。也可以采用真空包装、充气包装、脱氧包装等技术，使害虫失去生存环境，从而防止虫害。

（6）危险品包装技术

危险品有上千种，按其危险性质，可划分为 10 大类，即爆炸性物品、氧化剂、压缩气体和液化气体、自燃物品、遇水燃烧物品、易燃液体、易燃固体、毒害品、腐蚀性物品、放射性物品等，有些物品同时具有两种以上危险性能。

对易燃、易爆商品，如有强氧化性的，遇有微量不纯物或受热急剧分解引起爆炸的商品，防爆炸包装的有效方法是采用塑料桶包装，然后将塑料桶装入铁桶或木箱中。每件净重不超过 50 公斤，并应有自动放气的安全阀，当桶内达到一定气体压力时，能自动放气。

对黄磷等易自燃的商品，可以把它装入壁厚不小于 1 毫米的铁桶中，桶内壁应涂耐酸保护层，桶内盛水，并使水面浸没商品，桶口严密封闭，每桶净重不超过 50 公斤。

对有腐蚀性的商品，要注意商品和包装容器的材质发生化学变化。金属类的包装容器要在容器壁涂上涂料，防止腐蚀性商品对容器的腐蚀。例如，甲酸易挥发，其气体有腐蚀性，应装入良好的耐酸坛、玻璃瓶或塑料桶中，严密封口，再装入坚固的木箱或金属桶中。

对有毒商品的包装要明显地标明有毒的标志。防毒的主要措施是包装严密不漏、不透气。例如，用作杀鼠剂的磷化锌有剧毒，应用塑料袋严封后再装入木箱中，箱内用两层牛皮纸、防潮纸或塑料薄膜衬垫，使其与外界隔绝。

（7）特种包装技术

① 收缩包装 —— 用收缩薄膜裹包物品，然后对薄膜进行适当加热处理，使薄膜收缩而紧贴于物品的包装技术方法。收缩薄膜是一种经过特殊拉伸和冷却处理的聚乙烯薄膜，由于薄膜在定向拉伸时产生残余收缩应力，这种应力受到一定热量后便会消除，从而使其横向和纵向均发生急剧收缩，同时使薄膜的厚度增加，收缩率通常为 30%～70%，收缩力在冷却阶段达到最大值，并能长期保持。

② 拉伸包装 —— 20 世纪 70 年代开始采用的一种新包装技术。它是由收缩包装发展而来的，拉伸包装是依靠机械装置在常温下将弹性薄膜围绕被包装件拉伸、裹紧，并在其末端进行封合的一种包装方法。由于拉伸包装不需要进行加热，所以消耗的能源只有收缩包装的 1/20。拉伸包装可以捆包单件物品，也可用于托盘包装之类的集合包装。

③ 真空包装 —— 将物品装入气密性容器后，在容器封口之前抽真空，使密闭后的容器内基本没有空气的一种包装方法。一般的肉类商品，以及某些容易氧化变质的商品都可以采用真空包装，真空包装不但可以避免或减少脂肪氧化，而且抑制了某些霉菌和细菌的生长。同时在进行加热的过程中，容器内部气体易被排除，则加速了热量的传导，提高了高温杀菌效率，也避免了加热杀菌时，由于气体的膨胀而使包装容器破裂。

④ 充气包装 —— 采用二氧化碳气体或氮气等不活泼气体置换包装容器中空气的一种包装技术，因此也称为气体置换包装。这种包装方法是根据好氧性微生物需氧代谢的特性，在密封的包装容器中改变气体的成分，降低氧气的浓度，抑制微生物的生理活动、酶的活性和鲜活商品的呼吸强度，达到防霉、防腐和保鲜的目的。

⑤ 脱氧包装 —— 继真空包装和充气包装之后出现的一种新型除氧包装方法。脱氧包装是在密封的包装容器中，使用能与氧气起化学作用的脱氧剂与之反应，从而除去包装容器中的氧气，以达到保护内装物的目的。脱氧包装的方法适用于某些对氧气特别敏感的物品，使用于那些即使有微量氧气也会促使品质变坏的食品包装中。

8.2　包装合理化

研究商品包装的目标是寻求商品包装的正确选优和开发，其最终目标是寻求商品包装的合理化。包装合理化是物流合理化的组成部分，从物流的角度来看，包装合理化不仅仅是包装本身合理化与否的问题，而且是在整个物流大环境下的包装合理化。

8.2.1　包装合理化的概念及要点

包装合理化一方面包括包装总体的合理化，这种合理化往往用整体物流效益与微观包装效益统一来衡量；另一方面也包括包装材料、包装技术、包装方式的合理组合及运用。

从多个角度来考察，包装合理化应满足多方面的要求。因此，我们在进行包装合理化的过程中应注意以下几方面：

① 包装应妥善保护内装商品，使其质量不受损伤。这就要制订相应的适宜标准，使包装物的强度恰到好处地保护商品质量免受损伤。除了要在运输装卸时经得住冲击、震动之外，还要具有防潮、防水、防霉、防锈等功能。

② 包装材料和包装容器应当安全无害。包装材料要避免有聚氯联苯之类的有害物质。包装容器的造型要避免对人引起伤害。

③ 包装容量要适当，便于装卸。不同的装卸方式决定着包装的容量。例如，采用人工操作的装卸方式时，包装的重量必须限制在手工装卸的允许能力下，包装的外形及尺寸也应适合于人工操作。在工人权利和健康受保护的今天，为减轻工人体力消耗，包装的重量一般应控制在工人体重的 40%较为科学，即男劳动力 20～25 公斤，女劳动力 15～20 公斤比较合适。当然，这并不等于说包装的重量越轻越好。包装重量太轻，工人的装卸频率要增加，也容易引起疲劳和降低效率；同时，对于过轻包装，工人往往将两个合并操作，也容易造成损失。如果采用机械装卸，包装的尺寸和质量都可大大增加。例如，采用集装箱做外包装，其重量可高达 10 吨以上。当然，衡量包装是否先进，也不能脱离物流的其他环节而孤立地进行。

④ 对包装容器的内装物要有贴切的标志或说明。商品包装物上关于商品质量、规格的标志或说明，要能贴切地表示内装物的性状，尽可能采用条形码，便于出入库管理、保管期间盘点及销售统计。

⑤ 包装内商品外围空闲容积不应过大。为了保护内装商品，不可避免地会使内装商品的外围产生某种程度的空闲容积，但合理包装要求空闲容积减小到最低限度，防止过大包装。由于商品的性状、形状及包装功能的不同，关于包装物内部的空闲容积率也很难提出一个统一的要求，但可以考虑一个适宜的限度，对于不同类的商品要分别规定相应的空闲容积率。一般情况下，空闲容积率最好降低到 20%以下。对于混装的、形状特殊和易损坏的商品，超过这一标准，只要合理也是允许的。另外，有些商品空闲容积率低于 20%，但不合乎合理包装的要求，也是不允许的。

⑥ 包装费用要与内装商品相适应。包装费用应包括包装本身的费用和包装作业的费用。包装费用必须与内装商品相适应，但不同商品对包装要求不同，所以包装费用占商品价格的比率是不相同的。一般来说，对于普通商品，包装费用应低于商品售价的 15%，这只是一个平均比率。例如，有些包装如金属罐，所起的作用大，已成为商品的一部分，包装费用的比率超过 15%也是合理的；手纸的包装，起的作用小，包装费用比率不超过 15%，仍有不合理的可能。

⑦ 包装要便于回收利用或废弃物的治理。包装应设法减少其废弃物数量，在制造和销售商品时，就应注意包装容器的回收利用或成为废弃物后的治理工作。近年来广泛采用一次性使用的包装和轻型塑料包装材料，消费者用过之后随手扔掉，从方便生活和节约人力角度来看，是现代包装的发展方向，但又同时产生了大量难以处理的垃圾，带来了环境污染及资

源浪费等社会问题。可循环使用包装的运用，有利于减少污染及浪费，但目前由于该方式包装材料成本高、空包装回收困难，还没有为大多数企业所接受。

8.2.2　运输对包装的要求

1. 海洋运输对包装的要求

货物包装的目的是保护货物本身质量和数量上的完整无损；便于装卸、搬运、堆放、运输和理货；对危险品货物包装还有防止其危害性的作用。由于海洋运输的在途时间长，船舶遇风浪易颠簸，货物常常需要多层叠放，对货物包装的防震、防破损及防潮要求较高，常见的海运包装形式有：

- 箱 —— 主要有木箱（Wood Case Box）、纸箱（Carton）、纸板箱（Card Board）、框箱（Crate）、爽板箱（Plywood box）、柳条箱（Willow Case）、胶合板箱（Veneer）、明格箱（Skeleton case）等。
- 捆包 —— 主要有麻布包（Jute Bale）、布包（Cloth Bale）、压缩包（Pressed Bale）等。
- 袋 —— 主要有麻袋（Jute Bag）、草袋（Straw Bag）、布袋（Cloth Bag）、聚乙烯袋（Polyethylene Bag）、牛皮纸袋（Kraft Bag）等。
- 桶 —— 主要有琵琶桶（Barrel）、一般桶（Keg, Cask）、铁桶（Drum）、大木桶（Hogsheed）。

2. 航空运输对包装的要求

为了保证飞行安全和货物的正常运输，托运人应根据货物的性质、形状、重量、体积和空运特点，妥善、合理地进行包装。

（1）一般要求

- 空运货物的包装应坚固、完好、轻便，且在运输过程中保证符合下列要求：包装不破裂；内装物不漏失；填塞要牢，内装物相互不摩擦、碰撞；不散发异味；不因气压、气温变化而引起货物变质；不伤害机上人员和操作人员；不污损飞机、设备和机上其他装载物；便于装卸操作。
- 为了不使密封舱飞机的空调系统堵塞，不得用带有碎屑、草末等材料做包装，如草袋、草绳、粗麻包等。包装的内衬物，如谷糠、木屑、锯末、纸屑等不得外漏。
- 包装外部不能有突出的棱角，也不能有钉、钩、刺等。包装外部必须清洁、干燥，没有异味和油腻。
- 托运人应在每件货物的包装上详细写明收货人，写清通知人和托运人的姓名、地址。当包装表面不能书写时，可写在纸板、木牌或布条上，再拴挂在货物上。填写时字迹必须清楚、明晰。
- 包装容器的材料要良好，不得用腐朽、虫蛀、锈蚀的材料。不管木箱、纸箱或其他容器，为了安全，必要时可用塑料、铁箍加固。

（2）对某些货物的包装要求

- 液体货物：不论瓶装、罐装或桶装，容器内必须留有 5%～10% 的空隙，封盖严密，容器不得渗漏；用陶瓷、玻璃容器盛装的液体，每一容器的容量不得超过 500 毫升，并需要外加木箱包装，箱内要有内衬物和吸湿材料。内衬物要填牢实，以防内装容器碰撞破碎；用陶瓷、玻璃容器盛装的液体货物，外包装上应加贴"易碎物品"标贴。

- 易碎物品：每件重量一般不超过 25 公斤，必须用木箱包装，必须用衬物填塞牢实，包装上应贴"易碎物品"标贴。
- 精密仪器和电子管：多层次包装，内衬物要有一定的弹性，但不得使货物移动位置和互相碰撞摩擦；悬吊式包装，用弹簧悬吊在木箱内，适于电子管运输；加大包装底盘，不使货物倾倒；包装上应加贴"易碎货物"和"不可倒置"标贴。
- 裸装货物：不怕碰压的货物（如轮胎等），可以不用包装；但不易点数或容易碰坏飞机的，仍需妥善包装。
- 混运货物：一批货物中包含有不同物品，则称为混运货物。这些物品可装在一起，也可以分别包装，但不得包括下列物品：贵重货物；动物；尸体、骨灰；外交信袋；作为货物运送的行李。
- 特种货物：包括贵重货物、动物、危险物品、尸体、骨灰、鲜活易腐货物等，其包装按规定办理。

（3）包装方式

航空货物的包装方式大体有以下几种：

- 木箱（Wood Case）；
- 纸箱（Carton）；
- 条板箱（Crate）（或柳条箱）；
- 袋（Bag）；
- 小包（Parcel）；
- 中小包或捆（Package）；
- 大包或捆（Bale）；
- 圆桶（Drum）；
- 琵琶桶（Barrel）；
- 散装（Loose）。

3．铁路运输对包装的要求

货物的包装条件是运输合同中不可缺少的一部分。联运进口货物的包装，在铁路运输协议书中有规定的，应按其规定办理；对铁路没有作出规定的部分，应根据货物的不同特征，选择良好材料，牢固包装，使货物能适应长途运送。

① 在包装上，应留出用手抓、拴绳的位置；对机件、超限超重货物，应标明挂钩的位置和货物的重心，以便搬运安全。

② 在可能的情况下，尽量按标记重量或每件标准重量进行包装，并在包装上分别标出毛重和净重。

③ 使用不褪色的颜料，在包装两侧涂刷正确清晰的标记、箱号、唛头等；按货物不同性质，在包装两侧涂刷"易碎"、"怕晒"、"向上"、"小心轻放"等运输标记。

④ 对危险品货物，应按照货物的性质和铁路规定，分别粘贴明显的危险品货物专用标签。

⑤ 零担货物运送，应按铁路规定，每件粘贴运输标签。

4．公路运输对包装的要求

公路运输主要使用汽车，可以采用门到门的运输形式，公路运输的经济半径，一般在

200 公里以内，它对包装的要求主要有：

① 包装材料的材质、规格和包装结构应与所装危险货物的性质和重量相适应，容器和包装物料与拟装物不得发生危险反应或者严重削弱包装强度。

② 包装坚固完好，能抗御运输、储存和装卸过程中正常冲击、震动和挤压，并便于装卸和搬运。

③ 包装的衬垫应防止容器物体移动并起到减震作用。

8.2.3　包装现代化

不断发展的现代物流业对包装尤其是运输包装有了更进一步的要求，主要涉及以下几个方面：

1．包装的标准化

包装标准化是指对产品包装的类型、规格、容量、使用的包装材料，包装容器的结构造型、印刷标志及产品的盛放、衬垫、封装方式、名词术语、检验要求等加以统一规定，并贯彻实施相应的政策和技术措施。

（1）实施包装标准化的原因

① 包装与物流的各个方面都存在着密切的联系。为了适应运输、保管、装卸、搬运的要求，包装标准化是提高效率、减少物资损失的有效手段。此外，包装标准化还是运输器具和运输机械标准的基础。

② 在机械化、自动化、系列化的社会化大生产中，只有包装的标准化才能适应大规模、大批量的生产要求。

③ 由于包装材料的不断革新，塑料和多种复合加工材料的出现，包装正向多样化发展。从材料变化上看，包装材料向轻量方向发展，这是由于轻型材料运输费用低、保管储存、装卸搬运方便的缘故；从包装加工制造来看，新材料更适用于机械化生产，而且也利于标准化。

④ 包装标准化可降低流通费用。包装标准化能提高保管效率，降低保管费用；提高运输效率，降低运输费用；提高装卸效率，降低装卸费用；减少运输和装卸中的破损率，减少物资的损耗费用等。从另一个角度来看，包装标准化从设计方面日趋简单化，包装材料也可得到相应的节约，包装作业也更加方便、统一，因而包装费用也可以大幅度下降。

⑤ 由于国际贸易、国际间的物流活动日益扩大，为加强国际间的协作，包装的标准化成为各国共同注视的问题。

（2）包装标准

包装标准是对包装标志，包装所用的材料规格、质量、包装的技术要求，包装件的试验方法等的技术规定。包装标准可分为三类：

① 包装基础标准和方法标准。ISO（国际标准化组织）已经制定了有关物流的许多设施、设备等方面的技术标准，并且制定了国际物流基础尺寸的标准方案：

* 物流基础模数尺寸：600 mm×400 mm；
* 物流集装箱基础模数尺寸：1200 mm×1000 mm 为主，也允许 1200 mm×800 mm 及 1100 mm×1100 mm。

物流基础模数尺寸与集装箱基础模数尺寸的配合关系如图 8.2 所示。

② 工农业产品的包装标准。这是指对产品包装的技术要求和规定。其中一种是产品质

量标准中对包装、标志、运输、储存的规定。例如，《日用安全火柴》产品中规定，每盒应有商标和制造厂名，每 10 盒为一包、每 100 包为一件，每件包装必须严密牢固。另一种是单独制定的包装标准，如《针织内衣包装与标志》、《铝及铝合金加工产品包装、标志、运输、贮存》、《洗衣粉包装箱》等。

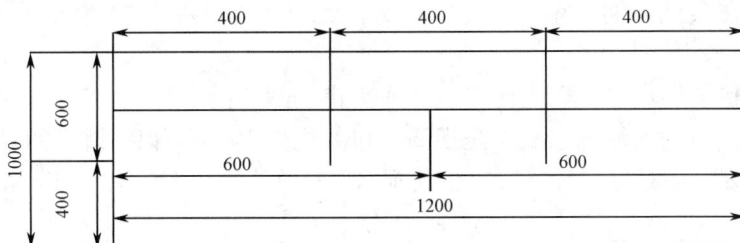

图 8.2　物流基础模数尺寸与集装箱基础模数尺寸的配合关系（单位：mm）

③ 包装工业的产品标准。产品标准是指包装工业产品的技术要求和规定，如《普通食品包装纸》、《纸袋纸》、《高压聚乙烯重包装袋》、《塑料打包袋》等。

2．包装的集装化

产品集装化是一种新型的包装操作，是集装运输的基础。产品集装化的出现，使产品运输方式发生了根本性的改变。产品集装化又称为组合化或单元化，是指将一定数量的散装或零星成件物组合在一起，在装卸、保管、运输等物流环节中作为一个整件，进行技术和业务上的处理的包装方式。

集合包装是指将若干个相同或不同的包装单位汇集起来，最后组成一个更大的包装单位或装入一个更大的包装容器内的包装形式。

3．包装的多次、反复使用和废弃包装处理

包装产业如今已成为世界各国的重要产业之一，有的国家已占到国民经济的 5%。因此包装产业资源消耗巨大，资源回收利用、梯级利用、资源再循环是包装领域现代化的重要课题。

在这方面，有许多有效的处置措施：

① 通用包装 —— 按标准模数尺寸制造瓦楞制版、纸板及木制、塑料制通用外包装箱，这种包装箱不用专门安排回返使用，由于其通用性强，无论在何处落地，都可转用于其他包装。

② 周转包装 —— 有一定数量规模并有较固定供应流转渠道的产品，可采用周转包装多次反复周转使用的办法，如周转包装箱、饮料、啤酒瓶等。周转包装可按某种产品特殊需要制造，有较强的转用性。其周转方法是，装物的周转包装货体运到商店或其他用户，卸下货后再将前次已用完的同数量空包装装车运回，这种周转方式在不安排专程回运的情况下实现往返运输，因而运力利用也是合理的。

③ 梯级利用 —— 一次使用后的包装物，用毕转做他用或用毕后进行简单处理再转做他用。例如，瓦楞纸箱部分损坏后，切成较小的纸板再制小箱，或将纸板用于衬垫。有的包装物在设计时，设计成多用途的，在一次使用完毕之后，可再使用其他功能。例如设计成水杯的包装物，使用完毕后可作为水杯再次使用，这就使资源利用更充分、更合理。

4．绿色包装

随着工业化进程的加快，人类的生存环境和工作环境不断受到严重破坏。尽管 20 年来人们对于环保的关心程度日益提高，有关的环保措施不断出台，但是环境的质量并未因此得到明显改善，在某些方面甚至有恶化的趋势，保护环境已成为 21 世纪人类共同面临的重要课题。

在当前国际包装领域中，以无污染包装作为市场战略的"绿色包装"正在兴起。绿色为清洁自然的象征。所谓"绿色包装"是指商品包装既要保证其自身的性能完好，更要考虑环保因素，即包装废弃物对生态环境没有任何损害，故称为"环友包装"（Environment Friendly Package）。

8.3　装卸搬运概述

8.3.1　装卸搬运及其种类

物流系统各个环节之间或同一环节的不同活动之间，都必须进行装卸搬运作业。运输、储存、包装等都要有装卸搬运作业配合才能进行，如：待运出的物品要装上车才能运走，到达目的地后要卸下车才能入库，等等。由此可见，装卸搬运是物料的不同运动（包括相对静止）阶段之间相互转换的桥梁，正是因为有了装卸搬运活动才能把物料运动的各阶段连接成连续的"流"，使物流的概念名实相符。

1．装卸搬运的概念

装卸搬运是指在同一地域范围内进行的、以改变物料存放（支撑）状态和空间位置为主要目的的活动。一般来说，我们在强调物料存放状态的改变时，使用"装卸"一词，在强调物料空间位置的改变时，使用"搬运"这一词。装卸搬运与运输、储存不同，运输是解决物料空间距离的，储存是解决时间距离的，装卸搬运没有改变物料的时间或空间价值，因此往往不会引起人们的重视。可是一旦忽略了装卸搬运，生产和流通领域轻则发生混乱，重则造成生产活动停顿。

2．装卸搬运作业的分类

装卸作业的分类方法有多种，可按作业场所、操作特点等进行分类。

（1）按作业场所分类

- 铁路装卸 —— 在铁路车站进行的装卸搬运活动。除装、卸火车车厢货物以外，还包括汽车的装卸、堆码、拆取、分拣、配货、中转等作业。
- 港口装卸 —— 在港口进行的各种装卸活动，如装船、卸船作业，搬运作业等。
- 场库装卸 —— 在仓库、堆场、物流中心等处的装卸搬运活动。另外，如空运机场、企业内部以及人不能进入的场所，均属此类。

（2）按操作特点分类

- 堆码拆取作业 —— 车厢内、船舱内、仓库内等的码摆和拆垛作业。
- 分拣配货作业 —— 按品类、到站、去向、货主等不同的特征进行分拣货物作业。

- 挪动移位作业 —— 单纯地改变货物的支承状态的作业（例如，从汽车上将货物卸到站台上等）和显著（距离稍远）改变空间位置的作业。

以上作业又可分为：手工操作、半自动操作和全自动操作。

（3）按作业方式分类

- 吊装吊卸法（垂直装卸法）—— 主要以使用各种起重机械来改变货物的铅垂方向的位置为主要特征的方法，这种方法历史最悠久、应用面最广。
- 滚装滚卸法（水平装卸法）—— 以改变货物的水平方向的位置为主要特征的方法。例如，各种轮式、履带式车辆通过站台、渡板开上开下装卸货物，用叉车、平移机来装卸集装箱、托盘等。

（4）按作业对象分类

- 单件作业法 —— 人力作业阶段的主导方法。目前对长大笨重的货物，或集装会增加危险的货物等，仍采取这种传统的单件作业法。
- 集装作业法 —— 先将货物集零为整，再进行装卸搬运的方法。有集装箱作业法、托盘作业法、货捆作业法、滑板作业法、网装作业法以及挂车作业法等。
- 散装作业法 —— 对煤炭、矿石、粮食、化肥等块、粒、粉状物资，采用重力法（通过筒仓、溜槽、隧洞等）、倾翻法（铁路的翻车机）、机械法（抓、舀等）以及气力输送（用风机在管道内形成气流，应用动能、压差来输送）等方法进行装卸。

另外，按装卸设备作业原理分，有间歇作业（如起重机等）和连续作业（如连续输送机等）方法；按作业手段和组织水平可分为人工作业法、机械作业法、综合机械化作业法。

8.3.2　单元化装卸：托盘和集装箱

1. 托盘

托盘是按一定规格制成的单层或双层平板载货工具。在平板上集装一定数量的单件货物，并按要求捆扎加固，组成一个运输单位，以便在运输过程中使用机械进行装卸、搬运和堆放。同时，托盘又是一种随货同行的载货工具。目前国际上对托盘的提供有两种来源：一是由承运人提供。即在装货地将货物集装在托盘上，然后货物与托盘一起装上运输工具，在卸货地收货人提货时，如果连同托盘一起提走，则必须在规定的时间内将空托盘送回。这种托盘结构比较坚固耐用，一般可以使用五六次。二是由供货方自备简易托盘。这种托盘连同货物一起交给收货人，不予退回。这种托盘成本较低，仅供一次性使用，其成本费一般计算在货价之内。

（1）托盘的种类

托盘以木制为主，但也有塑料、玻璃纤维、金属材料或纸等材料制成。按其结构不同，常见的有以下几种：

- 平板托盘（Flat Pallet）—— 由双层板或单层板另加底脚支撑构成无上层装置。
- 箱形托盘（Box Pallet）—— 以平板托盘为底，上面有箱形装置，四壁围有网眼板或普通板，顶部有盖或无盖。
- 柱形托盘（Post Pallet）—— 以平板托盘为底，四角有支柱，横边有可以移动的边轨，托盘装货时便于按照需要调整长度或高度。
- 纸托盘（Slip Sheet）—— 又称滑片，为一厚实纸片，成本很低，供一次性使用，但需要与专用叉车配合作业。

（2）托盘装卸的特点

托盘在许多方面与集装箱是优点、缺点互补，因此可以在难以利用集装箱的地方利用托盘，而托盘难以完成的工作由集装箱来完成。托盘的主要优点是：

- 自重量小。由于自重量小，托盘用于装卸、运输托盘本身所消耗的劳动较少；与集装箱相比，无效运输及装卸也相对较少。
- 返空容易，返空时占用运力很少。由于托盘造价不高，又很容易互相代用，互以对方托盘抵补，所以无须像集装箱那样必须有固定归属者，也无须像集装箱那样返空。即使返运，也比集装箱容易。
- 装盘容易。不需要像集装箱一样深入到箱体内部，装盘后可采用捆扎、紧包等技术处理，使用简便。
- 装载量比集装箱小，但也能集中一定数量，比一般包装的组合量大得多。

托盘的主要缺点是保护性比集装箱差，露天存放困难，需要有仓库等配套设施。

2．集装箱

（1）集装箱的定义

集装箱（Container）又称"货箱"、"货柜"（Box）。集装箱是一种"容器"，但并非所有的容器都可以称为集装箱，它必须是具有一定的强度，专供周转使用并便于机械操作的大型货物容器。国际标准化组织（ISO）根据保证集装箱在装卸、堆放和运输过程中的安全需要，在货物集装箱的定义中，提出了作为一种运输工具的货物集装箱的基本条件：

- 具有足够的强度，能长期反复使用；
- 途中转运无须移动箱内货物，可以直接换装；
- 有适当装置，可以进行快速装卸，并可以从一种运输工具直接方便地换装到另一种运输工具；
- 便于货物存放取出；
- 具有 1 米^2 以上的容积。

集装箱实际上是一种流动的货舱，属于一种现代化的装卸运输工具。

（2）集装箱的种类

在集装箱化发展过程中，虽然因所装货物的性质和运输的条件而出现了不同种类的集装箱，但目前应用最广泛的分类方法是按使用目的来区分的。按使用目的，根据国际标准化组织的建议可分为以下几种：

- 杂货集装箱（Dry Container）——一种不需要调节温度的货物所使用的集装箱，也是最常用的集装箱，并保持密封。适于装载各种干杂货物，在集装箱中所占的比重最大。
- 通风集装箱（Air Ventilation Container）——适于装载怕热、怕潮的货物，如新鲜水果、蔬菜等。
- 保温集装箱（Keep Constant Temperature Container）——适于怕冻、怕寒货物在寒冷地区的运输。
- 冷藏集装箱（Refrigerator Container）——一种附有制冷机，并在内壁涂有泡沫苯乙烯等热传导率较低的材料的集装箱。用于装载冷冻货物和特种化工品等，在整个运输过程中，启动制冷机可保持设定的温度。

- 散货集装箱（Solid Bulk Container）——可以装载大豆、大米、面粉及水泥等各种散装的粉粒状货物的集装箱。使用这种集装箱，可以节约可观的包装费用，并提高装卸效率。某些国家对一些需要进行植物检疫的货物，规定了非常严格的检疫制度。如对于进口粮食，有的就要求在港外锚地进行熏蒸消毒。因此，就要求在散货集装箱上设置投入熏蒸药物的开口以及熏蒸气体排出口，并且要求这种集装箱在熏蒸时能保持完全气密。
- 开顶集装箱（Open Top Container）——适于装载玻璃板、钢制品、机械等重货，可以使用起重机从顶部装卸。为了使货物在运输中不发生移动，一般在箱内底板两侧各埋入几个索环，用以穿过绳索捆绑箱内货物。
- 框架集装箱（Flat Rack Container）——用于装载不适于装在干货集装箱内或开顶集装箱的长大件、超重件等货物。它没有箱顶和箱壁，箱端壁也可以卸下，只保留箱底和四角柱来承受货载。
- 罐式集装箱（Tank Container）——外形为长方形，内部是密封罐型，上下有进出口管，适于装卸酒类、油类、化学品等液体货物。
- 特种集装箱（Special Container）——包括各种专用集装箱，如衣架集装箱、原皮集装箱、折叠集装箱，子母集装箱等。

（3）集装箱装卸的特点

与托盘相比较，集装箱的优点有：

- 提高装卸效率，加速周转，降低货运成本。集装箱运输是将单件货物集合成组，装入箱内，使运输单位加大，便于机械操作，从而大大提高装卸效率。如一个 20 英尺型的国际标准箱，每一循环的装卸时间仅需三分钟，每小时可装卸货物达 400 吨。而传统货船每小时装卸货物仅为 35 吨。因此，采用集装箱运输可提高装卸效率达 11 倍。又如，一般万吨级船舶，按传统方式装卸，需在港停泊 10 天左右，采用集装箱船后，只需 24 小时，缩短装卸时间可达 90%，因而加速了车船周转，提高了车船的营运率，降低了运输成本。同时，由于装卸效率的提高，非生产性停泊时间缩短，码头和车站使用率随之提高，从而扩大了吞吐能力。此外，由于装卸机械化，还可以大大减少装卸工人的劳动强度。
- 提高货运质量，减少货损货差。集装箱结构坚固，强度很大，对货物具有很好的保护作用。即使经过长途运输或多次换装，也不易损坏箱内货物，而且一般杂货集装箱均为水封，既不怕风吹雨淋日晒，也不怕中途偷窃。如我国出口到日本的金鱼缸和其他瓷器，按传统方式运输破损率最高达到 50%，而采用集装箱进行装卸和运输后，降为 0.5%，基本保证了货物的完整无损。
- 节省货物的包装用料。货物在集装箱内，集装箱本身实际上起到强度很大的外包装作用。货物在箱内由于集装箱的保护，不受外界的挤压、碰撞，因此货物的外包装可大大减化。例如，原来需要木箱包装的可改为硬纸箱，原来需要厚纸箱的可以改为厚纸包装，从而节约木料或其他材料，节省包装费用。有些商品甚至不需要包装，如目前国际上运输成衣服装，采用衣架集装箱。这种集装箱内专门设计装置，有一排排挂衣架供服装直接吊挂，不需要任何包装，集装箱运达目的地后，收货人即可以从箱内取出服装，无须重新熨烫平整即可直接上售货架上，既节省包装用料和费用，又能使商品及时供应市场。据统计，其包装费用一般可节省50%以上。

8.3.3　散装物资的装卸搬运

散装物资的装卸搬运，如大批量粉状、粒状货物进行无包装散装、散卸及搬运，可以连续进行，也可以采取间断的装卸方式，但都需要采用机械化设施、设备。在特定情况下，且批量不大时，也可采用人力装卸。散装物资装卸搬运的作业方法主要有以下几种：

①　气力输送装卸。其主要设备是管道及气力输送设备，以气流运动裹携粉状、粒状物沿管道运动而达到装、搬、卸的目的，也可采用负压抽取的方法，使散货沿管道运动。管道装卸密封性好，装卸能力高，容易实现机械化、自动化。

②　重力装卸。这种方法利用散货本身重量进行装卸，它必须与其他方法配合，首先将散货提升到一定高度，具有一定势能之后，才能利用本身重力进行下一步装卸。

③　机械装卸。机械装卸是利用能承载粉粒货物的各种机械进行装卸，有两种主要方式：

- 用吊车、叉车改换不同机具或用专用装载机，进行抓、铲、舀等形式作业，完成装卸及一定的搬运作业。
- 用皮带、刮板等各种输送设备，进行一定距离的搬运卸货作业，并与其他设备配合实现装货。

8.4　装卸搬运合理化

8.4.1　防止无效装卸作业

所谓无效作业是指在装卸作业活动中超出必要的装卸、搬运量的作业。显然，防止和消除无效作业对装卸作业的经济效益有重要作用。为有效防止和消除无效作业，可从以下几个方面入手：

（1）尽量减少装卸次数

物流过程中货损发生的主要环节是装卸环节，而在整个物流过程中，装卸作业又是反复进行的，从发生的频率来看，超过了任何其他活动，过多的装卸次数必然导致损失的增加。从发生的费用来看，一次装卸的费用相当于几十公里的运输费用，因此每增加一次装卸，费用就会有较大比例的增加。此外，装卸也会大大阻缓整个物流的速度，减少装卸次数也是增加物流速度的重要因素。

（2）提高被装卸物料的纯度

进入物流过程的货物，有时混杂着没有使用价值或者对用户来说使用价值不对路的各种掺杂物，如煤炭中的矸石、矿石中的表面水分、石灰中的未烧熟石灰及过烧石灰等，在反复装卸时，实际是对这些无效物质反复消耗劳动，因而形成无效装卸。物料的纯度越高则装卸作业的有效程度越高。反之，则无效作业就会增多。

（3）包装要适宜

包装过大过重，在装卸时实际上是反复在包装上消耗较大的劳动，因而形成无效劳动。包装的轻型化、简单化、实用化会不同程度地减少作用于包装上的无效劳动。

（4）缩短搬运作业的距离

物料在装卸、搬运当中，要实现水平和垂直两个方向的位移，选择最短的路线完成这一活动，就可避免超越这一最短路线以上的无效劳动。

8.4.2　充分利用重力

装卸搬运使物料通过做功实现垂直或水平位移，在这一过程中，要尽可能实现装卸作业的省力化。

在装卸作业中应尽可能消除重力的不利影响。在有条件的情况下利用重力进行装卸，可减轻劳动强度和能量的消耗。将设有动力的小型运输带斜放在货车、卡车或站台上进行装卸，使物料在倾斜的输送带上移动。这种装卸是靠重力的水平分力完成的。在搬运作业中，不用手搬，而是把物资放在台车上，由器具承担物体的重量，人们只要克服滚动阻力，使物料水平移动，这样是十分省力的。

采用重力式移动货架也是一种利用重力进行省力化的装卸方式之一。重力式移动货架的每一层格均有一定的倾斜度，利用货箱或托盘可自己沿着倾斜的货架层板滑到输送机械上。为了使物料滑动的阻力更小，通常货架表面均处理得十分光滑或者在货架层上装有滚轮，也有在承重物资的货箱或托盘下装上滚轮，这样将滑动摩擦变为滚动摩擦，物料移动时所受到的阻力会更小。

8.4.3　提高搬运活性

物料或货物平时存放的状态是各式各样的，可以是散放在地上，也可以是装箱放在地上或放在托盘上，等等。由于存放的状态不同，物料的搬运难易程度也不一样。人们把物料和货物的存放状态对装卸搬运作业的难易程度称为搬运活性，将那些装卸较方便、费工时少的货物堆放法称为搬运活性高，从经济角度看，这种搬运活性高的搬运方法是一种好方法。

搬运活性指数是用来表示各种状态下的物品的搬运活性的。活性指数共分 0~4 共 5 个等级，如表 8.2 所示。

- 散乱堆放在地面上的货物，进行下一步装卸必须进行包装或打捆，或者只能一件件操作处理，因而不能立即实现装卸或装卸速度很慢，这种全无预先处理的散堆状态，定为"0"级活性；
- 货物包装好或捆扎好然后放置于地面，在下一步装卸时可直接对整体货载进行操作，因而活性有所提高，但操作时需要支起、穿绳、挂索，或支垫入叉，因而装卸搬运前预操作要占用时间，不能取得很快的装卸搬运速度，活性仍然不高，定为"1"级活性；
- 货物形成集装箱或托盘的集装状态，或对已组合成捆、堆或捆扎好的货物，进行预垫或预挂，装卸机具能立刻起吊或入叉，活性有所提高，定为"2"级活性；
- 货物预置在搬运车、台车或其他可移动挂车上，动力车辆能随时将车、货拖走，这种活性更高，定为"3"级活性；
- 如果货物就预置在动力车辆或传送带上，即刻进入运动状态，而不需要做任何预先准备，活性最高，则定为"4"级活性。

由于装卸搬运是在物流过程中反复进行的活动，因而其速度可能决定整个物流速度，每次装卸搬运的时间缩短，多次装卸搬运的累计效果则十分可观。因此，提高装卸搬运活性对合理化是很重要的因素。

表 8.2　活性的区分和活性指数

物品状态	作业说明	作业种类				还需要的作业数目	已不需要的作业数目	搬运活性指数
		集中	搬起	升起	运走			
散放在地上	集中、搬起、升起、运走	要	要	要	要	4	0	0
集装箱中	搬起、升起、运走（已集中）	否	要	要	要	3	1	1
托盘上	升起、运走（已搬起）	否	否	要	要	2	2	2
车中	运走（不用升起）	否	否	否	要	1	3	3
运输着的输送机	不要（保持运动）	否	否	否	否	0	4	4
运动着的物体	不要（保持运动）	否	否	否	否	0	4	4

8.4.4　人体工程学与搬运

在物流领域，即使是现代化水平已经很高，也仍然避免不了要有人力搬运的配合，因此，人力搬运合理化问题也是很重要的。

根据科学研究结论，采用不同搬运方式和不同移动重物方式，其合理使用体力的效果不同，如图 8.3 所示。在搬运小件物品时，以 B-1 方式（即肩挑方式）最省力，而以 B-7 方式最为费力；在移动重物时，以 Y-1 方式可能移动的重量最大，而以 Y-5 方式可能移动的重量最小。科学地选择一次搬运重量和科学地确定包装重量也可促进人力装卸的合理化。

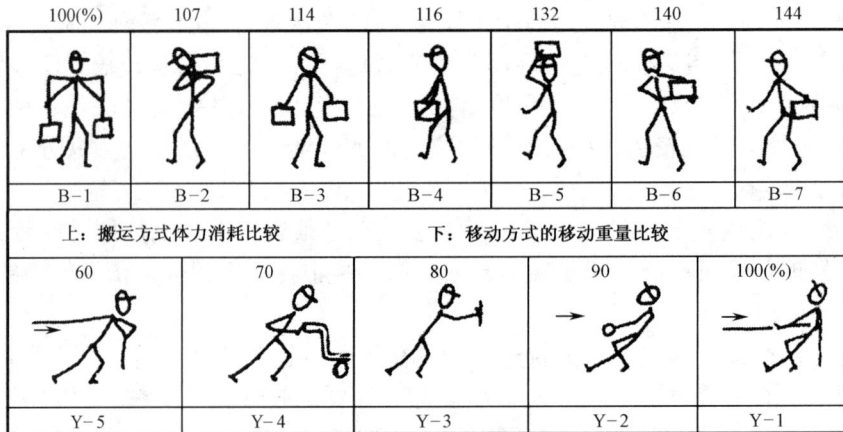

图 8.3　人力搬运的合理化

8.4.5　装卸搬运的智能化

随着生产力的发展，装卸搬运的机械化程度不断提高，部分企业已实现搬运智能化。智能化搬运的发展经过了三个阶段：

① 自动化物料搬运，如自动化仓库或自动存取系统（AS/RS）、自动导向车（AGV）、电眼及条形码、机器人等设备的使用；

② 集成化物料搬运系统，即通过计算机使若干自动化搬运设备协调动作组成一个集成系统并能与生产系统相协调，取得更好的效益；

③ 智能化物料搬运系统，它能将计划自动分解成人员、物料需求计划并对物料搬运进

行规划和实施。

　　智能化搬运系统具有灵活性强、自动化程度高、可节省大量劳动力，维护劳动者健康等优点，如在有噪声、空气污染、放射性等元素危害人体健康的地方，以及通道狭窄、光线较暗等不适合驾驶车辆的场所，可采用自动导向车（AGV、LGV、AHV）。以智能、集成、信息为基础的物料搬运系统将是今后发展的趋势。

习题与思考题

一、应知目标考核题

（一）单项选择题

1. 包装的三大特性为（　　　　）。
　　A. 保护性、单位集中性及促进销售　　　B. 保护商品、方便物流与消费
　　C. 保护性、单位集中性及便利性　　　　D. 促进销售、方便物流与消费

2. 包装的首要功能是（　　　）。
　　A. 方便物流　　　B. 保护商品　　　C. 单元化　　　D. 以上三项都是

3. 航空运输外包装材料不能使用（　　　）。
　　A. 碎屑　　　B. 草末　　　C. 粗麻包　　　D. 以上三项都是

4. 对于航空运输，液体货物不论瓶装、罐装或桶装，容器内的空隙（　　　）。
　　A. 为零　　　B. 2%～5%　　　C. 5%～10%　　　D. 10%～20%

5. 包装的衬垫应防止容器物体移动并起到（　　　）。
　　A. 减震作用　　　B. 防腐作用　　　C. 防霉作用　　　D. 防辐射作用

6. 包装材料应具备的性能有（　　　）。
　　A. 保护性能、加工操作性能　　　　B. 外观装饰性能、方便使用性能
　　C. 节省费用性能、易处理性能　　　D. 以上三项都是

7. 瓦楞芯按芯的瓦楞高度和密度分为（　　　）。
　　A. A、B 两种　　　　　　　　　　B. A、B、C 三种
　　C. A、B、C、D 四种　　　　　　　D. A、B、C、D、E 五种

8. 搬运活性指数共分为（　　　）。
　　A. 3 个等级　　　B. 4 个等级　　　C. 5 个等级　　　D. 6 个等级

（二）判断题

1. 防止商品破损变形是包装的主要作用之一。（　　　）
2. 防止商品发生化学反应是包装标准的主要作用之一。（　　　）
3. 防止腐朽霉变、鼠咬虫食是包装的主要作用之一。（　　　）
4. 只要能保护货物本身质量和数量上的完整无损，即使无包装也可。（　　　）
5. 装卸搬运作业只存在于物流系统同一环节的不同活动之间。（　　　）
6. 一般来说，我们在强调物料存放状态的改变时，使用"搬运"一词。（　　　）
7. 装卸搬运与运输、储存相同。（　　　）
8. 装卸搬运改变了物料的时间或空间价值，因此引起人们的重视。（　　　）

（三）名词解释

包装　　　包装合理化　　　包装标准化　　　包装标准　　　装卸搬运
无效装卸　　　搬运活性指数

（四）问答题

1. 包装的特性有哪些？
2. 包装材料应具备哪些性能？
3. 包装容器有哪些？应该如何运用？
4. 包装的保护技术有哪些？各自适用于什么情况？
5. 包装合理化过程中应该注意哪些问题？
6. 请简单谈谈不同的运输方法对包装的要求。
7. 为什么要实施包装标准化？
8. 托盘装卸有哪些优缺点？
9. 集装箱装卸的特点有哪些？
10. 能够有效地防止和消除无效作业的手段有哪些？

二、应会能力测试题

（一）方案设计题

由教师随机选取若干商品（包含设备、液体化工品、服饰、食品等多种类型），由学生根据不同的要求（不同的运输工具、不同的物流范围）设计包装方案。

（二）请结合案例回答问题

为了真正实现物流系统管理思路，某烟草公司改进现有的生产物流系统：

1. 取消合并装卸搬运环节和次数。装卸搬运不仅不增加烟叶的价值和使用价值，相反，随着流通环节的增加和流程的繁杂，烟叶的"综合碎耗"和生产成本随之增加。因而，公司在生产物流系统设计中研究了各项装卸搬运作业的必要性，千方百计地取消合并装卸搬运环节和次数。

2. 实现生产物流作业的集中和集散分工。集中作业才能使生产作业量达到一定的水平，为保证实行机械化、自动化作业，公司在安排存储保管物流系统的卸载点和装载点时要尽量集中；在货场内部，同一等级、产地的烟叶应尽可能集中在同一区域进行物流作业，如建立专业货区、专业卸载平台等。

3. 进行托架单元化组合，充分利用机械进行物流作业。公司在实施物流系统作业过程中要充分利用和发挥机械作业，如叉车、平板货车等，增大操作单位，提高作业效率和生产物流"活性"，实现物流作业标准化。

问题：

1. 装卸搬运合理化的措施有哪些？
2. 你认为该公司的改进措施是否有效？

第9章 国际物流

应知目标

- 熟悉国际物流的含义与特点
- 了解国际物流与国际贸易的关系
- 能够区分国际物流系统模式
- 熟悉国际货运的各种方式

应会目标

- 掌握全球物流特征
- 能够根据实际情况选择合适的国际货运方式

国际物流是国内物流的延伸和进一步扩展。由于自然环境、社会经济环境、政策法律环境等的差异，国际物流不能简单地理解为物流空间的扩大，而有其特殊性。在国际物流活动中，为实现物流合理化，必须按照国际商务交易活动的要求来开展国际物流活动。

组织国际物流，必须正确选择运输方式和管理组织形式。国际物流的运输方式除了一般的海运、铁路运输、公路运输、空运、管道运输及邮政传递以外，还有多式联运、大陆桥运输等。为便于组织运输和管理，国际货运代理业务逐步发展起来。

9.1 国际物流概述

9.1.1 国际物流的含义

国际物流是相对于国内物流而言的，指不同国家之间的物流。国际物流是国内物流的延伸和进一步扩展，是跨国界的、流通范围扩大了的物的流通，有时也称其为国际大流通或大物流。国际物流是国际贸易的一个必然组成部分，各国之间的相互贸易最终都将通过国际物流来实现。

由于国际分工的日益专业化和细化，任何国家都不能包揽一切专业分工，因而必须有国际间的合作与交流。随之而来的国际间商品、物资的流动便形成了国际物流。只有国际物流工作做好了，才能将国外客户需要的商品适时、适地、按质、按量、低成本地送到，从而提高本国产品在国际市场上的竞争力，扩大对外贸易；同时可将本国需要的设备、物资等商品及时、高效、便宜地进口到国内，满足国内人民生活、生产建设、科学技术与国民经济发展的需要。

国际物流（International Logistics，IL）的狭义理解是：当生产和消费分别在两个或两个以上的国家（或地区）独立进行时，为了克服生产和消费之间的空间隔离和时间距离，对商品进行物理性移动的一项国际商品贸易后交流活动，从而完成国际商品交易的最终目的，即实现卖方交付单证、货物和收取货款，而买方接收单证、支付货款和收取货物的贸易对流条件。

在国际物流活动中，为实现物流合理化，必须按照国际商务交易活动的要求开展国际物流活动。不仅要求降低物流费用，而且要考虑提高顾客服务水平（Service Level，SL），提高销售竞争能力和扩大销售效益，即提高国际物流系统的整体效益，而不仅仅是提高局部效益。

国际物流过程离不开贸易中间人，即由专门从事商品使用价值转移活动的业务机构或代理人来完成。例如，国际货物的运输是通过国际货物运输服务公司（代理货物的出口运输）进行的；而报关行、出口商贸易公司、出口打包公司和进口经纪人等，则主要是接受企业的委托，代理与货物有关的各项业务。这些是由于在国际物流系统中很少有企业单独依靠自己的力量办理和完成这些复杂的进出口货物的各项业务工作。这正是国际物流与国内物流最重要的区别之一。

9.1.2　国际物流的特点

（1）物流环境存在差异

国际物流的一个非常重要的特点是各国物流环境的差异，尤其是物流软环境的差异。不同国家的不同物流适用法律的不同，使国际物流的复杂性远高于一国的国内物流；不同国家的不同经济和科技发展水平会造成国际物流处于不同科技条件的支撑下，甚至有些地区根本无法应用某些技术而迫使国际物流全系统水平下降；不同国家的不同标准，也造成国际间物流"接轨"的困难，因而使国际物流系统难以建立；不同国家的风俗人文也使国际物流受到很大的局限。

物流环境的差异，迫使国际物流系统需要在多个不同法律、人文、习俗、语言、科技、设施的环境下运行，无疑大大增加了国际物流的难度和系统复杂性。

（2）物流系统范围广

物流本身的功能要素、系统与外界的沟通已经很复杂，国际物流再在这个复杂系统上增加不同国家的要素，这不仅是地域的广阔和空间的广阔，而且所涉及的内外因素更多、所需时间更长，带来的直接后果是难度和复杂性增加，风险增大。正因为如此，国际物流一旦融入现代化系统技术，其效果会十分显著。例如，开通某个"大陆桥"之后，国际物流速度会成倍提高，效益显著提高。

（3）国际物流必须有国际化信息系统的支持

国际化信息系统是国际物流非常重要的支持手段，国际信息系统建立的难度，一是管理困难，二是投资巨大，而且由于世界上有些地区物流信息技术与管理水平较高、有些地区较低，使信息系统的建立更为困难。

（4）国际物流的标准化要求较高

要使国际间物流畅通起来，统一标准是非常重要的。如果没有统一标准，国际物流水平将难以提高。目前，美国和欧洲地区基本实现了物流工具、设施的统一标准，如托盘采用1 000 mm×1 200 mm，集装箱的集中采用统一规格及条形码技术等，这大大降低了物流费用，也降低了转运的难度；而不向这一标准靠拢的国家，必然在转运、换车等许多方面耗费时间和费用，从而降低其国际竞争能力。

9.1.3 国际物流与国际贸易

1. 国际物流的组成

国际物流系统由商品的包装、储存、运输、检验、外贸加工及其前后的整理、再包装，以及国际配送等子系统构成，其中，储存和运输子系统是物流的两大支柱。国际物流通过商品的储存和运输实现其自身的时空效用，满足国际贸易的基本需要。

（1）国际货物运输子系统

国际货物运输是国际物流系统的核心，有时运输就代表着物流全体。通过国际货物运输作业使商品在交易前提下，由卖方转移给买方。在非贸易物流过程中，通过运输作业将物品由发货人转移到收货人。这种国际货物运输具有路线长、环节多、涉及面广、手续繁杂、风险性大、时间性强、内外运两段性和联合运输等特点。

所谓外贸运输的两段性，是指外贸运输的国内运输段（包括进口国、出口国）和国际运输段：

- 出口货物的国内运输段。出口货物的国内运输，是指出口商品由生产地或供货地运送到出运港（站、机场）的国内运输，是国际物流中不可缺少的重要环节。离开国内运输，进口货源就无法从产地或供货地集运到港口、车站或机场，也就不会有国际运输段。出口货物的国内运输工作涉及面广，环节多，要求各方面协同努力，组织好运输工作。从摸清货源、产品包装、加工、短途集运、国外到证、船期安排和铁路运输配车等各个环节的情况，做到心中有数，力求搞好车、船、货、港的有机衔接，确保出口货物运输任务的顺利完成，减少压港、压站等物流不畅的局面。国内运输段的主要工作有：发运前的准备工作、清车发运、装车和装车后的善后工作。
- 国际货物运输段。国际（国外）货物运输段是国内运输的延伸和扩展，同时又是衔接出口国运输和进口国货物运输的桥梁与纽带，是国际物流畅通的重要环节。出口货物被集运到港（站、机场），办完出关手续后直接装船发运，便开始国际段运输。有的则需要暂进港口仓库储存一段时间，等待有效泊位，或有船后再出仓装船外运。国际段运输可以采用由出口国装运港直接到进口国目的港卸货，也可以采用中转经过国际转运点，再运给用户。
- 国际货物运输业发展的条件。国际货物运输业的发展将伴随着科技革命的浪潮迅速发展。大宗货物散装化、杂件货物集装化已经成为运输业技术革命的重要标志。现代物流业的迅速发展无不与运输业的技术革命相关联。例如现代运输中，联合运输和大陆桥运输的重要媒体——集装箱的发展与进步，令人震惊。这种大规模国际货运业的发展又促进了国际物流业的发展，两者是相辅相成的。

与运输发展息息相关的运输设施的现代化，对国际物流和国际贸易的发展起着重要的推动作用，是两者发展的前提。运输设施必须超前发展才能适应国际物流的发展。比如，在港口建设方面，发达国家普遍认为船等待泊位是一种极大的浪费，泊位等待船是运输业先导性的客观要求。一般认为港口泊位开工率达 30%，码头经营者即可保本；开工率达 50%，可获厚利；开工率达 70%，则会驱使他们建新码头。

（2）进出口商品装卸与搬运子系统

进出口商品的装卸与搬运作业相对于商品运输来说，是短距离的商品搬移，是仓库作业和运输作业的纽带和桥梁，实现的也是物流的空间效用。它是保证商品搬运和保管连续性的一种物流活动。搞好商品的装船、卸船、商品进库、出库以及在库内的搬倒清点、查库、转运转装等，对加速国际物流十分重要，而且节省装卸搬运费用也是物流成本降低的重要环节。有效地搞好装卸搬运作业，可以减少运输和保管之间的摩擦，充分发挥商品的储运效率。

（3）外贸商品储存系统

外贸商品的储存、保管使商品在其流通过程中处于一种或长或短的相对停滞状态，这种停滞是完全必要的。因为，外贸商品流通是一个由分散到集中再由集中到分散的源源不断的流通过程。例如，外贸商品从生产厂或供应部门被集中运到装运出口港（站、机场），以备出口，有时需临时存一段时间，再从装运港装运出口，是一个集和散的过程。为了保持不间断的商品往来，满足出口需要，必然有一定量的周转储存；有些出口商品需要在流通领域内进行出口商品贸易前的整理、组装、再加工、再包装或换装等，形成一定的贸易前的准备储存；有时，由于某些出口商品在产销时间上的背离，如季节性生产而常年消费的商品和常年生产而季节性消费的商品，则必须留有一定数量的季节储备。当然，有时也会出现一些临时到货，货主一时又运不走的情况，更严重的是进口商品到了港口或边境车站，但通知不到货主或无人认领，在这种特殊的临时存放保管也有，即所谓的压港、压站现象的出现。可见，在这种情况下，国际物流就被堵塞了，物流不畅了，给贸易双方或港方、船方等都带来损失。因此，国际货物的库存量往往高于内贸企业的货物库存量也是可以理解的。

外贸商品一般在生产厂家的仓库存放，或者在收购供应单位的仓库存放；必需时再运达港口仓库存放，在港口仓库存放的时间取决于港口装运与国际运输作业的有机衔接；也有在国际转运站点存放的。

从物流角度来看，希望外贸商品不要太长时间停留在仓库内，要尽量减少储存时间、储存数量，加速物资和资金周转，实现国际贸易系统的良性循环。

（4）进出口商品的流通加工与检验子系统

流通加工与检验是随着科技的进步特别是物流业的发展而不断发展的，它是具有一定特殊意义的物流形式。流通加工与检验的兴起，是为了促进销售、提高物流效率和物资利用率以及为维护产品的质量而采取的，能使物资或商品发生一定的物理变化、化学变化以及形状变化的加工过程，并保证进出口商品质量达到要求。出口商品的加工业，其重要作用是使商品更好地满足消费者的需要，不断地扩大出口；同时也是充分利用本国劳动力和部分加工能力，扩大就业机会的重要途径。

流通加工的具体内容包括两种：一种是贸易服务性加工，如袋装、定量小包装（多用于超级市场）、贴标签、配装、挑选、混装、刷标记等；另一种是生产性外延加工，如剪断、平整、套裁、打孔、折弯、拉拔、组装、改装、服装的检验、烫熨等。这种出口加工或流通加工，不仅能最大限度地满足客户的多元化需求，同时还能比没有加工的原材料出口赚取更多的外汇。

（5）商品包装子系统

美国杜邦化学公司提出的"杜邦定律"认为：63%的消费者是根据商品的包装装潢进行购买的，国际市场和消费者是通过商品来认识企业的，而商品的商标和包装是企业的面孔，反映了一个国家的综合科技文化水平。

在考虑出口商品包装设计和具体作业过程中，应把包装、储存、装搬和运输有机联系起来统筹考虑、全面规划，实现现代化国际物流系统所要求的"包、储、运一体化"，即从商品包装开始，就要考虑储存的方便、运输的快速，以满足加速物流、方便储运、减少物流费用等现代物流系统设计的各种要求。

（6）国际物流系统模式

国际物流系统的一般模式包括系统的输入部分、系统的输出部分，以及将系统的输入转换成输出的转换部分。在系统运行过程中或一个系统循环周期结束时，有外界信息反馈回来，为原系统的完善提供改进信息，使下一次的系统运行有所改进，如此循环往复，使系统逐渐达到有序的良性循环。国际物流系统，遵循一般系统模式的原理，构成自己独特的物流系统模式。国际物流系统模式（出口）如图 9.1 所示。

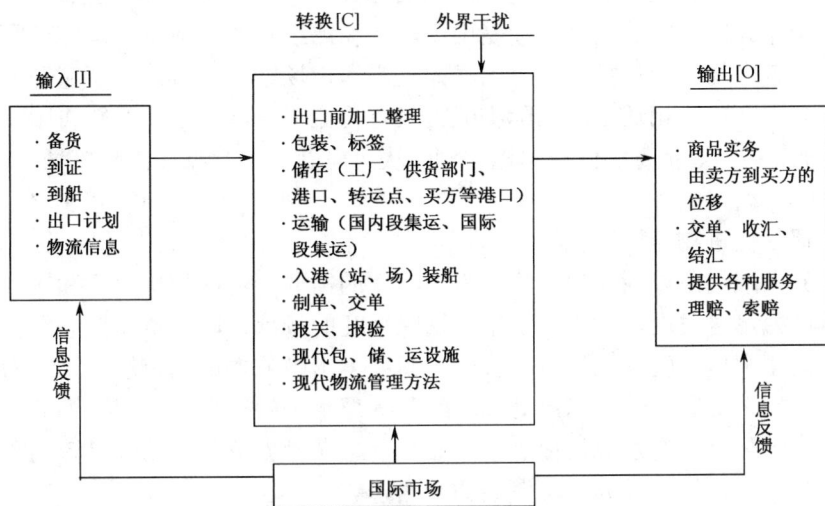

图 9.1　国际物流系统模式（出口）

国际物流系统输入部分的内容有：备货、货源落实；到证，接到买方开来的信用证；到船，买方派来船舶；编织出口货物运输计划；其他物流信息。输出部分的内容有：商品实体从卖方经由运输过程送达买方手中；交齐各项出口单证；结算、收汇；提供各种物流服务；经济活动分析及理赔、索赔。

国际物流系统的转换部分包括：商品出口前的加工整理；包装、标签；储存；运输（国内、国际段）；商品进港、装船；制单、交单；保管、报验；现代管理方法、手段和现代物流设施的介入。

除上述三项主要功能外，还经常有许多外界不可控因素的干扰，使系统运行偏离原计划内容。这些不可控因素可能是国际的、国内的、政治的、经济的、技术上的和政策法令、风俗习惯等的制约，很难预计控制。它对物流系统的影响很大，如果物流系统具有很强的应变适应能力，遇到这种情况，马上能提出改进意见，变换策略，那么，这样的系统具有很强的生命力。例如，从 1956 年到 1967 年，苏伊士运河的封闭直接影响国际货物的外运。这是事先不可能预见的，是因为受到外界政治因素的严重干扰的结果。当时日本的对外贸易商品运输，正是因此而受到严重威胁，如果将货物绕道好望角或巴拿马运河运往欧洲，则航线增长、时间过长、经济效益太差。为此，日本试行利用北美横贯大陆的铁路线运输，取得良好的效果，于是大陆桥运输由此而得名。这说明当时日本的国际物流系统设计，面对外部环境的干扰，采取了积极措施，使系统具有了新的生命力。

2．国际贸易与国际物流的关系

国际贸易是指世界各国（地区）之间的商品以及服务和技术交换活动，包括出口和进口两个方面。从一个国家的角度看这种交换活动，称为该国的对外贸易。从国际范围看，世界各国对外贸易的总和，就构成了国际贸易，也称为世界贸易。

国际物流是随着国际贸易的发展而产生和发展起来的，并且已成为影响和制约国际贸易进一步发展的重要因素。国际贸易与国际物流之间存在着非常紧密的关系。

（1）物流是国际贸易的必要条件

世界范围的社会化大生产必然引起不同的国际分工，任何国家都不能够包揽一切，因而需要国际间的合作。国际间的商品流动是由商流和物流组成的，前者由国际交易机构按照国际惯例进行，后者由物流企业按照各个国家的生产和市场结构完成。为了克服他们之间的矛盾，要求开展与国际贸易相适应的国际物流。只有物流工作做好了，才能将国外客户需要的商品适时、适地、按质、按量、低成本地送到，从而提高本国商品在国际市场上的竞争能力，扩大对外贸易。

（2）国际贸易促进物流国际化

第二次世界大战结束以后，出于恢复重建工作的需要，各国积极研究和应用新技术、新方法，促进生产力迅速发展，世界经济呈现繁荣兴旺的景象，国际贸易发展得极为迅速。同时，由于一些国家和地区资本积累达到了一定程度，本国或本地的市场已不能满足进一步发展的经济需要，加之交通运输、信息处理及经营管理水平的提高，出现了为数众多的跨国公司。跨国经营与国际贸易的发展，促进了商品和信息在世界范围内的大量流动和广泛交换，物流国际化成为国际贸易和世界经济发展的必然趋势。

（3）国际贸易对物流提出新的要求

随着世界经济的飞速发展和政治格局的风云变幻，国际贸易表现出一些新的趋势和特点，从而对物流提出了更新、更高的要求。

- 质量要求：国际贸易的结构正在发生着巨大变化，传统的初级产品、原料等贸易品种逐步让位于高附加值、精密加工的产品。高附加值、高精密度商品流量的增加，对物流工作质量提出了更高的要求。同时由于国际贸易需求的多样化，造成物流多品种、小批量化，要求国际物流向优质服务和多样化发展。

- 效率要求：国际贸易活动的集中表现就是合约的订立和履行。而国际贸易合约的履行是由国际物流活动来完成的，因而要求物流高效率地履行合约。从输入方面的国际物流看，提高物流效率最重要的是如何高效率地组织所需商品的进口、储备和供应。即从订货、交货，直至运入国内保管、组织供应的整个过程，都应加强物流管理。根据国际贸易商品的不同，采用与之相适应的巨型专用货船、专用泊位以及大型机械等的专业运输，等等，这对提高物流效率起着主导作用。

- 安全作用：由于国际分工和社会生产专业化的发展，大多数商品在世界范围内分配和生产。例如，美国福特公司某一牌号的汽车要同 20 个国家中 30 个不同厂家联合生产，产品销往 100 个不同国家或地区。国际物流所涉及的国家较多，地域辽阔，在途时间长，受气候条件、地理条件等自然因素和政局、罢工、战争等社会政治经济因素影响。因此，在组织国际物流时，选择运输方式和运输路径，要密切注意所经地域的气候条件、地理条件，还应注意沿途所经国家和地区的政治局势、经济状况等，以防止这些人为因素和不可抗力造成的货物灭失。

- 经济要求：国际贸易的特点决定了国际物流的环节多，备运期长。在国际物流领域，控制物流费用、降低成本具有很大潜力。对于国际物流企业来说，选择最佳物流方案、提高物流经济性、降低物流成本、保证物流服务水平，是提高竞争力的有效途径。

总之，国际物流必须适应国际贸易结构和商品流通形式的变革，向国际物流合理化方向发展。

9.1.4 全球物流

伴随着市场的全球化和竞争的全球化，全球跨国企业相应诞生。全球跨国企业为了实现竞争优势和增加盈利、在全球范围内分配利用资源，必须协调其生产和流通活动。全球跨国企业最基本的战略是在通过采购、制造、流通等方面的规模效应寻求减少成本的同时，通过开拓新市场和深耕现有市场来扩大销售，实现企业的成长和效益的增长。跨国企业的全球物流活动的管理是企业全球经营能否成功的关键因素之一。产品和服务范围的增加、产品寿命周期越来越短、全球市场的成长和全球供销渠道的大量性及多样化增加了全球物流活动的复杂性，从而要求对全球供应链的物流活动进行管理协调和控制。

1. 全球物流的功能和基本活动

全球物流具有克服时间和空间的阻隔以及克服国界阻隔的功能。虽然国内物流也具有克服时间和空间的阻隔的功能，但是全球物流需要克服的时间和空间阻隔比国内物流大得多。全球物流在保证企业全球经营中的作用和承担的责任要大得多。

全球物流活动的构成除了包含与国内物流一样的运输、保管、包装、装卸、流通加工和信息等克服时间和空间阻隔的活动之外，还有全球物流所特有的报关（包含检查、检疫等活动）和相关文书单据制成等克服国界阻隔的活动。

（1）运输活动

全球物流中的运输活动与国内物流中的运输活动的最大差异在于前者的运输距离（运距）长且运输方式多样。例如，海尔集团采取"三个1/3的经营战略"，即1/3国内生产国内销售，1/3国内生产国外销售，1/3海外生产海外销售。海尔通过代理商或自营渠道将海尔品牌的产品销售到世界各地，并且在北美、欧洲和东南亚设立了生产基地。这样，海尔的全球物流活动包括从生产地点到销售地点的销售物流，以及海外生产基地的原材料、零部件的采购物流，无疑这些物流活动的运输距离是很长的。另外，我国的国内物流运输主要采用公路、铁路和水运的形式，而全球物流运输不仅采用公路、铁路的方式，还采用海运和空运的形式。其中海运是全球物流运输中最普遍的方式，空运是近年来全球物流运输中的发展很快的方式。海运的特点是运输时间较长但运输费用低、运量大。空运的特点是迅速及时但运费高，一般适用于附加价值高且要求及时交货服务的商品。

（2）保管和流通加工

由于全球物流保管活动中存在办理进出口手续、海港码头装卸转运货物等作业，与国内物流的保管活动比较起来，全球物流的保管活动所花时间要多。另外，为了适合当地国的标准和满足销售商的要求，需要商品检验、分类、小包装作业、贴商品价格标签等流通加工活动。

（3）包装

由于全球物流运输距离长、运量大、运输过程中货物堆积存放、多次装卸，因此在运输过程中货物损伤的可能性很大。在全球物流活动中包装显得尤为重要，集装箱的出现为全球物流活动提供了安全便利的包装形式。

德国等许多国家从环境保护的角度出发，对包装废弃物制定了非常严格的规定限制。在向这些国家出口时，必须使用符合当地标准的包装材料，注意包装废弃物的回收和利用。另外为了提高运输装卸和统计检验等作业效率，需要在包装物品上贴附物流条形码标签。

（4）装卸活动

装卸活动是随着运输保管加工等活动而发生的物流活动，全球物流的装卸活动由于集装箱的广泛应用而变得有效率和便利。以标准化的集装箱装卸为前提，港口码头装卸设备的标准化和大型化、装卸作业的效率化成为可能。

（5）信息

在全球物流活动中，信息量和信息来源相对于国内物流活动来说更大、更广。从企业内部角度来看，企业需要把分布在世界各地的生产、销售、物流等子公司连接起来，建立全球零部件采购信息系统、全球制造销售物流信息系统。同时需要与它的全球供应链中的合作伙伴建立物流信息系统、分享信息。从企业外部角度来看，许多国家为了促进海外投资、方便全球贸易，建立了综合的报关信息系统，这种综合报关信息系统把与报关活动有关的货主企业、运输企业、物流服务企业、银行保险企业、商品检验部门、关税仓库、海关等部门紧密地联系在一起，提高报关速度和全球物流活动的效率。

（6）报关和编制相关文书单据

全球物流活动的展开必然涉及报关活动，这是全球物流活动区别于国内物流活动的明显特征。海关是一个国家主权的象征，主要从事征收关税和取缔违法物品和行为的活动。随着市场的全球化、竞争的全球化和企业的全球化，要求海关能提供高效迅速的报关作业，建立综合报关信息系统和改进海关作业程序是实现这一目标的有效方法。

另外，在全球物流活动中涉及大量的贸易合同和文书，这也是全球物流活动区别于国内物流活动的一个明显特征。这些贸易合同和文书涉及运输、报关、保险、结算等方面。

运输单据是指证明货物已经装船或发运或已由承运人接收、监管的单据。按运输方式的不同，运输单据分为海运提单、铁路运单、航空货物运单、邮包收据和全球复合运输单据。在 FOB、CIF 和 CFR 条件下，运输单据是卖方凭以证明已履行交货责任和买方凭以支付货款的主要依据。报关文书有出口许可证，出口货物报关单，商品检验证书，包含货物名称、件数、价格、装运港、装运日期等信息的装货单，原产地证书等。货主在备齐报关文书后，自己直接或委托专门报关服务业者向海关申报。

在全球物流活动中，由于运输距离长、装卸保管次数多，在物流过程中可能会遇到不测，因此必须办理货物的运输保险，以便在货物遭遇损失时获得一定的经济补偿。我国海洋运输的基本险别分为平安险、水渍险和一切险三种。

全球物流活动中的结算支付方式较国内物流活动的结算支付方式复杂。一般使用的支付方式有汇付、托收、信用证、银行保函等，也可以同时将两种或两种以上支付方式结合使用。

2．全球物流的特征

（1）交货周期长

企业全球化的特征之一就是企业从规模经济的角度出发，把生产活动按专业化分工集中于少数几个地点，这种生产的集中化和专业化与市场的全球化和分散化之间存在着矛盾，这种矛盾直接反映在全球物流交货周期上。在海运条件下，全球物流运输距离远、需要花费大量时间，装卸报关等其他的全球物流活动也需要花费时间，这使得全球物流交货周期的时间较长。

全球物流交货周期长往往造成两个后果：一是增加物流过程中的库存投资，占用大量资金；二是在迅速满足顾客方面存在困难。有些企业为了能迅速满足顾客需要，往往预先在销售地准备大量的安全库存作为缓冲。这虽然能及时满足各地顾客的要求，但需要储存的商品量大，要占用大量的资金，而且存在因顾客需要变化使得库存商品失去原来价值的风险。有些企业为了节约成本，以牺牲及时满足顾客服务为代价，采用长时间的交货周期来作为缓冲。目前被普遍接受的方法是在生产厂家和顾客之间建立一个中间库存水平来衡量成本和及时服务的关系。

（2）多种运送方式的选择——集装（Consolidation）和撤装（Break Bulk）

在全球物流活动中，把货物从工厂运送到消费者手中存在多种运送方式。不同类型的企业或者不同的营销渠道的运送方式往往是不同的。全球物流活动中运送方式的多样性是全球物流的一个特征。企业在全球物流活动中具体采用哪种运输方式需要根据多种因素来作决策，把不同企业的不同产品运送给不同顾客是常用的运送方式有以下 4 种类型：

① 在每一个企业内按最终顾客的不同对货物进行分类集装，以整箱货运送（FCL）方式从企业直接运送给最终顾客，如图 9.2 所示。

图 9.2　整箱货运送（FCL）方式、直送

② 在供应地物流中心对来自不同厂家的货物按最终顾客进行分类集装，以整箱货运送方式从物流中心直接运送给最终顾客，如图 9.3 所示。

图 9.3　区域集装、整箱货运送方式、直送

③ 在每个企业内把不同顾客的货物（每个顾客的货物都不足一个集装箱批量）进行集装，以拼箱货运送（LCL）方式从企业运送到消费地物流中心（或中间物流中心），在消费地物流中心对集装箱货物进行开箱分装，再将货物分送给不同的最终顾客，如图 9.4 所示。

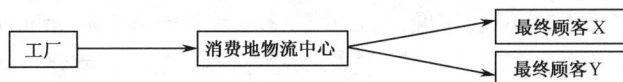

图 9.4　工厂集装、拼箱货运送（LCL）方式、当地撤装分送

④ 在供应地物流中心把不同顾客的来自不同厂家的货物（每个顾客的货物都不足一个

集装箱批量）进行集装，以拼箱货运送（LCL）方式从供应地物流中心运送到消费地物流中心，在消费地物流中心对集装箱货物进行开箱分装，把货物分送给不同的最终顾客，如图 9.5 所示。

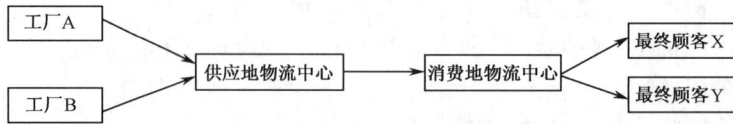

图 9.5　区域集装、拼箱货运送（LCL）方式，当地撤装分送

相对而言，第 1 种、第 2 种运送方式下一次运送批量大，因此能降低单位运输成本，但是会增加库存成本和降低顾客服务水平；第 3 种、第 4 种运送方式下一次运送批量小，能减少库存成本，通过频繁运送来提高顾客服务水平，但是会增加运输成本。

（3）多种运输方式的选择和组合

全球物流运输方式有海洋运输、铁路运输、航空运输、公路卡车运输，以及由这些运输手段组成的全球复合运输方式等。全球运输方式的选择和组合不仅关系到全球物流交货周期的长短，还关系到全球物流总成本的大小，运输方式选择和组合的多样性是全球物流的一个特征。海运是全球物流运输中最普遍的方式，空运是近年来全球物流运输中的发展很快的方式。海运的特点是运输时间长但运费低、运量大，空运的特点是迅速及时但运费贵。

全球物流运输活动中，由于"门到门"的运输方式（见图 9.6）越来越受到货主的欢迎，使得能满足这种需要的国际复合运输方式（International Combined Transport）得到快速发展，逐渐成为全球物流运输方式的主流。全球复合运输指按照复合运输合同，以至少两种不同的运输方式，由复合运输经营企业将货物从一国境内接收货物的地点运往另一国境内指定的交付货物地点的运输形态。全球复合运输方式的目的是追求整个物流系统的效率化和缩短运输时间，中国远洋运输公司（COSCO）、美国联邦快递（FedEx）、日本邮船公司等世界有名的运输公司在向货主提供"门到门"运输服务方面走在了前列。

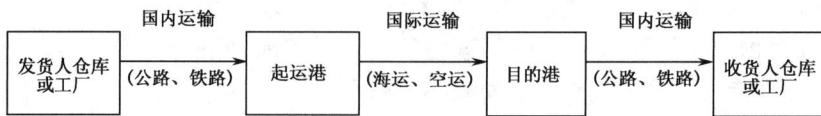

图 9.6　"门到门"（Door to Door）运输方式

在企业的全球物流活动中，运输管理的功能应该拓展为包含整个物流过程中的运输管理，以及从发货开始到收货人收到货物为止的整个运输交货周期（End To End Lead Time）管理。

（4）当地增值的中间产品运输方式

全球化企业的生产集中化和专业化能降低生产成本，而市场的全球化和分散化却会增加企业的物流成本，同时企业难以满足当地消费者的特定需要。为了在这两方面取得平衡，领先的全球化企业采取了当地增值的中间产品运输（Intermediate Component Shipping with Local Added Value）这种新型的全球物流作业方式。这些企业通过重新评价审查它的整个价值链（Value Chain）来寻找机会使产品的最后组装加工作业尽可能在靠近消费地的地方进行，这样企业只要运送中间产品到当地，通过当地工厂组装加工成满足当地市场需求的产品。当地组装加工能够带来以下的优势：即当地化、提供不同产品的选择、当地语言包装、实现零部件等的集中库存、在当地市场产品可以直接向顾客运送等。当地增值的中间产品运输方式不仅能实现较低的成本，还能在维持较低的库存水平上满足当地市场的需求，当地增值的中间产品运输方式是全球物流的一个新型特征。

3．全球物流组织和管理

当企业将其供应链向国际延伸时，会面临一个如何设计管理其全球物流组织的问题。习惯上，企业采用分权的方式，把企业的经营决策权分解授予战略事业单位甚至更下一级的部门。这种分权方法使当地部门拥有很大的决策权，易于当地管理和提高当地部门的积极性。但在需要整合全球经营战略时，这种分权方式不能协调和整合它们之间的关系，只有通过更大程度的集权才能获得全球物流的整体效率性和效益性。因此，对跨国企业而言，必须进行全球物流组织和管理。

（1）全球物流组织结构和控制

为有效地组织全球物流活动，同时实现成本最小、服务最大的目标，必须建立一个集中决策和相互协作的全球物流组织。全球化企业的物流组织结构一般由具有综合计划协调功能的物流管理总部、事业部或生产工厂所属的物流部门和海外分厂的物流部门组成。各个层次的物流职责划分如下：

① 物流管理总部：
- 制定和实施企业的物流政策、物流战略计划和物流教育计划，指导、协商和协调各个事业部的物流活动。
- 收集、整理积累有关国际运输、物流系统、仓库管理、信息系统等方面的专门知识和技术，负责在企业内部介绍和推荐应用。收集、整理、分析有关全球物流运输状况、全球物流设施、全球物流运输的运输方式、价格费用等方面的信息情报，设计效率高、经济性好的全球物流运送方式。
- 国际贸易手续和规则，各国报关手续和规则等的指导和商谈。
- 与世界各国的主要物流组织保持联系，建立全球物流网络，负责与全球供应链各个参与方物流部门的联系和协调。

② 事业部所属物流部门：负责管理、协调不同产品种类、市场或加工过程的、按事业部划分的物流活动。

③ 工厂所属的物流部门：负责全球采购的原材料进厂物流、对应准时生产的场内物流、产品从工厂向世界各国销售的流通物流，即综合工厂的采购、生产、流通中发生的物流活动。

④ 海外分厂的物流部门：负责所在国的所有有关物流的活动，包括有关产品、原材料等进出口的物流活动。
- 制定和执行各自国内的物流计划，与物流管理总部和其他海外分厂的物流部门沟通联络；
- 制成和管理国际贸易等方面需要的文件单据；
- 具体安排货物的运输方式；
- 国际运输货物的检查和验收、投保；
- 与当地政府、公共部门、承运企业、代理公司等建立良好的关系。

（2）顾客服务管理

各国市场有各自的特点和特定的市场需要，因此，在企业的全球经营战略指导下，由海外分厂制定当地市场的营销和物流策略，是实现满足当地消费者的需要、提高顾客服务水平的最佳方法。顾客服务管理包括顾客服务需要的管理和顾客服务结果的控制，且其管理范围已扩展到整个订货实现过程。虽然订货实现系统是一个全球性的、集中管理的系统，但并没有削弱当地顾客服务管理的重要性，反而对当地顾客服务管理提出了更高的要求。顾客订货的获得和商品配送都是由当地部门来完成的，消费者需要的多样化、个性化要求当地部门进行多品种小批量、多频度小数量的配送作业，以及时满足客户需要。

（3）业务外包和合作伙伴

为了在世界范围内竞争，企业必须在全球范围内寻求业务外包和合同伙伴。企业业务外包的范围也从原材料、零部件的采购发展到市场调查、营销渠道、物流等服务作业。在物流领域，外包的业务范围从原来的运输业务和仓库保管业务扩展到材料采购、订货接收处理、库存管理、信息系统等几乎所有的物流领域。对于企业来说，通过物流活动的外包，可以把原来作为固定费用的经营资源转化为变动费用，可以较低的成本获得优质的服务，还可以减少对物流活动的管理，节省管理费用。对于物流业者来说，可以长期扩大物流业务、提高物流设备和人力资源的利用效率，反过来又可把物流规模扩大所带来的规模经济效益返还给顾客。

制定外包战略、管理和控制与第三方组成合作网络需要企业总部和其海外的分公司共同参与和协作。一般的原则是战略决策由企业总部集中进行，而管理和控制供应商的日常业务、与物流伙伴的日常业务联系最好分散在所在国当地进行。

（4）全球物流信息

全球物流管理的核心是进行全球信息管理，企业通过信息系统对原材料、零部件、半成品、成品等的复杂流程进行管理控制和协调，通过信息系统获得整个供应链的材料、库存和市场需要的信息。信息管理是企业追求的主要目标。现代物流管理方法如 ECR 和 QR 就是基于从最终消费者的需求开始的供应链各个环节的信息进行管理。在全球经营活动中，企业的生产销售结点分布在世界各地，生产结点和销售结点之间的库存往往能够掩盖实际的需要，因此对于全球企业来说，需要建立一个能获得供应链每一个层次的实际需求信息的信息系统。

全球物流系统与国内物流系统比较起来，范围更广且更加复杂。对全球物流活动单纯采取当地分散管理或单纯总部集中管理的组织方式是不合理的。企业在进行全球物流活动时既要考虑到物流全球化需要集中管理协调的一面，又要考虑到各地在产品规格、市场特点、文化习俗等方面的差异需要当地分散管理的一面，要在全球集中管理和当地分散管理中取得平衡。

9.2　国际货物运输

随着市场经济的不断发展及对外开放的不断扩大，广泛采用国际上先进的运输组织技术和运输方式给国际贸易带来了新的活力。国际货物运输进入一个新的时代，一个综合发展的时代。我国已经初步形成一个由铁路、公路、水路、航空和管道运输方式协调发展的统一、高效的综合运输体系。各种进出口货物可以根据各自不同的特点选择最佳运输路线，已形成多渠道、多层次、多形式、少环节的格局，对发展国际贸易是十分有利的条件，也成为国际贸易运输的发展开辟了更为广阔的前景。

9.2.1　国际货运的各种方式

1. 国际海上运输

在国际货物运输中，运用最广泛的是海洋运输。目前，其运量在国际货物运输总量中占 80% 以上。海洋运输之所以被如此广泛运用，是因为与其他国际货运方式相比，它主要有下列明显的优点：

① 通过能力大 —— 海洋运输可以利用四通八达的天然航道，不像火车、汽车受轨道和道路的限制，故其通过能力很大。

② 运量大 —— 海洋运输船舶的运载能力，远远大于铁路和公路运输车辆。例如，一艘万吨船舶的载重量一般相当于 250～300 个车皮的载重量。

③ 运费低 —— 按照规模经济的观点，因为运量大、行程远，分摊于每货运吨的运输成本就少，因此运价相对较低。

海洋运输虽有上述优点，但也存在不足之处。例如，海洋运输受气候和自然条件的影响大，行期不准确，且风险较大，另外海运的速度也较慢。

2. 国际铁路货运

在国际货物运输中铁路运输是一种仅次于海洋运输的主要方式，海洋运输的进出口货物也大多是靠铁路运输进行货物集中和分散的。

铁路运输有许多优点，一般不受气候条件的影响，可保障全年的货物运输，而且运量较大，速度较快，有高度的连续性，运转过程中可能遭受的风险也较小。办理铁路货运手续比海洋运输简单，而且发运人和收货人可以在就近的始发站和目的站办理托运和提货手续。

当前我国国际铁路货运的主要方式是中欧班列。中欧班列是指中国开往欧洲的快速货物班列，适合装运集装箱的货运编组列车。目前有西、中、东 3 条通道中欧班列运行线：西部通道由我国西北经阿拉山口（霍尔果斯）出境，中部通道由我国华北经二连浩特出境，东部通道由我国东北经满洲里（绥芬河）出境。

至 2017 年 5 月，依托新亚欧大陆桥和西伯利亚大陆桥，已形成西、中、东三条中欧铁路运输通道，中国铁路已经铺画了中欧班列运行线 51 条，国内开行城市达到 28 个，到达欧洲 11 个国家 29 个城市。亚欧之间的物流通道包括海运通道、空运通道和陆运通道，中欧班列以其运距短、速度快、安全性高的特征，以及绿色环保、受自然环境影响小的优势，已经成为国际物流中陆路运输的骨干方式，在“一带一路”战略中将丝绸之路从原先的“商贸路”变成产业和人口集聚的“经济带”起到重要作用。

3. 国际公路运输

国际公路运输是指国际货物借助一定的运载工具，沿着公路进行跨及两个或两个以上国家或地区的移动过程。目前世界各国的国际货物运输一般以汽车作为运输工具，它既是一个独立的运输体系，也是车站、港口和机场集散物资的重要手段。

公路运输的特点是：运量少，机动灵活；直达性能好，可以实现“门到门”的运输；适应性较强，受地理、气候条件影响小且运行范围广，可以广泛参与到与其他运输方式的联运中，是港口、机场、铁路、车站物资集散的必要手段。

4. 国际航空货物运输

国际航空运输与海洋运输、铁路运输相比，有运输速度快、运输路程短的特点，适合鲜活易腐和季节性商品的运送；同时它运输条件好，货物很少产生损伤、变质，适合贵重物品的运输；又可以简化包装，节省包装费用；航空运输迅速准时，在商品买卖中，有利于巩固现有市场和提高信誉。但航空运输运量小，运输费用高。由于新技术的发展和深化，产品生命周期日益缩短，产品由厚、重、长、大向薄、轻、短、小方向发展。因此，今后适用于航空运输的商品将会越来越多，航空运输的作用也会日益重要。

5. 国际管道运输

管道运输是借助高压气泵的压力将管道内的货物输往目的地的一种运输方式。管道运输在世界各国、各地区的油田、油港和炼油中心之间起着纽带作用，在原油和油品贸易中，是与油轮相辅相成的重要运输方式。

管道运输与其他运输方式相比，其特点在于：

- 运输通道与运输工具合二为一；管道既是运输通道，又是运输工具。
- 运量大。一般一条 1200 mm 直径的管道，一年可输油 4000 多万吨。
- 成本低，管道建成后运营能耗少，成本接近水运。
- 运输漏损少，安全性好。
- 受气候影响小，便于长期稳定运营。
- 劳动生产率高。管道运输可实现远程控制，自动化程度高。
- 专业化强。管道运输局限性大，只能输送特定货物，运输方向单一，与铁路公路相比，灵活性较差。

6. 国际多式联运

国际多式联运是在集装箱运输的基础上产生和发展起来的一种综合性的连贯运输方式，它一般以集装箱为媒介，把海、陆、空各种单一运输方式有机地结合起来，组成一种国际间的连贯运输。

构成多式联运应具备以下几个条件：

- 要有多式联运合同，明确规定多式联运经营人和托运人的合同关系及多式联运的性质。
- 必须使用一份全程多式联运单据。
- 必须是至少两种不同的运输方式的连贯运输，这是确定该票货物是否属于多式联运的主要特征。
- 必须是国际间的货物运输，这是区别于国内运输和是否符合国际法规的限制条件。
- 必须由一个多式联运经营人对全程的运输负责，再由多式联运经营人去寻找分承运人，实现分段的运输。
- 必须是全程单一运费费率。多式联运经营人制定一个货物发运地至目的地的全程单一费率，并以包干形式一次向货主收取。

国际多式联运最大的好处是能集中发挥各种运输方式的优点，使国际货物运输既快又安全。同时简化了手续，减少了中间环节，加快了货运速度，降低了运输成本，并提高了货运质量，为实现"门到门"运输创造了有利条件。

7. 国际快递

国际快递是指在两个或两个以上国家（或地区）之间所进行的快递、物流业务。国家与国家（或地区）传递信函、商业文件及物品的递送业务，是通过国家之间的边境口岸和海关对快件进行检验放行的运送方式。国际快件在到达目的国家之后，需要在目的国进行再次转运，才能将快件送达最终目的地。其特点有：

① 快递环境的差异性，不同的法律法规、人文、习俗、语言、科技发展程度和硬件设施；

② 快递系统范围的广泛性，快递本身的复杂性，加上国际快递的特殊性，操作难度较大，所面临的风险更大；

③ 快递系统对信息的提供、收集与管理有更高的要求，要求有国际化信息系统的支持。

目前，中国国际快递是快递业务中重要的组成部分，它是中国邮政EMS、DHL、UPS、FedEx、TNT 等快递业巨头的主营业务，每年的业务量以 30%的速度增长，在中国跨境电商和外贸业务中发挥了举足轻重的作用，为中国经济融入全球一体化作出了贡献。

国际快递包裹重量分实际重量和体积重量两种，快递公司将以两种重量中大的一项为计费依据。体积重量计算方法如下：

- EMS 邮政速递，对长、宽、高三边中任一单边达到 60 cm 或以上的包裹进行计算体积重重量，计算公式：

$$体积重量/kg＝长/cm×宽/cm×高/cm÷8\ 000$$

- 四大国际快递 DHL、UPS、TNT、FedEX 包裹体积重量的计算：

$$体积重量/kg＝长/cm×宽/cm×高/cm÷5\ 000$$

9.2.2　国际货运方式选择

组织国际物流，必须正确选择运输方式和管理组织方式。国际物流的运输方式除了一般的海运、铁路运输、公路运输、空运、管道运输外，还有多式联运、大陆桥运输等。国际物流对运输方式的选择主要从以下几个方面考虑：

（1）运输成本

运输成本是国际物流对运输方式选择上首要考虑的因素，其原因是运距太长，运费负担较重。据统计，在外贸价格中，物流费有时占出口货价的 30%～70%，对于煤炭、矿石等低价值货物，这一比例甚至更高。

在国际物流中，大型专用船舶的运输成本较低，定期班轮则较高，包轮更高。一般而言，海运成本低于陆运成本，但如果海运有大迂回，则利用大陆桥在运载成本方面有一定的优势。

（2）运行速度

国际物流速度也很重要，主要有两个原因：一是运距长，所需时日较多，资金占用时间长，加快速度有利于释放占用的资金；二是市场价位，由于速度慢错过了好的价位使经济效益下降。所以，缩短物流时间会有一系列的好处。

在各种物流形式中，航空运输速度最高。在洲际运输中，用大陆桥运输取代海运，会获得提高物流速度的显著效果。

（3）货物的性质和特点

货物的性质和特点有时对物流方式的选择起到决定作用。经常是由于国际物流方式的限制，有些货物无法进入国际物流中而失去了市场时机。

一般来说，各种包装杂货可以选择各种运输方式，但诸如水泥、石油、沥青、危险品等选择范围较窄。如在国际物流中，选择汽车或飞机运输水泥显然是不经济的。

（4）货物数量

由于国际物流运输距离长，使大量货物运输受到了限制，因为国际物流距离往往超出了汽车等运输工具的经济里程，大量货物也不可能选择航空运输，因为航空运输不具备那样大的运输能力，更不用说价格了。

（5）物流基础设施条件

由于国家之间发展的不平衡，一个国家中可以选择的物流方式，到另一个国家或许就不能采用，原因是另一个国家缺乏采用这种方式的必要基础设施。在选择时，如不考虑这个问题，是无法形成有效的物流系统的。最典型的例子是，大型船和集装箱，如缺乏必要的水域条件、港口条件，大型船无法作业，则不管如何便宜，也不能选择大型船；如果没有大型集装箱码头和集装箱集疏的腹地条件，则也不可能大量选择集装箱方式。

在国际物流中，运输方式选择不当造成的不合理运输程度远甚于一般物流。例如，一旦选择海运，则不可避免受航线的约束形成迂回运输，这比通常的陆地迂回大得多，而且一旦上船便无法更改。又如，由于国际物流运输受国际贸易的驱动，比国内物流多了一层通关手续，多了很多关税，假如由于物流方式选择不当，拉长了时间，错过了销售时机，就会出现更为严重的"货到地头死"的现象，造成更大的经济损失。

9.2.3　国际复合运输

国际复合运输是通过海上运输或航空运输连接向内陆最终目的地进行输送，它是国际间通过多种运输方式的组合来输送货物的形式。原来的国际货物运输，在门对门运输的形式下，虽然也是连续地综合使用多种运输方式来完成运输活动。但是，它是单一的个别运输方式的连接。也就是说，通过实现各个运输方式的效率化来追求全体的效率。而国际复合运输与此有明显差异，它是在流通过程的综合价值链中来追求效率，不仅是将各种运输机能有效地连接起来，而且追求整体系统的效率化。

过去的国际复合运输只是将货物装载在像集装箱这样规格化的容器中，为了实现"门对门"的运输而使用多种运输方式，其本身并不包含现代物流的观念，只是以实现顺利运输为目的。与之相对，近年来倡导的国际复合运输是一种货主企业推进的现代物流概念，即将调达、生产支援和物资流通统一起来。具体来说，就是在运输技术发展以及交通规制缓和的过程中，将国内物流与国际物流统一起来，以求实现流通过程整体成本最优。在此过程中，应注意以下几点：

（1）充分重视运输时间的重要性

对于运输时间具有重大影响的要素不仅有运输工具运行的速度，还包括港口、货物集散地的运营效率、货物集散、中转的时间等能够缩短整个运输时间的因素，或者说，顾客信赖的建立尽管表现为出发时间、运输时间以及货物让渡的确定性，但是，这种确定性受到各个集散、中转地效率化经营的影响。因此，对物流企业而言，有效地运营港口、中转集散地成为一种重要的运输经营战略。

（2）有效地组织运输网络

传统的运输网络指的是车站码头之间的直线路线，即通过将分散在各地的站点连接起来形成网络。而现在多数企业所采用的网络则是指"集散轮式系统",即从地方到地方的货物运输通过中央货物集配、分检中心来进行,原来站点之间复杂的路线网络被以集散地为中心的放射性路线网络所取代,这样不仅避免了货物运输过程中总路线的迂回现象,而且由于能借助集散中心的管理加强主要干线运输工具的力量,提高利用率,实现货物转移的集装化,最终达到整体成本节约的目的。当然,由于这种集散地要发挥规模经济的作用,实际上要求必须对运输网络系统进行大量投资,以通过对这种网络系统的建立和完善加速货物周转,缩短运输时间,确保物流企业的强大竞争力。

(3)构筑高效的运输系统

从货主的角度来看,之所以重视运输时间,原因在于若构筑了高度信赖性的运输系统,货物的在库量就可以减少,或者在库时间得以缩短,这符合近年来企业所追求的 JIT 战略,即尽管商品在库是流通过程中解决生产与销售之间阻隔的缓冲器,但是,为了实现费用削减的目的,要尽可能地将其保持到最低水平。正因如此,为达到在库的最小化,必须追求建立高效率的运输系统。

(4)保证高附加值的产品物流

从商品在库与附加价值的关系来看,现代物流系统的原则是充分保证高附加价值的产品物流,即对于附加价值较低的产品,由拥有大规模网络的流通中心实现在库拥有,而对于高附加值的产品,则在流通中心小规模地集中,然后为缩短运输、在库时间,采用航空运输满足顾客需求。因此,由于不同产品具有不同的附加价值,物流系统也变得日益复杂。另外,在货主企业追求规模效益的状况下,应该尽可能地减少对生产设施的投资,而这又容易产生市场供给线和运输时间延长,为解决该问题,就需要通过选择最佳的生产地点来实现物流成本最小化。

由此看来,现代物流的构成是由运输手段及其选择,在库产品的价值,生产设施的数目、规模与地址,各种运输方式的费用等多种因素的权衡、调整来实现的。从具体形式上讲,现代国际复合运输方式主要有航空运输、海空联运、海陆联运以及海上运输等几种形式。

9.2.4 国际货运代理

国际货运代理从公元 10 世纪就开始存在,随着公共仓库在港口、城市的建立,海上贸易的扩大,国际货运代理业务逐步发展。由于国际贸易在世界范围内的发展,国际货运代理的作用越来越重要。国际货运代理成为独立的行业,在欧洲已有 100 多年的历史,不少国家成立国家级国际货运代理协会。1880 年在德国莱比锡召开了第一次国际货运代理代表大会。进入 20 世纪 20 年代,国际合作有了更大的发展,1926 年 5 月,16 个国家的国际货运代理协会在维也纳成立了国际货运代理协会联合会(International Federation of Freight Association),其法文缩写为 FIATA,简称"菲亚塔",总部设在瑞士苏黎世。联合会成立的目的是保障和提高国际货运代理在全球的利益。目前"菲亚塔"已联合了 130 多个国家的 35 000 多个货运代理。1985 年中国对外贸易总公司加入了该组织,成为当时我国各进出口公司的唯一货运总代理。

随着我国改革开放的不断深入,对外贸易体制和交通运输体制进行了改革,实行了互相兼营和多家经营的政策,允许多家经营国际货运代理业务。原外经贸部在 1988 年 6 月颁发《审批国际货物运输代理企业有关问题的规定》。近十多年来,国际货运代理业在我国得到迅速发展,截至 1999 年年底,经原外经贸部批准成立的国际货运代理企业达 1700 家,我国的国际货运代理也已经形成一定的规模，成为对外贸易运输不可缺少的重要组成部分。

1．国际货运代理的作用

① 能够安全、迅速、准确、节省、方便的组织进出口货物运输。根据委托人托运货物的具体情况，选择合适的运输方式、运输工具、最佳的运输路线和最优的运输方案。

② 能够就运费、包装、单证、结关、检查检验、金融、领事要求等提供咨询，并对国外市场的价格、销售情况提供信息和建议。

③ 能够提供优质服务。为委托人办理国际货物运输中某一环节的业务或全程各个环节的业务，手续方便简单。

④ 能够把小批量的货物集中成为组货进行运输，既方便了货主也方便了承运人，货主因得到优惠的运价而节省了运输费用，承运人接收货物时省时、省力，便于货物的装载。

⑤ 能够掌握货物全程的运输信息，使用现代化的通信设备随时向委托人报告货物在途的运输情况。

⑥ 货运代理不仅能组织协调运输，而且影响到新运输方式的创造、新运输路线的开发以及新费率的制定。

总之，国际货运代理是整个国际货物运输的组织者和设计师，特别是在国际贸易竞争激烈、社会分工越来越细的情况下，它的地位越来越重要，作用越来越明显。

2．国际货运代理具备的条件

《中华人民共和国国际货物运输代理业管理规定》明确规定：国务院对外贸易经济合作主管部门负责对全国的国际货运代理业实施监督管理。在我国从事国际货运代理的企业必须具备以下条件：

- 必须依法取得中华人民共和国企业法人资格。
- 由与其从事的国际货运代理业务相适应的专业人员。
- 有固定的营业场所和必要的营业设施。
- 有稳定的进出口货源市场。
- 注册资金最低限额：经营海上国际货运代理业务的，注册资本最低限额为500万元人民币；经营航空国际货运代理业务的，注册资金最低限额为300万元人民币；经营陆路国际货运代理业务或国际快递业务的，注册资金最低限额在200万元人民币；经营前述两项以上业务的，注册资本最高限额为其中最高一项的限额；国际货运代理企业每设立一个从事国际货运代理业务的分支机构，应当增加注册资本50万元。

习题与思考题

一、应知目标考核题

（一）单项选择题

1．国际物流系统的两大支柱子系统是指（　　）。
　A．包装和储存　　　　　　　B．储存和运输
　C．运输和检验　　　　　　　D．检验和外贸加工

2．全球物流与国内物流相比，增加了（　　　）等两项活动。
　　A．运输和保管　　　　　　　　　　B．包装及装卸
　　C．报关和流通加工　　　　　　　　D．报关及编制相关文书单据
3．国际货运的各种方式中，具有通过能力大、运量大、运费低等特点的是（　　　）。
　　A．国际海上运输　　　　　　　　　B．国际铁路运输
　　C．国际公路运输　　　　　　　　　D．国际管道运输
4．在世界各国的油田、油港和炼油中心之间起着纽带作用的运输方式是（　　　）。
　　A．国际海上运输　　　　　　　　　B．国际铁路运输
　　C．国际公路运输　　　　　　　　　D．国际管道运输
5．国际物流对运输方式选择上，首要考虑的因素是（　　　）。
　　A．运输成本　　　　　　　　　　　B．运行速度
　　C．货物数量　　　　　　　　　　　D．货物性质及特点

（二）判断题

1．国际物流与国际贸易并没有本质的区别。（　　　　）
2．国际物流环境差异导致了国际物流系统难以建立。（　　　　）
3．全球物流具有克服时间和空间的阻隔以及克服国界阻隔的功能。（　　　　）
4．在国际物流中，国际海上运输由于运输周期长，很容易出现"货到地头死"的现象。

（三）名词解释

国际物流　　　　　国际贸易　　　　　国际复合运输

（四）问答题

1．国际物流与国内物流相比较，有哪些特点？
2．请简单谈谈国际贸易与国际物流之间的关系。
3．全球物流的功能有哪些？全球物流的基本活动有哪些？
4．全球物流的特征有哪些？
5．国际物流对运输方式的选择要注意哪些方面的问题？
6．国际复合运输过程中应该注意的问题有哪些？
7．国际货运代理的作用有哪些？国际货运代理必须具备哪些条件？

二、应会能力测试题

请结合案例回答相关问题

武汉市民家门口买欧洲美食

2017 年 7 月，一大波乘坐中欧班列（武汉）特制食品级冷冻集装箱进口而来的欧洲美食，首次在湖北省武汉市的超市中亮相。下一步，更多欧洲美食将陆续走进武汉本土三大商业集团各大超市。

在武昌中南路中商广场优品汇超市中，19.9 元一升的白俄罗斯萨乌斯金牛奶、288 元一瓶的法国波尔多原装红酒、258 元一瓶的萨尔布拉克 5 升装红花籽油……数十种欧洲进口食

品占据了超市入口的显眼位置。据超市工作人员介绍，搭乘中欧班列而来的进口食品有纯牛奶、原产地红酒、啤酒、果汁、食用油五大品类。下一步，还将有冰淇淋、蜂蜜和矿泉水等进驻、销售。

从2016年起，中欧班列（武汉）开始进军民生领域，利用铁路物流量大、价低的优势，将欧洲、中亚原产地的直采原包装产品，经铁路直接运回武汉，目前已进口了130余个单品。这些产品以前主要在相关直营店进行展示和销售，市民购买不够方便。作为武汉至欧洲国际铁路货运班列的运营商，武汉汉欧国际物流有限公司（简称汉欧公司）从2017年开始，与中商、中百和武商三大武汉本土商业集团洽谈，希望进驻各商业体销售。

为了方便食品运输，汉欧公司与技术单位合作研发了自带油柜、发电机和定位系统的45英尺冷冻集装箱（1英尺＝0.3048 m），用于运输红酒、牛奶、冷淇淋等对运输温度要求高的食品冷链运输，从原产地直达武汉需20天，武汉市民可在家门口"一站式"集中采购来自"一带一路"沿线国家和地区的各类优质商品，省去了代购的麻烦。

问题：
1. 请简单描述中欧班列的线路情况。
2. 中欧班列对我国的国际贸易发展会产生哪些影响？

第 10 章　现代物流信息管理

应知目标
- 了解物流信息的功能和特征
- 懂得各种信息技术在物流中的作用
- 熟悉物流管理信息系统的功能和开发过程
- 熟悉物联网与智能物流技术及其应用
-

应会目标
- 能够根据企业需要选用相应的物流信息技术
- 能够初步分析并评价物流管理信息系统的功能

物流信息在现代企业经营战略中占有越来越重要的地位。建立物流信息系统，提供迅速、准确、及时、全面的物流信息是现代企业获得竞争优势的必要条件。掌握并熟练应用各种信息技术，如条形码、电子自动订货系统、销售时点系统、物流企业管理信息系统、卫星地面定位系统、智能物流技术等，是物流企业提高服务水平和管理工作效率、降低物流成本的重要保障。

10.1　物流信息的功能和特征

近年来，在企业经营方面，有关信息的重要性日益显现。在国际化、多样化、高速化等经营环境下，如果没有良好的信息系统，将会直接影响到企业的生存。物流系统是动态性强、涉及面广、跨度大的复杂系统，物流信息化是现代物流形成的基础和发展的关键。

10.1.1　物流信息及其内容

物流信息包含的内容和对应的功能可从狭义、广义两方面来考察。从狭义范围来看，物流信息是指与物流活动有关的信息。在物流活动的管理与决策中，都需要详细和准确的物流信息，因为物流信息系统对运输管理、库存管理、订单管理、仓库作业管理等物流活动都具有支持保障的功能。

从广义范围看，物流信息不仅指与物流活动有关的信息，而且包含与其他流通活动有关的信息，如商品交易信息和市场信息等。商品交易信息是指与买卖双方的交易过程有关的信息，如销售和购买信息、订货和接受订货信息、发出货款和收到货款信息等。市场信息是指与市场活动有关的信息，如消费者的需求信息、竞争业者或竞争性商品的信息、销售促进活动信息、交通通信等基础设施信息等。在现代经营管理活动中，物流信息与商品交易信息、市场信息相互交叉、融合，有着密切的联系。物流信息在现代企业经营战略中占有越来越重要的地位。建立物流信息系统，提供迅速、准确、及时、全面的物流信息是现代企业获得竞争优势的必要条件。

关于物流信息系统的内容，让我们结合商贸批发业进行说明。

物流信息系统在商贸批发业主要是销售物流，包括接受订货系统、订货系统、收货系统、库存管理系统、发货系统和配送系统，如图 10.1 所示。

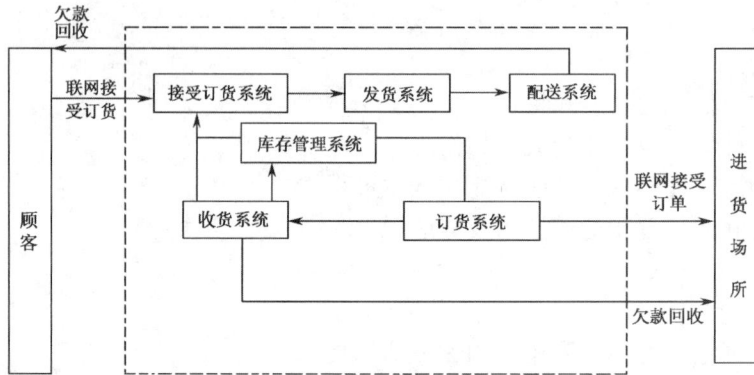

图 10.1　批发业物流信息系统流程图

（1）接受订货系统

办理接受订货手续是交易活动的始发点，所有物流活动均从接受订货开始。为了迅速、准确地将商品送到，必须准确、迅速地办理接受订货手续。接受订货系统是办理从零售商处接受订单、准备货物、明确交货时间、交货期限、剩余货物管理等的系统。

（2）订货系统

订货系统与接受订货系统、库存管理系统互动，在库存不足时应防止缺货；在库存过多或库存不合理时，根据订货劝告适时、适量地调整订货系统。

（3）收货系统

收货系统是根据收货预订信息对收到的货物进行检验，与订货要求进行核对且无误之后计入库存、指定货位等的收货管理系统。

（4）库存管理系统

批发业应该正确把握商品库存，对于制定恰当的采购计划、接受订货计划、收货计划和发货计划是必不可少的，所以库存管理系统才是物流信息的中心。对保存在物流中心内的商品进行实际管理、指定货位和调整库存的系统即库存管理系统。

（5）发货系统

如何通过迅速、准确的发货安排将商品送到顾客手中，是物流系统需要解决的主要问题。发货系统是一种与接受订货系统、库存管理系统互动，向保管场所发出捡选指令或根据不同的配送方向进行分类的系统。

（6）配送系统

降低成本对于高效率的配送计划来说是非常重要的。配送系统是将商品按配送方向进行分类，制定车辆调配计划和配送路线计划的系统。

10.1.2　物流信息的功能

对物流信息的功能有多种认识的描述，其中以"中枢神经功能"和"支持保障功能"两种看法最为典型。

（1）中枢神经功能

将物流信息比作中枢神经，是因为信息流经收集、传递后成为决策依据，对整个物流活动起指挥、协调作用。如果信息失误，则指挥活动便会失误，如果没有信息系统，整个信息系统便会瘫痪。实物的运动就像一个人的手足活动，大脑和神经活动就是信息流，没有这种流，就没有人的运行。当然，信息还有传递方面的问题，中枢神经的信号如果只产生而不能传送到手足，同样也不可能指挥人的运动。这种传递就要依靠有效的信息系统。所以，物流信息系统就像传递中枢神经信号的神经系统，高效的信息系统是物流系统正常运转的必要条件。

（2）支持保障功能

之所以说物流信息具有支持和保障功能，是因为物流信息对所有的物流活动起到支持作用，没有这种支持，物流设备、设施再好，也很难正常运转。当然，如果只有这种支持而没有物流本身的技术水平和管理水平，物流活动也不会达到高水平。只有支撑体和本体都正常，才会有完善的整体。

对物流活动来说，物流信息还有决定效益的作用。物流系统的优化、各个物流环节的优化所采取的办法、措施，如选用合适的设备、设计最合理路线、决定最佳库存储备等，都要切合系统实际，也就是说，都要依靠准确反映这一实际的物流信息，否则，任何行动都不免带有盲目性。所以，物流信息对提高经济效益也起着非常重要的作用。

10.1.3　物流信息的特征

物流信息有以下几方面的特征：

（1）信息量大

物流信息随着物流活动以及商品交易活动开展而大量发生。多品种少量生产和多频度小数量配送使库存、运输等物流活动的信息大量增加。零售商广泛应用 POS 系统读取销售时点的商品品种、价格、数量等即时销售信息，并对这些销售信息加工整理，通过 EDI 向相关企业传送。同时为了使库存补充作业合理化，许多企业采用 EOS 系统。随着企业间合作倾向的增强和信息技术的发展，物流信息的信息量将会越来越大。

（2）动态性强

物流信息的更新速度快、动态性强。多品种少量生产、多频度小数量配送、利用 POS 系统的即时销售使得各种作业活动频繁发生，从而要求物流信息不断更新，而且更新的速度越来越快。

（3）来源多样化

物流信息不仅包括企业内部的物流信息（如生产信息、库存信息等），而且包括企业间的物流信息和与物流活动有关的基础设施的信息。企业竞争优势的获得需要供应链各参与企业之间相互协调合作。协调合作的手段之一是信息即时交换和共享。许多企业把物流信息标准化和格式化，利用 EDI 在相关企业间进行传送，实现信息共享。另外，物流活动往往利用道路、港湾、机场等基础设施。因此，为了高效率地完成物流活动，必须掌握与基础设施有关的信息，如在国际物流过程中必须掌握报关所需信息、港口作业信息等。

10.2　物流信息技术

物流信息技术是物流技术中发展最快的领域。物流信息技术既包括专用于物流的信息技术，如条形码技术、货物跟踪技术，也包括具有物流特色的通用性信息技术，如自动识别技术、EDI 系统、管理信息系统等。本节和 10.3 节主要介绍物流领域常用的信息技术的基础知识与应用。

10.2.1　条形码技术

在贸易和物流活动中，为了迅速、准确地识别商品、自动读取有关商品的信息，条形码技术被广泛应用。条形码是用一组数字来表示商品的信息。按使用方式分为直接印刷在商品包装上的条形码和印刷在商品标签上的条形码，按使用目的分为商品条形码和物流条形码。

商品条形码是以直接向消费者销售的商品为对象、以单个商品为单位使用的条形码。它由 13 位数字组成，最前面的两个数字表示国家或地区的代码，中国内地的代码是 69，接着的 5 位数字表示生产厂家的代码，其后的 5 位数字表示商品品种的代码，最后的 1 位数字用来防止机器发生误读错误。例如，商品条形码 6902952880041 中，69 代表中国内地，02952 代表贵州茅台酒厂，88004 代表 53%（V/V）、106PROOF、500 mL 的白酒。

物流条形码是物流过程中以商品为对象以集合包装商品为单位使用的条形码。标准物流条形码由 14 位数字组成，除了第 1 位数字之外，其余 13 位数字代表的意思与商品条形码相同。物流条形码第 1 位数字表示物流识别代码，如在物流识别代码中 1 代表集合包装容器装6 瓶酒、2 代表装 24 瓶酒，物流条形码 26902952880041 代表该包装容器装有中国贵州茅台酒厂的白酒 24 瓶。

商品条形码和物流条形码的区别如表 10.1 所示。

表 10.1　商品条形码和物流条形码的区别

	应 用 对 象	数 字 构 成	包 装 形 状	应 用 领 域
商品条形码	向消费者销售的商品	13 位数字	单个商品包装	POS 系统、补充订货系统管理
物流条形码	物流过程中的商品	14 位数字（标准物流条形码）	集合包装（如纸箱、集装箱等）	出入库管理、运输保管、分拣管理

条形码是有关生产厂家、批发商、零售商、运输业者等经济主体进行订货和接受订货、销售、运输、保管、出入库检验等活动的信息源。由于在活动发生时点能即时自动读取信息，因此便于及时捕捉到消费者的需要，提高商品销售效果，也有利于促进物流系统提高效率。

另外，条形码与其他辨识商品的方法如 OCR（Optical Character Recognition，光学文字识别）、OMR（Optical Mark Reader，光学记号读取）相比，具有印刷成本低和读取精度高的优点。

10.2.2　射频技术

1．射频识别的概念

射频识别（Radio Frequency Identification，RFID）是 20 世纪 90 年代开始兴起的一种自动识别技术。射频技术的基本理论是电磁理论，利用无线电波对记录媒体进行读/写。射频系统的优点是不局限于视线，识别距离比光学系统远，射频识别卡具有读/写能力，可携带大量数据、难以伪造和有智能化等。

装载识别信息系统的载体是射频标签（在部分识别系统中也称为应答器、射频卡等），获取信息的装置称为射频读写器（在部分系统中也称为问询器、收发器等）。射频标签与射频读/写器之间利用感应、无线电波或微波能量进行非接触双向通信，实现数据交换，从而达到识别的目的。

射频识别系统的传送距离由许多因素决定，如传送频率、天线设计等，射频识别的距离可达几十厘米至几米，且根据读写的方式，可以输入数千字节的信息，同时，还具有极高的保密性。但由于射频识别技术以无线通信技术为核心，伴随着半导体、大规模集成电路技术的发展而逐步形成，其应用过程涉及无线通信协议、发射功率、占用频率等多方面的因素，目前尚未形成在开放系统中应用的统一标准，因此射频技术主要应用在一些闭环应用系统中。

2．射频识别技术在物流控制系统中的应用

在物流控制系统中，RFID 阅读器分散布置在给定的区域，并且阅读器直接与数据管理信息系统相连，信号发射机是移动的，一般安装在移动的物体上面。当物体经过阅读器时，阅读器会自动扫描标签上的信息并把数据信息输入数据管理信息系统进行存储、分析、处理，达到控制物流的目的。

10.2.3　货物跟踪技术

货物跟踪是指利用现代信息技术及时获取有关货物状态或位置的实时信息，辅助决策，对物流各环节进行指挥、调度等控制，同时服务于客户的方法。具体说就是物流作业人员在进行物流作业时，利用现代信息技术自动获取货物装载工具、外包装或者货物票据上的货物识别代码等信息，通过计算机网络把货物的信息集中到中心计算机进行汇总、整理并储存，提供货物的位置及状态的实时信息，供物流运作决策及客户的随时查询。

目前对在车站、港口、码头或仓库停留的货物所采用的技术主要是条码技术和射频技术等，对于在途货物的跟踪主要采用的是 GPS（全球定位系统）、GIS（地理信息系统），以及 GSM（移动通信）技术，通过对运输工具（车辆、船只、飞机等）的跟踪管理来实现的。具体方法是在装载作业时，绑定货物与运输工具（通过装载清单）。通过对运输工具的跟踪，就能查询货物位置，如图 10.2 所示。

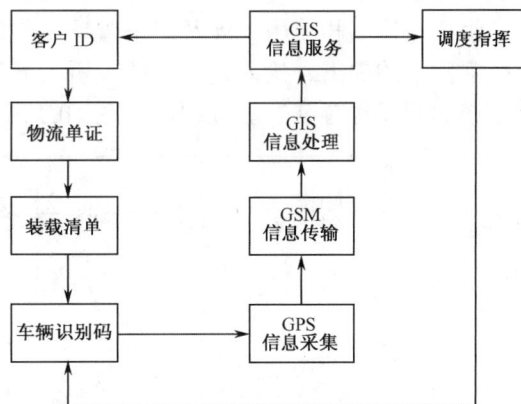

图 10.2　在途货物跟踪原理

10.3　物流企业管理信息系统

管理信息系统（Management Information System，MIS）是随着物流企业的管理方式和计算机技术的进步一同发展的。物流企业的 MIS 从简单到复杂、从单纯的数量管理向质量管理发展、从模拟现行管理体制向改革现行管理体制发展，特别是在综合性不断提高、管理方法互相融合的情况下，我国大中型物流企业的管理信息系统，经过多年努力，在系统开发、建设与应用方面取得了显著的成绩，积累了许多经验，并获得了一定的经济效益，为今后向更高层次发展奠定了基础。

10.3.1　物流企业对管理信息系统建设的要求

从物流企业管理功能和业务发展的角度，物流企业对 MIS 的建设需求主要体现在以下几方面：

- 改善物流企业内部和物流企业信息交流方式，满足业务部门对信息处理和共享的需求，在物流企业管理和业务过程中，使物流企业信息更有效地发挥效力。
- 提高办公自动化水平，提高工作效率，降低管理成本，提高物流企业在市场上的竞争能力。
- 通过对每项业务的跟踪监控，物流企业的各层管理者可以了解业务进展情况，掌握第一手资料；通过信息交流及时掌握经营管理数据，增强对业务的控制，为决策提供数据支持。
- 加强物流企业对员工的管理，随时了解所辖人员的背景材料和业务进展，分析工作定额，合理调度资源，加强管理能力。
- 管理信息系统的建设应综合利用计算机技术、通信技术和信息技术，将系统建成实用、稳定、可靠、高效、能体现新技术并能满足物流企业主要业务处理，完成信息查询、加工、汇总、分析的管理信息系统，最终为决策提供支持。

10.3.2　管理信息系统建设

管理信息系统的开发是一项系统性相当强的工作，其开发过程涉及人、财、物等资源的合理组织、调度和使用，涉及组织管理工作的改进及工作模式的变迁。任何一个项目，都有一个从问题的提出、论证到问题的分析、方案的设计直到方案的实施和评价等过程。管理信息系统的开发也有其一般过程，如图 10.3 所示。

图 10.3　系统开发的一般过程

从图 10.3 可以看到，系统开发是一个动态的概念。系统开发的上一步骤的输出作为下一步骤的输入，同时此输出又作为前面步骤的动态反馈。系统就是在这种运动过程中进行动态调整，不断提高、完善的。

在开发过程中，应利用大量定量化的科学管理方法，深入探讨实现 MIS 对物流企业经营和管理过程的预测、管理、调节、规划和控制等的方法；使 MIS 成为解决物流企业结构化管理决策问题和以定量化的确定型技术开发方法为主的管理信息系统；制定和建立最佳物流企业 MIS 组织结构方案。

在 MIS 开发过程中，应充分体现其系统功能与业务功能而建立完善的 MIS 功能子系统和 MIS 业务子系统，分别如表 10.2 和表 10.3 所示。

表 10.2　MIS 功能子系统

主要功能子系统	典 型 应 用
市场	销售预报，销售计划，销售分析，顾客分析
物流控制	购货计划与控制，库存控制，物料分配与运输
人事	人员需求计划，人员素质分析，工资管理
财务	财务分析，成本分析，资金需求计划，利润核算
信息管理	信息系统规划，开发实施方案，经济效益分析
战略管理	战略规划，资源配置

表 10.3　MIS 业务子系统

业 务 系 统	应用与说明
业务过程管理	统计，核算，记录，订货，运输，票据处理
运行控制	制定业务过程时间表与报告表
管理控制	确定预算与资源配置
战略规划	确定战略目标，战略计划

信息管理系统的指导思想应满足物流企业深化改革、走向市场、提高经济效益的总体需求，达到优化系统资源配置与开发、强化系统软件集成、扩大系统功能、推进系统间资源共享等目标，为物流企业实现集约化经营、提高经济效益服务。随着信息时代的到来，对物流企业的信息管理赋予了更高的管理思想和信息技术要求，如管理信息网络集约化、数据管理与处理标准化、系统管理通用化、智能化、系统集成商品化。

10.4　物联网技术与智能物流

10.4.1　什么是物联网

物联网通过智能感知、识别技术与普适计算，广泛应用于网络的融合中，也因此被称为继计算机、互联网之后世界信息产业发展的第三次浪潮。

1. 物联网的概念

物联网的概念最初来自"传感网"，是作为重大 IT 技术提出来的。1999 年，在美国召开的移动计算和网络国际会议提出，传感网是下一个世纪人类面临的又一个发展机遇。2003 年，美国《技术评论》杂志提出传感网络技术将是未来改变人们生活的十大技术之首。到了 2005 年，在突尼斯举行的信息社会世界峰会（WSIS）上，国际电信联盟（ITU）发布了《互联网报告 2005：物联网》一文，正式提出了物联网的概念。射频识别（RFID）、传感器技术将是其中的关键技术。2009 年，物联网被正式列为我国国家五大新兴战略性产业之一而写入《政府工作报告》，物联网在中国受到了全社会极大的关注。

物联网是新一代信息技术的重要组成部分，其英文名称是"The Internet of Things"。顾名思义，物联网就是物物相联的互联网，是指具有自我标识、感知和智能的物理实体基于通信技术相互连接而形成的网络，这些物理设备可以在无须人工干预的条件下实现协同和互动，为人们提供智慧和集约的服务。这有两层意思：其一，物联网的核心和基础仍然是互联网，是在互联网基础上延伸和扩展的网络；其二，其用户端延伸和扩展到了任何物品与物品之间，进行信息交换和通信。物联网示意图如图 10.4 所示。

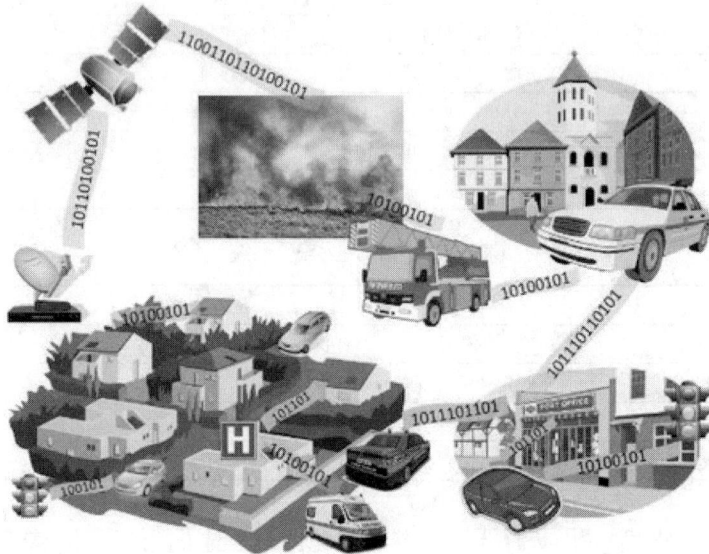

图10.4　物联网示意图

2. 物联网的体系架构

物联网体系架构大致被公认为有三个层次，其中底层是用来感知数据的感知层，第二层是数据传输的网络层，最上面则是应用层，如图 10.5 所示。

在物联网体系架构中，三层的关系可以这样理解：

- 感知层是物联网的皮肤和五官 —— 识别物体，采集信息。感知层包括二维码标签和识读器、RFID 标签和读写器、摄像头、GPS 等，其主要作用是识别物体，采集信息，与人体结构中皮肤和五官的作用相似。
- 网络层是物联网的神经中枢和大脑 —— 信息传递和处理。网络层包括通信与互联网的融合网络、网络管理中心和信息处理中心等，将感知层所获取的信息进行传递和处理，类似于人体结构中的神经中枢和大脑。
- 应用层是物联网的"社会分工" —— 与行业需求结合，实现广泛智能化。应用层是物联网与行业专业技术的深度融合，与行业需求结合，实现行业智能化，这类似于人的社会分工，最终构成人类社会。
- 在各层之间，信息不是单向传递的，也有交互、控制等；所传递的信息多种多样，其中的关键是物品的信息，包括在特定应用系统范围内能唯一标识物品的识别码和物品的静态与动态信息。

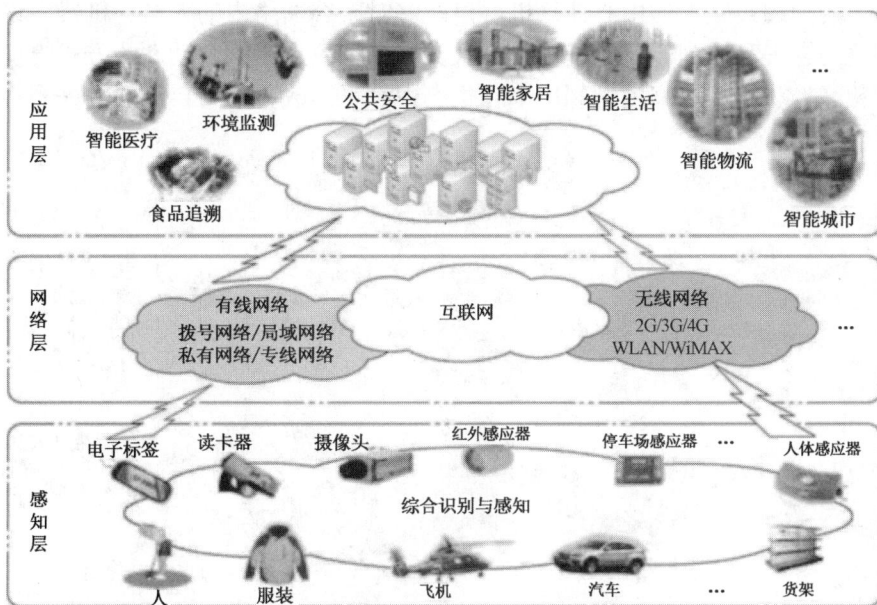

图10.5　物联网系统架构

3. 物联网的主要特性

① 全面感知 —— 利用 RFID、传感器、二维码，甚至包括各种可用的声光电感知手段，即时采集物体动态信息。

② 可靠传递 —— 通过各种信息网络与互联网的融合，将感知的信息实时、准确、可靠地传递出去。

③ 智能处理 —— 利用云计算等智能计算技术对海量的数据和信息进行分析和处理，对物体实施智能化控制。

4. 物联网的应用

物联网用途广泛，遍及智能交通、环境保护、政府工作、公共安全、平安家居、智能消防、工业监测、环境监测、路灯照明管控、景观照明管控、楼宇照明管控、广场照明管控、老人护理、个人健康、花卉栽培、水系监测、食品溯源、敌情侦查和情报搜集等领域，如图 10.6 所示。

国际电信联盟在其 2005 年的报告中曾描绘"物联网"时代的图景：当司机出现操作失误时汽车会自动报警，公文包会提醒主人忘带了什么东西，衣服会"告诉"洗衣机对颜色和水温的要求，等等。物联网在物流领域的应用则比如：一家物流公司应用了物联网系统的货车，当装载超重时，汽车会自动告诉你超载了和超载多少，且当空间还有剩余时，告诉你轻重货怎样搭配。当搬运人员卸货时，一只货物包装可能会大叫"你扔疼我了"，或者说"亲爱的，请你不要太野蛮，可以吗？"当司机在和别人扯闲话时，货车会装作老板的声音怒吼"笨蛋，该发车了！"

物联网把新一代 IT 技术充分运用在各行各业之中，具体地说，就是把感应器嵌入和装备到电网、铁路、桥梁、隧道、公路、建筑、供水系统、大坝、油气管道等各种物体中，然后将"物联网"与现有的互联网整合起来，实现人类社会与物理系统的整合。在这个整合的网络当中，存在能力超级强大的中心计算机群，能够对整合网络内的人员、机器、设备和基础设施进行实时的管理和控制。在此基础上，人类可以以更加精细和动态的方式管理生产和生活，达到"智慧"状态，提高资源利用率和生产力水平，改善人与自然间的关系。

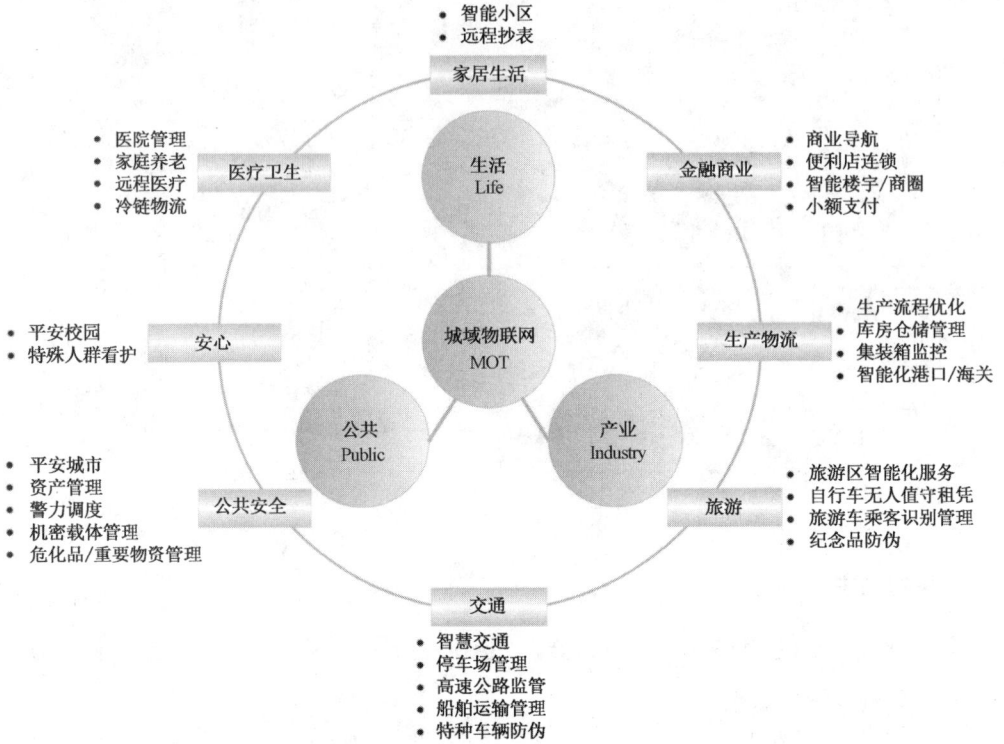

图10.6　物联网的应用领域

10.4.2　物联网与智能物流

1. 物联网与智能物流的关系

在物流领域来看，物联网只是技术手段，目标是物流的智能化。物联网为智能物流提供了技术支持，智能物流又为物联网提供了实现可能。

谈到"智能"二字，我们对智能的认识是一个逐渐深化的过程。早期认为自动化等同于智能。而后随着科技的发展，出现了一些新的智能产品，如傻瓜相机、智能洗衣机等，它们能够从现场获取信息，并代替人作出判断和选择，而不仅仅是流程的自动化，此时的智能是"自动化+信息化"。然而发展到今天，互联网的出现，或者说进入物联网时代，智能的含义又更进了一步。仅仅通过自动采集信息来作出判断和选择已经不够了，还要与网络相连，随时把采集的信息通过网络传输到数据中心，或者是指挥的本部，由指挥中心作出判断，进行实时的调整，这种动态管控和动态的自动选择，才是这个时代的智能。也就是说，智能应该具有三个特征，即自动化、信息化和网络化。

智能物流（Intelligent Logistics）又称智慧物流，就是物流的智能化，即利用集成智能化技术，在基于物联网的广泛应用基础上，综合运用物联网、计算机、自动控制和智能决策等技术，由自动化设备和信息化系统独立完成订单、运输、仓储、配送等物流作业环节，使物流系统能模仿人的智能，具有思维、感知、学习、推理判断和自行解决物流中某些问题的能力。

智能物流系统的 4 个智能机理分别为：信息的智能获取技术，智能传递技术，智能处理技术，智能运用技术。智能物流信息系统如图 10.7 所示。

图10.7　智能物流信息系统

2. 利用物联网技术发展智能物流的重点领域

① 智能运输管理系统 —— 综合运用于整个运输管理体系而建立起的一种大范围、全方位、实时、准确、高效的综合运输管理系统，包括交通管理、车辆控制、车辆调度等子系统，如图 10.8 所示。

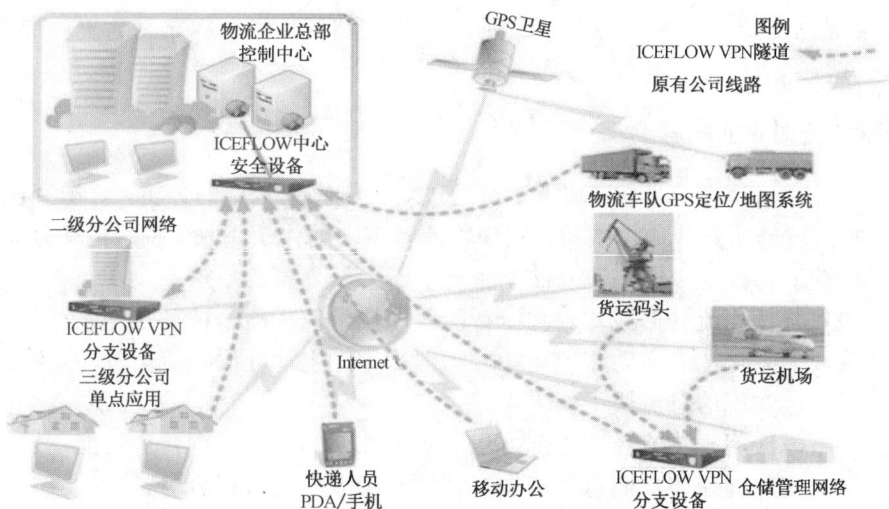

图10.8　智能运输管理系统

② 基于 RFID 的智能仓储管理系统 —— 将标签附在被识别物品的表面或内部，当被识别物品进入识别范围内时，RFID 读写器自动无接触读写，如图 10.9 所示。智能仓储管理系

统包含自动出库系统、自动入库系统、自动盘库系统、自动周转子系统等。

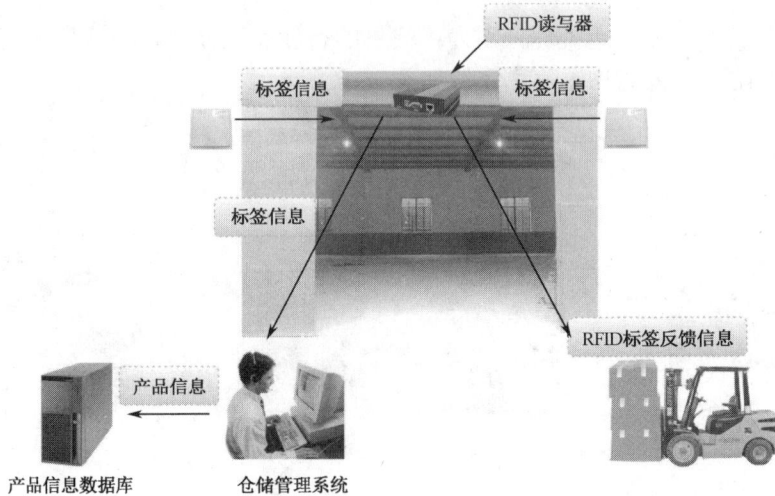

图10.9 智能仓储管理系统

③ 智能配送管理系统 —— 以 GIS、GPS 和无线网络通信技术为基础,服务于物流配送部门。该系统包括实时监控、双向通信、车辆动态调度、货物实时查询、配送路径规划等子系统。

④ 智能包装系统 —— 利用 RFID、材料科学、现代控制技术、计算机技术和人工智能等相关技术，增加物品的信息，以便追踪管理，提高包装效率。

⑤ 基于 RFID 物流安全系统 —— 利用互联网、RFID 无线数据通信等技术，实现单物品的识别和跟踪，保证商品生产、运输、仓储和销售全过程的安全和时效。

⑥ 智能质押品监管 —— 融资企业把质押商品存储在第三方物流企业的仓库中，然后向银行申请授信，物联网技术可以使银行随时对质押品信息进行监管。

⑦ 智能保兑系统 —— 物联网技术的应用可随时掌握从银行承兑到仓单质押各个环节的异常情况，并预警上游生产商可回购质押货物。

3. 智能物流对企业的影响

智能处理技术应用于企业内部决策，可通过对大量物流数据的分析，对物流客户的需求、商品库存、物流智能仿真等作出决策。实现物流管理自动化（获取数据、自动分类等），物流作业高效、便捷，将改变中国物流仓储型企业"苦力"公司的形象。

智能物流可降低物流仓储成本。物流智能获取技术使物流从被动走向主动，实现物流过程中的主动获取信息，从而主动监控运输过程与货物，主动分析物流信息，使物流从源头开始被跟踪与管理，实现信息流快于实物流。

智能传递技术应用于物流企业内部，也可实现外部的物流数据传递功能，以提高服务质量，加快响应时间，促使客户满意度增加，使物流供应链环节整合更紧密。

智能技术在物流管理的优化、预测、决策支持、建模和仿真、全球化物流管理等方面的应用，使物流企业的决策更加准确、科学。借智能物流的东风，我国物流企业信息化将上一个新台阶，同时也促进物流行业实现信息共享的局面。

智能物流对企业的影响如图 10.10 所示。

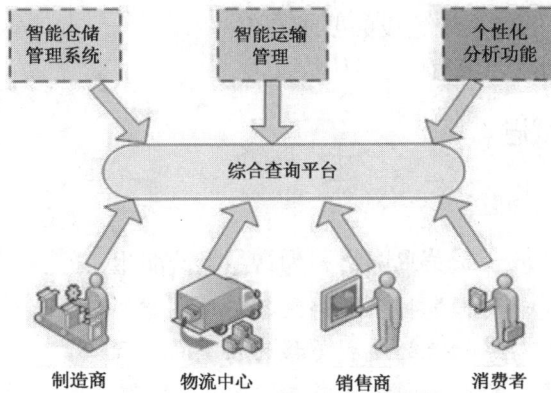

图10.10　智能物流对企业的影响

习题与思考题

一、应知目标考核题

（一）单项选择题

1. 物流条形码的数字构成是（　　　）。
    A. 12 位　　　　　　　　　　　B. 13 位
    C. 14 位　　　　　　　　　　　D. 15 位
2. GPS 是指（　　　）。
    A. 全球定位系统　　　　　　　B. 地理信息系统
    C. 移动通信系统　　　　　　　D. 物料管理系统
3. 下列选项中，（　　　）不是物流信息的特征。
    A. 信息量大　　　　　　　　　B. 动态性强
    C. 来源多样化　　　　　　　　D. 物流作业量大

（二）判断题

1. 物流信息在物流管理过程中不可以被扩充和再生产。（　　　）
2. 物流信息系统能够缩短从接受订单到发货的时间。（　　　）
3. 由条形码与扫描设备所构成的自动识别技术在物流领域被广泛应用，是因为它能提高生产率，减少差错。（　　　）
4. 标准物流条形码由 14 位数字组成。（　　　）

（三）名词解释

物流信息　　　　条形码　　　　　EDI　　　物联网

（四）问答题

1. 物流信息有哪些功能及特征？
2. 物流信息技术包括哪些？

3．物流企业对管理信息系统建设的要求有哪些？

4．物联网技术在物流领域有哪些应用？

二、应会能力测试题

请根据案例回答相关问题

菜鸟网络：为智慧物流而生

所谓智慧物流，就是利用信息技术使得装备与控制智能化，代替人又高于人的物流发展新模式，大幅提升效益。智慧物流的发展与移动互联网、云计算、大数据、物联网等新兴技术密切相关。出身阿里巴巴的菜鸟网络从成立伊始，就瞄准了智慧物流。2013年5月，阿里巴巴宣布与三通一达（中通、申通、圆通和韵达速递）达成合作，成立菜鸟网络，总部设在广东深圳前海。菜鸟网络在成立时就宣布，要做中国智能物流骨干网，保证快递在主要城市能做到次日达。

2016年，菜鸟网络提出关键五张网：快递、仓配、末端、农村物流、跨境。五张网背后是菜鸟联盟利用数据把菜鸟网络的合作伙伴联合起来。菜鸟网络要做的是通过大数据、智能化和协同化，为快递企业发展提供保障。与此同时，通过建立标准，提升快递企业的服务，从而提升消费者的购物体验，达到双赢。

脱胎于阿里巴巴这家互联网公司的菜鸟网络有着两方面的先天优势：一是阿里巴巴自身庞大的电商平台所孕育的海量快递订单；二是阿里巴巴在云计算、大数据、人工智能等领域的技术优势。通过将订单与新兴技术相结合，菜鸟网络正在构建一个智慧物流的生态圈。不过，菜鸟网络的重心还是在平台层，而背后快递的送达，更多的还是依靠平台上的快递企业来完成。

问题：

1．菜鸟网络是如何构建中国智能物流骨干网的？

2．智慧物流对物流信息技术有哪些新要求？

第 11 章　现代物流成本管理

应知目标

- 了解物流成本的含义、分类及特点
- 理解物流成本管理的基本思路
- 熟悉各类企业物流成本分析和控制的特点及方法
- 理解量本利分析法在物流成本控制中的应用
- 了解活动成本法的含义及其在物流成本管理中的应用
- 了解绝对成本控制与相对成本控制的区分
- 了解标准成本法及其在物流成本管理中的应用

应会目标

- 能够应用物流成本方法与控制的方法对企业物流成本进行分析并提出改进措施

成本管理由于其统一、可计量、标准化程度高等优点而成为物流管理的基本方法和重要内容。从物流管理的发展历史看，降低物流成本是最初的出发点，当前仍是人们采用现代物流技术和管理手段的主要原因。物流成本管理与运输管理、库存管理、配送管理等职能性管理不同，它贯穿物流管理的全过程，涉及人（劳动）、设备与技术、资金、物料等全部生产要素。掌握物流成本的分析与控制方法是合理组织物流、进行各层次物流系统决策分析的基础。

11.1　物　流　成　本

11.1.1　物流成本的构成

物流成本是指物流活动中所消耗的物化劳动和活劳动的货币表现，具体表现为物流各个环节所支出的人力、物力和财力的总和。不同类型企业对物流成本的理解有所不同。对专业物流企业而言，企业全部营运成本都可理解为物流成本；工业企业则指物料采购、储存和产品销售过程为了实现物品的物理性空间运动而引起的货币支出，但通常不包括原材料、半成品在生产加工过程中运动产生的费用；商品流通企业则指商品采购、储存和销售过程中商品实体运动所发生的费用。一般来说，物流成本由以下几部分构成：

- 人工费用 —— 为物流作业人员和管理人员支出的费用，如工资、资金、津贴、社会保险、医疗保险、员工培训费等。
- 作业消耗 —— 物流作业过程的各种物质消耗，如包装材料、燃料、电力等的消耗，以及车辆、设备、场站库等固定资产的折旧费。
- 物品损耗 —— 物品在运输、装卸搬运、储存等物流作业过程中的合理损耗。
- 利息支出 —— 用于各种物流环节占用银行贷款的利息支付等；对工商企业而言，主要指存货占用资金的成本。
- 管理费用 —— 组织、控制物流活动的各种费用，如通信费、办公费、差旅费、咨询费、技术开发费等。

需要说明的是，管理和决策上的成本概念与财务会计上的成本概念并不完全一致，前者包含并不实际支付的机会成本，如自有资金的利息，而会计成本的核算必须遵循实际发生原则，不能计算机会成本。因此，从财务会计部门取得的物流成本资料不能直接用于成本控制和管理，需要作适当调整。

11.1.2　物流成本的分类

1. 按物流费用支出形式分类

按物流费用支出形式，可分为企业支付的物流费用和支付给其他物流服务组织的物流费用。前者称为直接物流成本，包括材料费、人工费、燃料动力费、折旧、银行利息支出、维护保养费、管理费及其他费用；后者称为委托物流成本，包括运输费、包装费、保管费、手续费、租金支出和其他费用。

这种分类法的优点是可以反映外购物流与自行提供物流的比例，便于检查物流费用在企业各项日常支出中的比例。这种方法比较适合于生产企业和流通企业的物流成本管理。

2. 按物流费用的主要用途分类

按物流费用的主要用途，可以大致分为：
- 物流作业费用 —— 直接用于物品实体运动各环节的费用，包括包装费（运输包装费、集合包装与解体费等）、运输费（营业性运输费、自备运输费等）、保管费（物品保管、养护费等）、装卸费（营业性装卸费、自备装卸费等）、加工费（外包加工费、自行加工费等）；
- 信息费用 —— 用于物流信息收集、处理、传输的费用，包括线路租用费、入网费、网站维护费、计算机系统软硬件支出等；
- 物流管理费 —— 用于对物流作业进行组织、管理的费用，包括物流现场管理费、物流机构管理费等。

这种分类方法可用来比较不同性质费用所占的比重，发现物流成本问题发生在哪个环节，较适用于专业物流企业或综合性物流部门的物流成本分析与控制。

3. 按物流活动的逻辑顺序进行物流费用分类

物流活动的逻辑顺序分为供应物流、生产物流、销售物流、逆向物流和废弃物物流等阶段，相应发生的费用有：
- 供应物流费 —— 从供应商调达物料到本企业过程中发生的手续费、运输费、商品检验费等；
- 生产物流费 —— 生产过程中发生的包装费、储存费、装卸搬运费等；
- 销售物流费 —— 商品销售过程发生的物流费，如运输费、储存费、包装费、流通加工费、配送费等；
- 逆向物流费 —— 在生产和销售过程中因废品、不合格品引起退货、换货所引起的物流费用；
- 废弃物物流费 —— 企业用于处理废弃物的费用，如排污费、污水处理费、垃圾清运费等。

这种分类法便于分析物流各阶段的成本发生情况，较适用于生产企业及综合性物流部门。

11.1.3　物流成本的特殊性

虽然早在 20 世纪五六十年代人们就已意识到在物流领域存在巨大的节省成本空间，但在其后的几十年中，物流成本在多数企业未能得到有效的控制，这与物流成本本身的特殊性有关：

① 现有企业财务会计制度中没有单独的物流成本项目。按现有企业财务会计制度，物流成本包含在销售费用、管理费用及产品制造成本等项目中，难以获取物流总成本的数据。相对来说，企业较易核算外购物流服务支付的费用，包括向外部运输业者所支付的运费、向公共仓库业者支付的保管费或向第三方物流业者支付的外包物流费等。这种状况使企业较为重视外购物流成本的降低，而忽视企业内部物流成本。实际上，发达国家企业的实践经验表明，实际发生的物流成本往往要超过外部支付额的 5 倍以上，正如日本学者西泽修所说的，支付的物流费相对于全部物流成本只是冰山一角。

② 企业间物流成本数据的可比性差。由于各企业根据自己不同的理解和认识来把握物流成本，使得企业间物流成本数据的可比性差，也无法得出产业平均物流成本值。这就给物流成本管理带来许多问题。例如，在现代企业管理方法体系中，标杆法（Benchmarking）得到越来越广泛的应用。所谓标杆法，就是将产业内那些出类拔萃的企业作为企业测定基准，以它们为学习对象，迎头赶上并进而超越之。物流成本计算口经不一致，导致无法真实衡量各企业相对的物流绩效，标杆法很难在物流管理中应用。

③ 物流部门无法掌握全部物流成本。在一般物流成本中，物流部门无法掌握的成本很多，例如，仓储费中过量进货、过量生产、销售残留品的在库维持，以及紧急输送等产生的费用都是纳入其中的。尤其是目前多数企业尚未形成一体化管理的物流组织，这一现象更为严重，从而增加了物流成本管理的难度。

④ 难以区别过量服务所产生的成本。从销售关联的角度看，物流成本中过量服务所产生的成本与标准服务所产生的成本混在一起，难以区分。例如，有些企业将促销费用也算在物流成本中。

⑤ 物流成本各项目之间存在"背反"现象。即物流成本中各项目间存在着彼长此消的关系，如运输成本的下降可能导致仓储成本的上升，包装费用的下降可能使商品损耗增加。这使得传统的目标管理中目标分解等做法效果不佳，而需要从物流总成本的角度考察物流成本问题。

⑥ 物流成本的综合性。由于物流成本是以物流活动全体为对象，涉及采购、生产、销售等生产经营活动的全过程，所以，物流成本是企业唯一的、基本的、共同的管理数据，有着不可替代的作用。

11.1.4　物流成本管理的基本思路

物流成本问题的特殊性说明仅仅采用一般的成本管理方法是不够的，需要从更高层次、更广阔的领域来控制物流成本。本书前面几章也都涉及控制或降低物流成本问题，但着重于某个局部、某个功能的成本。在此，我们以物流系统管理的总成本法为指导，提出物流成本管理的基本思路。

（1）从供应链的视角来降低物流成本

从一个企业的范围来控制成本的效果是有限的，而应该从原材料供应到最终用户整个供应链过程来考虑提高物流效率和降低成本。例如，有些制造商的产品全部通过批发商销售，其物流中心与批发商物流中心相吻合，从事大批量的商品储存和输送。然而，随着零售业中折扣店、便民店的大量开设，客观上要求制造商必须适应这种新型的业态，展开直接面向零售店的配送活动。在这种情况下，原来的投资就有可能沉淀，同时又要求建立新型的符合现代配送要求的物流中心及设施。尽管从制造商的角度看，这些投资增加了物流成本，但从整个供应链来看，增强了供应链的竞争力，提高了物流绩效，从而使用户满意度提高、商品销售增加，这样，单位商品分摊的物流成本下降。又如，传统的采购管理强调通过供应商之间的竞争而降低进价，却往往导致仓储费用、资金占用成本上升，供应风险增大。从供应链管理的视角，强调与供应商形成合作伙伴关系，从而使企业采购风险大大下降，实现准时采购与零库存，结果其仓储费用、资金占用成本的下降可能大大超过进价降低的获益。

（2）通过优化顾客服务来削减成本

一般来说，提高服务水平会增加物流成本，如多频率、小批量配送会增加运输成本，缩短顾客的订货周期和订货的满足率会增加仓储成本。显然，不可能通过降低服务水平来削减物流水平。但是，可以通过对顾客服务的优化，在不降低服务水准甚至提高服务水准的前提下，降低物流成本。优化顾客服务的第一步是要明确顾客究竟需要什么样的服务项目和水平，为此，必须与顾客进行全方位、频繁的沟通，深入了解顾客企业的生产、经营活动的特点；要经常站在顾客的立场考虑问题，模拟顾客的行为。第二步是消除过度服务。超过必要量的物流服务，必然带来物流成本上升，而顾客的满意程度并没有有效的提高。换句话说，任何不能使顾客满意度有效提高的服务都是过度服务，都必须削减。例如，配送频率过高，不仅物流成本上升，而且用户（零售商）的订货、接货、上架等手续增加，而用户满意度不能有效提高，即为过度服务，应相应减少配送次数。第三步是实现物流服务的规模化、网络化、专业化。物流服务的规模化、网络化可以使顾客能就地就近、随时随地得到服务，并得到专业化服务，从而有效地降低物流成本。

（3）重视企业内部物流成本的控制

一般企业都十分重视降低外购物流费用，对企业内部物流成本却较少关注。多数物流成本发生在企业内部，重视企业内部物流成本的控制是降低物流总成本的主要途径。为此，应在企业内部设立专门的物流成本项目，分清物流成本控制的关键点；应用管理会计方法，分析物流成本的习性，改善企业物流成本管理。

（4）借助于现代信息系统的构筑降低物流成本

缺少及时、准确、全面的信息是产生车辆空载、重复装卸、对流运输等无效物流现象的根源，也是导致库存周转慢、库存总量大的重要原因。为此，企业必须依靠建立现代化信息系统，提高物流管理的科学性、精确性，降低物流成本。

（5）通过物流外包降低成本

将企业物流业务及物流管理的职能部分或全部外包给外部的第三方物流企业，并形成物流联盟，也是降低物流成本的有效途径。物流外包服务提供者可以使一个公司从规模经济、更多的门到门运输、减少车辆空驶等方面实现物流费用的节约，并体现出利用这些专业人员与技术的优势。另外，一些突发事件、额外费用如紧急空运和租车等问题的减少，增加了工作的有序性和供应链的可预测性。

（6）依靠标准化降低物流成本

物流标准化，包括物流技术、作业规范、服务、成本核算等方面的标准化，对于降低物流成本具有重要意义。技术上的标准化可以提高物流设施、运载工具的利用率和相互的配套性；物流作业和服务的标准化可以消除多余作业和过度服务；物流成本核算的标准化能使各企业的成本数据具有可比性，从而使标杆学习法可以在物流管理中推广、发挥作用。

11.2　各类企业的物流成本分析与控制

生产企业、流通企业、专业物流企业等各类企业由于其业务流程、在社会物流体系中的地位和作用、专业化程度、规模等不同，物流费用的构成、支出形式等存在较大差异。本节将分析各类企业物流成本支出的特点，为控制物流成本提供依据。

11.2.1　生产企业物流成本分析与控制

生产企业物流包括供应物流、生产物流、销售物流和废弃物物流等，相应地物流费用也分为供应物流费、生产物流费、销售物流费及废弃物物流费等。但是，各类生产企业花费在这几个环节的物流费用的比例并不相同。汽车制造等行业供应物流费占全部物流成本的比重要远大于其他行业；冶金、化工等行业生产物流费的比重则较大；轻工、小商品及水泥、玻璃等产品，销售物流费用的比重较大；也有一些废弃物物流费占重要地位的企业，如印染、造纸等。这些物流费用支出突出的环节，就成为各类生产企业物流成本控制的重点。

1．供应物流成本的控制

对于生产企业而言，一般产品成本中外购原材料、零配件的成本占很大比例，因此，控制供应物流成本是降低企业物流总成本的主要途径之一。控制供应物流成本，并不是指生产企业仅仅通过对进货价格的控制而寻求费用的削减。在一个成熟的工业品市场上，价格是产品质量、效能的体现。生产企业如果只是寻求价格，而非采取确实有效的方法，那么极易产生购入原材料、零配件质量下降的问题，从而影响到企业自身的产品质量。生产企业控制供应物流成本的主要措施有：

- 零部件设计尽量标准化；
- 实行准时制采购，减少原材料、零部件库存；
- 减少供应商数目，甚至单源采购；
- 密切与供应商的关系并根据与供应商的关系采用不同的质量控制方法。

2．生产物流成本的控制

在产品生产成本中，除了原材料、零部件外，相当一部分直接人工费和制造费用都属于厂内物料搬运、储存等物流成本。此外，中间产品库存过高也会导致资金占用增加、利息支出增多。尤其那些从购进原材料开始经生产过程到最终发货需要较长周期的产业，生产物流成本占有重要地位。控制生产成本的主要途径有：

- 工厂布置合理化，缩短厂内运输距离；
- 优化工艺流程，减少迂回、重复物流；
- 实行厂内物流的标准化和流程的固定化；

- 采用准时制（JIT）生产方式和看板管理，减少中间产品库存。

3. 销售物流成本的控制

随着社会分工向纵深化方向发展，工业企业的市场范围越来越大。中国加入 WTO 后，将有更多企业进入国际市场。市场扩大导致分销渠道环节增多、路线延长，销售物流成本呈上升趋势。我国许多鲜活商品正是由于销售物流成本过高，限制了其市场范围及企业规模的扩大。控制销售物流成本的主要途径有：

- 采用计算机信息技术，降低订货处理成本，优化运输路线；
- 采用集装箱运输，减少货损货差；
- 收缩分销网点，集中库存，降低库存费用；
- 采用共同配送，减少物流设施投资及配送成本；
- 选择物流外包，利用第三方物流企业的规模经济和专业化技术与管理降低物流成本。

11.2.2　流通企业物流成本分析与控制

中国的流通企业包括批发企业、零售企业、外贸企业等。除少数经销商、代理商不占有商品实体、基本没有物流费用支出外，多数流通企业是商流和物流合一，拥有商品库存和运输工具等。在我国，商品流通领域实行改革最早、市场化程度最高，市场竞争使得商品购销差价越来越小。流通企业只有有效地降低物流费用，才能取得利润。

流通企业的物流成本分析的困难之处是难以区分纯粹流通费用和物流费用，如订货费用、商品陈列费用、信息费用等。一般的处理办法是，既可算作商流费用又可算作物流费用的都算作物流费用。这样做的原因是，随着供应链管理等理论的提出，物流的范围越来越广，英文物流一词的原义就是后勤，故对物流成本的认识不能局限于运输费用、仓储费用等。流通企业物流成本分析还可根据物流费用与商品流转额的关系分为变动费用和固定费用，根据费用发生的环节分为进货费用、储存费用和配送费用等。通过费用分析，可以找到费用支出中存在的问题，寻求节省费用的途径。

流通企业控制物流成本的主要途径有：

- 减少流通环节。传统零售企业一般从批发商进货，流通环节多而物流成本高；以连锁为特征的现代零售业，可以凭借其规模经营的优势，直接从制造商进货，从而节省批发商的中转物流费用。
- 建设配送中心。配送中心可以使库存集中，从而减少零售企业的库存和流通企业的总体库存水平；配送中心可以集中送货，从而节省各零售企业在运输工具上的投资和运营成本；配送中心可以统一进货，从而节省各零售企业的采购成本。
- 采用条形码与 POS 系统。实时商品条形码管理及 POS 系统，企业可随时掌握商品库存情况，从而避免盲目进货，降低库存水平。
- 发展与制造商的长期合作伙伴关系。与制造商结成长期合作伙伴关系，不仅可以降低进货价格，还可以减少库存。流通企业与制造商关系可靠，信任度高，流通企业可以不设或少设安全库存，并减少信息搜寻等成本。
- 建立物流分公司。我国流通企业大多数拥有仓库、运输工具等物流设施，由于这些设施服务于企业内部的业务部门，普遍存在着利用率低、经营成本高的现象。其根本原因是缺乏竞争的压力和有效的激励机制。把这些部门改造成相对独立的物流分公司，可以强化其动力机制和竞争机制，从而提高效率、降低物流成本。

11.2.3　专业物流企业的物流成本分析与控制

对专业物流企业而言，其物流成本的概念与工商等企业不同。物流企业的全部成本都可认为是物流成本。以汽车运输企业为例，汽车货物运输业务成本可设置下列项目：

- 车辆直接费用，包括工资、职工福利费、燃料、轮胎、修理费、车辆折旧、养路费、公路运输管理费、车辆保险费、事故费以及其他营运费用；
- 营运间接费用。

物流企业控制成本的主要途径有：

- 提高物流集成化程度。物流企业往往是从提供单项服务起步的，如运输或运输代理、仓储。随着企业的发展，业务功能不断增强，提供的服务项目也不断增多。但如果这些服务项目之间彼此无关，则仍不能享有现代物流管理所产生的效益。因此，必须提高物流管理的集成化程度，通过业务流程的优化和物流总成本法、得失比较法、避免次优化等系统管理思路的应用，降低物流总成本。
- 应用现代信息技术。现代化物流企业中广泛应用 GPS、电子商务、ERP 或 LRP（物流资源计划）等信息技术。信息技术的应用是实现物流系统化管理的前提，也是降低局部成本的重要手段。如采用 GPS 系统，可以在提高服务质量的前提下，优化车辆调度，减少车辆等待时间和单程空驶现象，从而节省运输费用。
- 合理规划配送路线、合理拼载。物流企业应采用系统科学的方法对货物配送、运输路线进行优化，减少出车次数、缩短运输距离。同时，进行合理拼载，提高车辆利用率。
- 物流技术装备现代化。采用自动化分拣、存取系统，建造立体仓库，加快货物周转速度，减少仓库占地面积，减少存货损耗。
- 节省管理费用。通过精简机构、减少冗员，制定合理的经费预算并严格执行等手段，节省物流企业管理费用。

物流企业除了要控制自身的物流成本外，还应利用其专业化优势，帮助客户降低物流成本。例如，帮助客户改善企业内部物流流程，选择合理的运输方式和工具，提供准时制送货服务、帮助客户降低库存等。这些做法，表面上看可能会减少物流企业的营业收入，但从长远看，可以赢得客户对企业的忠诚，降低企业寻找客户、说服客户等成本。营销学的研究表明，获得一个新客户的平均成本是维持一个老客户平均成本的 6 倍。

11.3　物流成本控制的具体方法

11.3.1　量本利分析在物流成本控制中的应用

1．物流成本的划分

量本利分析的基本原理是将成本划分为变动成本与固定成本，从而找出销售量（或业务量）与固定成本、变动成本及利润之间的关系，通过业务量的增加，减少分摊到单位业务量上的固定成本，从而使单位成本下降。量本利分析的第一步是根据物流成本与物流业务量的变动关系将物流成本划分为固定成本与变动成本。

物流系统的固定成本是在一定范围内，不随业务量的增减而变动的成本，如固定资产折旧费、财产保险费、管理人员工资、广告费、研究与开发费用、职工培训费等。

物流系统的变动成本是与业务量直接成正比的费用，如燃料成本、装卸费用、计件工资、仓装材料成本等。为了简化，我们通常假设单位业务量的变动成本是不变的。这一假设在一定物流业务量范围（通常是企业设计规模）是正确的，但超过一定业务量，可能产生加班工资等成本，则单位业务量的变动成本会上升。

物流系半变动成本是其总额受业务量变动的影响，但变动的幅度与业务量的增减不保持比例关系的成本，如辅助材料成本、设备维修费等。半变动成本可以划分为混合式半变动成本和阶梯式半变动成本。混合式变动成本可分解为固定成本和变动成本。如设备维修费用，可分解为定期预防性检修费和故障维修费，前者可视为固定成本，后者因与设备使用时间直接相关，可视为变动成本。阶梯式半变动成本是在相关范围内保持不变，当物流业务量超过相关范围内时，其总额将呈跳跃式上升的成本。如采用铁路整车运输的货物运费，车辆标重假设为 60 吨，则不到 60 吨的任何货运量运费相同，超过 60 吨而不到 120 吨的任何货运量的运费也相同。对这种半变动成本，当总业务量较大时（如每次发运都有几千吨）可视为变动成本；当总业务量不大时（如每次发运为几百吨）则要慎重，必须进行灵敏度分析。

2．量本利分析模型

设固定成本为 FC，变动成本为 VC，单位变动成本为 V，业务量为 Q，总成本为 TC，则

$$TC=FC+VC=FC+V \cdot Q$$

再设单位业务量的收费（单价）为 P，盈利为 R，在不考虑营业税的情况下，物流系统量本利三者关系可用以下公式表示：

$$R=P \cdot Q-TC$$
$$=P \cdot Q-(FC+V \cdot Q)$$
$$=(P-V)Q-FC$$

当盈利为零时，上式为：

$$(P-V)Q=FC$$
$$Q_b=FC/(P-V) \tag{11.1}$$

此时业务量（Q_b）称为盈亏平衡点业务量（见图 11.1），又称保本点。

如果目标利润为 R，则

$$Q_R=(F+R)/(P-V)=Q_b+R/(P-V) \tag{11.2}$$

其中，Q_R 称为保利点，即企业为实现目标利润 R 所应达到的目标业务量（或销售量）。

3．量本利分析在成本控制中的应用

量本利分析通常假定成本是已知的，再由成本推导利润及业务量。但是，若将公式稍加变换，也可用作成本控制的方法。

假设一定时期的业务量 Q 是既定的，即可能在合同中已经确定了。对第三方物流企业而言，这种情况是可能的。所

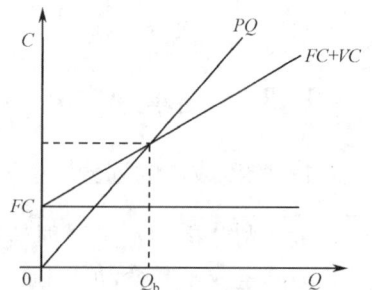

图11.1 盈亏平衡分析示意图

谓既定，并非固定的意思，而是说这一变量是由外部环境决定的，企业无法控制。在这种情况下，企业要实现目标利润 R，就必须控制固定成本或变动成本。由式（11.2）可得：

$$FC=(P-V)Q-R \qquad\qquad (11.3)$$
$$V=P-(FC+R)/Q \qquad\qquad (11.4)$$

上面两式说明，只有将固定成本或单位变动成本控制在公式右边数字的范围以内，才能实现目标利润 R。

4．量本利分析的局限性

量本利分析是以固定成本不随业务量变动，单位业务量的变动成本也不随业务量变动为假设前提的。这在一定范围内是可行的，但超过一定范围，固定成本和单位变动成本都会上升。业务量增长达到一个临界值时，边际成本等于边际收益（MC=MR，边际成本指增加一个单位业务量所增加的成本，边际收益指增加一个单位业务量所增加的收益），业务量如果超过这一临界值，总利润将会下降。在经济学上，这一临界值称为利润最大化的均衡点。

11.3.2　活动成本法及其在物流成本控制中的应用

1．活动成本法的含义

活动成本法（Activity-Based Costing，ABC）是一种以活动（包括作业、业务、增值等）为对象的成本核算、分析与控制方法体系。活动成本法试图将所有的有关费用与完成增值活动联系起来，即需要被分配费用的是消费一定资源的活动（作业）而非分配给一个组织或一项产品。活动成本法可以为物流企业不断改善经营管理提供准确、及时的有关活动、活动量、活动对象的信息，从而可以用活动成本法所提供的信息来改善企业物流成本管理过程。

活动成本法的基本特点是基于活动成员承担的活动及其变革所引起的成本增加和减少。在物流企业组织中应用活动成本法并进行物流成本管理的关键步骤是成本分配和成本分析，在这两步骤中体现了活动成本法的基本特点。

2．成本分配方式

活动成本法的成本分配过程为：

① 分析物流过程（如运输、仓储、配送等环节）中的活动实施成本。这一过程也称为成本确认，即所有与完成物流功能有关的成本都应该包括在以活动为基础的成本中，所有与预测和订货管理、运输、库存控制、仓储、包装、配送等有关的成本都必须予以分离。

② 将成本分配到所管理的活动上去。要将成本分配到活动上，就需要分析这项活动有无必要、能否为客户带来增值。例如，如果分配的目标是一张客户订单，那么由完整周期产生的所有成本都可归结为总的活动成本，而以活动为基础的物流成本的典型分析单位是客户订单、渠道、产品和增值服务。由此可见，成本是根据所挑选出来作为观察对象的分析单位的变化而变化的。物流过程的活动通过这样的成本分配方式，可以为物流经营管理及物流系统规划、设计、运行提供许多极为有用的信息。

3．活动成本分析方法

活动成本法的分析基础是活动（作业、业务等），应用活动成本法首先必须对活动本身进行分析，然后挖掘成本动因和建立活动计量体系。

（1）分析活动

分析活动的内容要点包括：

- 活动的必要性。分析活动首先要对不必要的活动进行确认。判断一项活动是否必要，通常可以从三个方面进行考察：第一，对用户必要否，若对用户是必不可少的，那么这项活动就是必要的；第二，对成功运营是否必要，若对成功运营是必要的，那么这项活动也是必要的；第三，能否合并，若能合并到其他活动，则合并之。除此以外的活动都应予以删除。
- 活动量比较。仅凭本公司物流活动业务量的效率、效益不足以说明问题，需要将其与其他公司相同或相近的活动进行比较分析，从而发现相对差距和值得改进之处。
- 各项活动之间的联系分析。要达到一定目标需要经过一系列物流活动，而这一系列活动必须相互协调，才能消除重复性活动、将活动占用的时间降至最少。

（2）挖掘成本动因

寻找导致不必要活动或不佳活动产生的原因，从而为最终消除不必要的活动和活动成本找到依据。否则，这些不必要活动在经过一段时间后又会重新出来。

（3）建立活动计量体系

活动分析和成本动因分析都是定期进行的，但物流活动是每一天都在进行的，为了确保每一项活动都对生产、经营、服务作出贡献，需要建立活动计量体系。其步骤如下：

① 确定目标，即确定满足用户需求和成功经营的目标体系。

② 目标落实到参与活动的人员，每一参与活动的人员都应了解企业目标的重要性，以及各目标之间的关系。企业目标经过层层分解，落实到每个参与活动的人员。

③ 采用多种计量方法，寻找对每项活动进行计量、评价的方法，正确反映每项活动对总目标的贡献大小，作为改进活动和进行奖励的依据。

4．活动成本法的应用

活动成本法在企业物流和物流企业中有着广泛的应用。美国在部分运输与物流企业中的抽样调查发现，29%左右的企业用活动成本法取代了原来的传统成本方法，超过50%的企业使用活动成本法作为传统成本系统的补充，另外还有15%的企业用活动成本法作为辅助成本系统和分析的工具。在使用的领域方面，调查发现使用频率较高的部门是运输，而后依次是仓储、会计和外购部门。在货主和运输企业被调查者的反映意见中，赞成使用（包括极为赞成、很赞成）活动成本法的人数占90%以上。据有关专家分析，活动成本法在物流组织中应用前景广阔，在21世纪将会在物流系统管理中充分发挥作用。

活动成本法（并结合价值链和价值分析等方法）可以在以下方面降低物流企业成本：

- 通过价值流重新设计，消除不必要的物流作业活动。精心设计物流服务项目的实现过程，是活动成本法降低活动成本乃至整个物流总成本的关键所在。
- 按照增值的要求进行业务流程重组，改革一切不利于增值的业务流程，减少物流活动时间和物流活动作业量。
- 选择合适的物流活动成本项目和数量标准。
- 尽可能共享活动，节省资源消耗。若用户需求有共性，应尽可能采用共享活动的服务方式。

- 重新处置未使用资源。挖掘企业现有资源潜力，对富余资源可考虑重组、出租、出售。

11.3.3　绝对成本控制与相对成本控制

（1）绝对成本控制

绝对成本控制是把成本支出控制在一个绝对金额以内的成本控制方法。绝对成本控制从节约各种费用支出、杜绝浪费的途径进行物流成本控制，要求把营运生产过程中发生的一切费用支出都列入成本控制范围。标准成本法和预算控制是绝对成本控制的主要方法。

（2）相对成本控制

相对成本控制是通过成本与产值、利润、质量和功能等因素的对比分析，寻求在一定制约因素下取得最优经济效益的一种成本控制方法。相对成本控制扩大了物流成本控制领域，要求人们在努力降低物流成本的同时，充分注意与成本关系密切的因素，诸如产品结构、项目结构、服务质量水平、质量管理等方面的工作，目的在于提高成本支出所产生的效益，从而减少单位产品或业务量的成本投入。两种成本控制方法的比较如表 11.1 所示。

表 11.1　绝对成本控制与相对成本控制的比较

比较项目	绝对成本控制	相对成本控制
控制对象	成本支出	成本与其他因素的关系
控制目的	降低成本金额	降低单位产品或业务量的成本
控制方法	成本与标准成本比较	成本与相关指标的比较
控制时间	成本发生时或发生后	成本发生之前
控制性质	属实施性成本控制	属决策性成本控制

11.3.4　标准成本控制法

1．标准成本的含义

标准成本是通过精确调查以后测定的在预定的情况下"应该发生"的成本。标准成本作为一种预计成本，要使它能与实际成本进行比较，就必须具有一定的"规范"性。因规范的程度不同，标准成本一般可分为理想的标准成本、正常的标准成本和基本的标准成本三类。

理想的标准成本是以现有技术和管理处于最佳状态为基础所确定的标准成本。采用这种标准成本，意味着成本的发生完全按理想的状态进行，不允许有丝毫浪费。尽管这种标准成本在实际工作中很难达到，但它作为提高作业效率的最终目标具有引导意义。

正常的标准成本又称良好业绩标准，是根据已经达到的生产技术水平，以有效经营为前提而制定的标准成本。在制定这种标准成本时，应把生产经营过程中不可避免的损耗和低效率等情况考虑在内。这种标准成本是经过努力可以达到的，因而成为企业广泛应用的标准成本。

基本的标准成本又称过去业绩标准，是以历史上某一时期已经达到的成本水平为基础而制定的标准成本。这种标准成本由于不具备先进性，一般不用于成本控制，但它可以使各个时期的实际成本与同一标准进行比较，从而揭示成本水平的变化情况。

2．标准成本的制定

制定标准成本必须从本企业的实际情况出发，根据正常的生产技术水平和经营条件，恰如其分地予以确定。产品的标准成本一般分成本项目确定，即按直接材料费、直接人工费和制造费用分别确定。在此基础上，汇总确定单位产品的标准成本。其基本形式是标准"数量"乘以相应标准"价格"。制定物流作业的标准成本，业务数量标准通常由技术部门会同业务部门研究确定；费用（价格）标准由会计部门会同有关责任部门（业务、技术、设备等）研究确定。制定标准成本应尽可能吸收负责执行标准的员工参加，从而使所制定的标准符合实际物流活动的要求。即，既能起到控制成本的目的，又是通过努力可以实现的目标。

3．标准成本的应用

将实际成本与标准成本进行比较，就会得到成本差异。应用标准成本法，除了制定合理的标准成本，更重要的是计算成本差异和分析产生差异的原因，最终找到消除差异（指不利差异）的方法。

习题与思考题

一、应知目标考核题

（一）单项选择题

1．根据物流理论，各项物流成本之间存在（　　　）关系。
　　A．"背反"现象　　　　　B．一致性　　　　　C．利益均衡　　　　　D．牛鞭效应
2．计算物流成本之前，首先要明确物流成本的（　　　）。
　　A．含义　　　　　　　　B．特点　　　　　　C．计算范围　　　　D．计算方法
3．降低物流成本的目的是追求（　　　）的最小化。
　　A．物流分成本　　　　　　　　　　　　　B．各个部门的物流成本
　　C．物流总成本　　　　　　　　　　　　　D．设备费、运输费、仓储费
4．物流总成本与各功能成本之间的关系为（　　　）。
　　A．因某项功能的成本增加而增加　　　　　B．因某项功能的成本减少而降低
　　C．是各功能成本相互影响的结果　　　　　D．与各功能成本无直接关系
5．物流成本管理的思路包括调整（　　　）降低物流成本。
　　A．物流服务的标准　　B．物流质量　　　　C．物流标准化　　　　D．物流规划

（二）判断题

1．降低物流成本必然以牺牲物流服务质量为条件。（　　　）
2．"物流成本冰山说"体现的是企业掌握的物流成本，只占企业物流成本的一小部分，大部分的物流成本并未被管理者所认识。（　　　）
3．一般情况下，储存会造成成本开支，不利于企业经济核算。（　　　）
4．商品的售价必须包括物流成本在内预先制定。（　　　）
5．物流成本管理的前提是物流成本的计算。（　　　）

（三）名词解释

物流成本　　　固定成本　　　变动成本　　　活动成本法　　　绝对成本控制

相对成本控制　　　标准成本

（四）问答题

1. 物流成本有何特殊性？
2. 物流成本管理的思路有哪些？
3. 流通企业控制物流成本的途径有哪些？
4. 物流企业控制物流成本的途径有哪些？
5. 活动成本法如何在物流企业应用？

二、应会能力测试题

（一）计算题

某物流公司下一年度预计业务为 13.6 万吨，每吨收费为 320 元。公司的固定成本为 800 万元，目标利润为 750 万元。问该公司的变动成本应控制在多少以内才能实现这样的利润目标？

（二）请结合案例回答问题

降物流成本要坚持"降费""增效"双管齐下

降低物流成本是全社会高度关注的热点问题，也是物流企业改革的重中之重。

"降费"是降低物流成本的重要途径，属于"显绩"。全面取消政府还贷二级公路收费、实施鲜活农产品运输"绿色通道"政策、规范和减少港口收费、减轻货运车辆检验检测费用负担等降费措施，使得降成本的效果立竿见影。2016 年，全行业降低物流成本 558 亿元，为经济社会发展作出了积极贡献。当然，"降费"只是降成本的措施之一，不是全部；单纯通过降费的方式来降成本，只能治标，难以治本，也不可持续。

"增效"是降低物流成本的根本途径，属于"潜绩"。对企业来说，时间就是效益。通过组织创新，大力发展"互联网+高效物流"、无车承运人、多式联运、甩挂运输等先进运输组织形式，可以大幅提升运输效率，为企业节约大量的时间成本；通过管理创新，不断深化"放管服"改革，可以有效降低制度性交易成本，也可节省一笔不小的支出；通过加快基础设施建设，能有效提升高速公路等设施的网络化水平，促使运输装备多拉快跑，提升运输的综合效率和长远效益。

降低物流成本既是一场攻坚战，也是一场持久战，必须把治标和治本统筹起来，把"显绩"和"潜绩"统筹起来，把"降本增效"和"转型发展"统筹起来，坚持"降费""增效"双管齐下、协同发力，才能既利当前，又惠长远。

问题：

政府可以在降低物流成本方面发挥哪些作用？

第 12 章 物流标准化、共享经济与绿色物流

应知目标
- 熟悉标准化的一般含义及物流标准化的特点和主要内容
- 认识绿色物流的内涵，了解物流对环境的影响及走向绿色物流的途径
- 理解共享经济及其在物流领域的应用

应会目标
- 能够应用所学理论对企业物流进行初步的绿色评价

现代物流管理既追求效率又追求效果，但前面的章节都是从某个企业的角度来追求效率与效果的一致；本章则以社会和产业为出发点考虑物流问题，包括物流标准化、绿色物流和共享经济等。物流标准化涉及供应链与物流全过程的各个环节的相互衔接和配套，包括物流业与制造业、商贸业等产业的相互协调；绿色物流则涉及物流活动对社会和环境的影响；共享经济模式在物流中的应用则涉及物流业和相关产业中众多企业的合作。总之，这些问题的解决必须跳出企业思维模式，从社会和产业的角度进行统筹优化。

12.1 物流标准化

12.1.1 标准化与物流标准化

1. 标准化的一般含义

标准化是对产品、工作、工程或服务等普遍的活动规定统一的标准，并且对这个标准进行贯彻实施的整个过程。

标准化的内容，实际上就是经过优选之后的共同规则。根据承诺遵守这些共同规则的范围不同，标准可分为国际标准（ISO 和 IE 等）、国家标准（GB）、行业标准及企业标准。这四者之间并无优劣之分，如企业标准可能优于也可能劣于国家标准。为了推行各类标准，世界上大多数国家都有标准化组织，如英国的标准化协会（BSI），我国的国家及地方技术监督局等。位于日内瓦的国际标准化组织（ISO）负责协调世界范围的标准化问题。

标准化是工业革命的产物，当前已成为国民经济管理和现代科学技术体系的重要组成部分。现代社会生产是专业化分工基础上的社会化大生产，必然要求社会生产的各个环节、各个部门、各企业能相互协调、配合，形成一个整体。而标准化正是起到这种协调、配合作用，从而对社会分工的深化、经济发展起到促进作用。

2. 物流标准化

物流标准化指的是以物流为一个跨行业的大系统，制定系统内部设施、设备、专用工具、容器等各个分系统的技术标准；制定系统内各分领域如运输、包装、装卸、仓储等方面的工

作标准；以系统为出发点，研究各分系统与分领域中技术标准与工作标准的配合性，按配合性要求，统一整个物流系统的标准；研究物流系统与相关其他系统的配合性，进一步谋求物流大系统的标准统一。

3．物流标准化的主要特点

① 标准种类繁多、标准内容复杂。与一般标准化系统相比，物流系统的标准化涉及面更为广泛，其对象也不像一般标准化系统那样单一，而是包括机电、建筑、工具、工作方法等许多种类，给标准的统一性及配合性带来很大困难。

② 物流标准化系统属于二次系统，或称后标准系统。这是由于现代物流及物流管理思想诞生较晚，组成物流大系统的各个分系统，在没有归入物流系统之前，早已分别实现了本系统的标准化，并且经多年的发展和完善，已很难改变。在建立物流大系统的标准时，必须以此为依据。个别情况固然可将有关旧标准体系推翻，按物流系统所提出的要求重建新的标准化体系，但通常还是在各个分系统标准化基础上建立物流标准化系统。这就必然要求从适应及协调的角度对原有标准进行二次标准化，而不可能全部推倒重建。

③ 物流标准化更要求体现科学性、民主性和经济性。科学性就是要求在物流标准化过程中，充分体现现代科技成果，以科学试验为基础，尤其是要与物流的现代化相适应，要求能将现代科技成果联结成物流大系统。否则，尽管各种具体的硬技术标准水平要求颇高、十分先进，但如果不能与系统整体协调，单项技术水平再高也是空的，甚至还起到反作用。所以，这种科学性不但反映本身的科学技术水平，还表现在协调与适应的能力方面，使综合的科技水平最优。

民主性标准的制定，应采用协商一致的办法，广泛听取各方面的意见，使标准更具权威，更易于贯彻执行。物流标准化由于涉及面广，属于二次标准化，就更需要强调民主性，不过分偏向某个方面的意见，这样才能使各分系统都能接受和采纳，达到大系统的协调和统一。

经济性是标准化的根本目的之一，也是标准化是否有长久生命力的决定因素。物流过程不像深加工那样引起产品大幅度增值，所以，物流费用多开支一分，就少一分效益。但是，物流过程又必须大量投入和消耗，如果不注重标准的经济性，片面强调反映现代科技水平，片面顺从行业习惯及现状，引起物流成本增加，自然会使标准失去生命力。此外，物流标准化的经济性是从大系统的角度而言的长期经济效益，对某一分系统的短期效益可能有负面影响，因此，标准化的推广有时需要政府的强制措施。

④ 物流标准化有非常强的国际性。我国加入 WTO 后，国际贸易和国际交往将会大幅度上升，国际物流无论是总量还是占全部物流的比重都会迅速增加，而物流标准不统一将成为国际物流发展的主要障碍。因此，各个国家都很重视本国物流与国际物流的衔接，力求使本国物流标准与国际物流标准化体系一致。若不如此，不但会加大国际交往的技术难度，更重要的是在本来就很高的运费及关税上增加因标准化系统不统一所造成的效益损失，就会使本国产品在国际市场缺乏竞争力。

12.1.2　物流标准化的主要内容

1．大系统配合性、统一性标准

① 专业计量单位标准。除国际或国家公布的基本计量单位外，物流系统还有许多专业的计量问题，必须在国际和国家标准的基础上确定物流专门标准，如集装箱的计量单位 ——

标准箱。同时，由于物流的国际性很强，专业计量标准必须考虑与国际计量方式的一致，以及国际上现有的习惯用法。

② 物流基础模数尺寸的最小公约尺寸标准。基础模数尺寸指标准化的共同单位尺寸或系统各标准尺寸。在基础模数尺寸确定之后，各个具体的尺寸标准，都要以基础模数尺寸为依据，选取其整数倍作为规定的尺寸标准，如包装箱、集装箱、库房、车辆等的尺寸。采用共同的物流模数尺寸标准，可以有效地利用集装箱、库房和车辆的容积，简化物流系统设计，提高大系统的配合性以及物流系统与其他系统的配合性。

物流基础模数尺寸的确定不但要考虑分系统与大系统的衔接，还要考虑国内物流与国际物流的衔接，具有一定的难度和复杂性。由于物流标准化系统较之其他标准系统建立较晚，所以，确定基础模数尺寸主要考虑了目前对物流系统影响最大而又最难改变的事物，即运输设备。采取"逆推法"，以运输设备尺寸为基础，同时考虑已有的包装模数和已使用的集装设备，并从人体工程学的角度研究了人与环境的关系，ISO 中央秘书处及欧洲各国已基本认定600 mm×400 mm 为物流基础模数尺寸。

③ 物流建筑基础模数尺寸：主要是物流系统中各种建筑物（如库房、中转站等）所使用的基础模数，它是以物流基础模数尺寸为依据确定的，也可选择共同的模数尺寸。该尺寸是设计建筑物长、宽、高尺寸，门窗尺寸，建筑物柱间距，跨度及进深等尺寸的依据。

④ 集装模数尺寸：指在物流基础模数尺寸基础上推导出的各种集装设备的标准尺寸，可将此尺寸作为设计集装设备长、宽、高三维尺寸的依据。在物流系统中，集装单位是起贯穿作用的，集装设备尺寸必须与各个环节的物流固定设施、移动设备、专用机具相配合。因此，集装模数尺寸影响并决定着与其配合的相关环节的标准化。

集装基础模数尺寸可以物流基础模数为基础按倍数系列推导出来，也可以从货车或大型集装箱的分割系列进行推导。日本在确定集装基础模数尺寸时，就是以货车厢宽度为物流模数确定的起点，进而推导出集装基础模数尺寸。中国已经制定了集装箱、包装模数及包装尺寸、联运用托盘等国家标准。其中联运平托盘尺寸系列规定如表 12.1 所示。

表 12.1　GB2934-82 联运平托盘外形尺寸系列（mm）

代　号	公称尺寸	长度公差	宽度公差	叉孔高度尺寸	公　差
TP1	800×1000	±3	±3	使用托盘搬运车 100；使用叉车或其他机具，70	±5
TP2	800×1200				
TP3	1000×1200				

优先选用尺寸是 1000 mm×1200 mm 和 800 mm×1200 mm；可选用尺寸是 800 mm×1000 mm。

⑤ 物流专业术语标准。由于物流涉及国民经济多个行业，而各行业往往已形成了自身的术语，为了使各行业、各部门之间能相互沟通、相互配合，必须建立物流专业术语标准，以免由于对专业术语的理解不同而引起物流工作的混乱或造成不必要的损失。2001 年 4 月我国发布了《物流术语》国家标准（GB/T 18354—2001），这是我国第一个物流方面的基础性标准，它确定了物流活动中基本概念术语、物流技术与设施术语、物流管理术语及其定义，共计 145 条。物流术语国家标准的实施，对我国物流事业的发展将起到有力的推进作用。

⑥ 物流核算、统计的标准化。标准化的物流核算、统计体系是对物流系统进行宏观控制与微观监测的必备前提，也是提高物流管理研究水平的重要前提条件。例如，如何衡量物

流业的产出、如何核算物流成本，没有一个统一的核算标准就无法准确说明我国物流发展的现状和存在的问题。

物流核算、统计标准应包括：

- 统计核算文件格式标准化；
- 统计核算方法和业务程序标准化；
- 商业经贸文件及业务程序标准化；
- 其他适应计算机、网络通信、数据和文件格式标准化的有关标准。

⑦ 标志、图示和识别标准。商品从生产线下来，到最终用户手中，要经历多次装卸、运输、储存等环节，因此，物流的标志、图示和识别不能由企业单独设计，而必须全社会、全世界统一。识别和标志可分为传统识别标志和自动识别标志两大类。传统的识别标志包括识别标记、储运指示标记、危险货物标记等；自动识别标志主要是条形码，我国自 1991 年起陆续发布了《通用商品条码》（GB 129904—91）、《条码系统通用术语》（GB 12906—91）等国家标准，并和国际标准是相衔接的。

2. 分系统技术标准

① 运输车船标准 —— 主要指物流系统中运输车辆、船舶等移动设备的技术标准。例如，在运输配送中使用的各种移动设备的有效衔接，与固定设施之间的有效衔接所要求的货物、集装箱、载重能力、船舱尺寸、运输环境等的标准。此外，从物流系统与环境保护的角度出发，制定的噪音等级标准、废气排放标准等。

② 作业车辆标准 —— 物流设施内部使用的各种作业车辆（如叉车、台车、手车等）的尺寸、运行方式、作业范围、搬运重量、作业速度等方面的技术标准。

③ 传输机具标准，包括水平、垂直输送的各种机械式与气动式起重机、传送机、提升机的尺寸、传输能力等技术标准。

④ 仓库技术标准，包括仓库尺寸、建筑面积、有效面积、通道比例、单位储存能力、总吞吐能力、温湿度等技术标准。

⑤ 站台技术标准，包括站台高度、作业能力等技术标准。

⑥ 包装、托盘、集装箱标准，包括包装、托盘、集装箱系列尺寸标准，包装物强度标准，包装、托盘、集装箱荷重标准，以及各种集装、包装材料、材质标准等。

⑦ 货架、储罐标准，包括货架净空间、载重能力、储罐容积尺寸标准等。

⑧ 其他技术标准。

3. 工作标准及作业规范

确定工作标准和作业规范，是为了划分各种岗位的职责、权力、业务流程、检查与监督措施，从而可以使物流系统具有统一的工作方式，减少差错，提高工作效率。

工作标准及作业规范的主要内容有：

- 各作业单位的作业方式及作业单位之间的协作方式；
- 物流作业程序及监控、查询方式；
- 车辆运行高度方式；
- 物流信息处理方式；
- 岗位交接工作程序；

- 运输、配送作业规范；
- 装卸、仓储作业规范等。

12.2　绿　色　物　流

12.2.1　物流与环境问题

物流的运输、包装、流通加工、配送、储存、装卸搬运等活动都涉及对环境的影响。虽然物流科学的发展、信息技术的应用减少了诸多不合理物流现象，但经济发展所导致物流总量的指数式增长，仍对环境产生了显著的不利影响，主要表现在下述几方面：

① 运输对环境的影响。在交通运输业中，公路运输以其机动灵活、覆盖面广、可以实现"门到门"运输等优势而在物流运输中的地位不断上升。然而汽车运输存在许多影响环境与生态的问题。首先，汽车排放的尾气含有大量有害气体，是城市空气污染的最大祸首。据美国能源信息局 1998 年发布的一项研究报告，汽车排放的二氧化碳、一氧化碳、氧化氮分别占全部排放的 25%、62% 和 32%。其次，汽车运输能耗大，单位运量（吨公里）的能耗约为铁路运输的 4 至 5 倍。美国全部运输方式的总能耗约占整个国家总能耗的 25%。此外，交通运输产生了大量噪声，交通事故（如油轮触礁等）都对环境与生态系统产生严重的负面影响。

② 储存对环境的影响。化学品、危险品等的储存，如果保管不善或方法不当，可能对环境产生重大危害。一般商品，如果储存时间、储存地点和条件不合适，会产生腐败变质、锈蚀等现象，而腐败商品通常对环境有负面影响。上述商品储存地点，通常要远离居民区和饮用水源，否则会对人与环境形成威胁。

③ 包装对环境的影响。在物流过程中，包装起着保护商品和方便储运及消费等作用。但如果包装选材不合理或设计不当，会导致商品破损变形、变质，破坏环境。同时，废弃包装物本身已成为环境的最重要污染源之一，尤其是那些塑料、玻璃等包装物，在自然界很难降解，处理的难度较大。

④ 流通加工对环境的影响。流通加工过程会产生废水、废料、废气及噪声，对环境产生危害。而且，流通加工企业一般规模较小、生产分散、技术简单，对废弃物的回收利用难度较大，如果处理不当，对城乡环境和居民生活会产生直接影响。

12.2.2　绿色物流的内涵

早在 1987 年，国际环境与开发委员会发表了名为《我们共有的未来》的研究报告，报告中提出，当代对资源的开发和利用必须有利于下一代环境的维护以及资源的持续利用，因此，为了实现长期、持续发展，必须采取各种措施来保护我们的自然环境。这种可持续发展政策也同样适用于物流管理活动,即环境共生型的物流管理就是要改变原来经济发展与物流、消费生活与物流的单向作用关系，在抑制物流对环境造成危害的同时，形成一种能促进经济和消费生活健康发展的物流系统，即向绿色物流、循环型物流转变。

绿色物流的内涵可从以下几方面阐述：

① 绿色物流是共生型物流。传统物流往往以对环境与生态的破坏为代价，实现物流的效率化。绿色物流注重从环境保护与可持续发展的角度，求得环境与经济发展共存；通过物流革新与技术进步，减少或消除物流对环境的负面影响。

② 绿色物流是资源节约型物流。绿色物流不仅注重物流过程对环境的影响，而且强调对资源的节约。据《哈佛商业评论》报导，在全部物流中，大约只有 1%的物料真正地用在最终产品上，并在出售后 6 个月仍在使用。资源浪费现象不仅存在于生产、消费领域，也存在于流通领域。例如，过量储存造成物品陈旧、老化、变质，运输过程的商品破损，流通加工过程边角余料的浪费等。早在计划经济时期，我国物资部门就提出了"管供、管用、管节约"的方针，这在今天仍然是适用的，只不过以前是依靠行政手段，现在主要依靠法律手段和经济手段。

③ 绿色物流是低熵型物流。熵是指在一个封闭系统中，总呈现出有效能量减少而无效能量增加的一个不可逆过程。工业文明是建立在化石能源（石油、煤炭）基础上的，而化石能源是不可再生的。人类目前对太阳能、风能等开发利用尚处于初级阶段，远不足于支撑我们庞大的经济体系。低熵物流首先是低能耗物流，但其含义要丰富得多。例如，物品存放状态的有序度越低熵越大，故低熵物流要求物品存放有序、搬运活性高。

④ 绿色物流是循环型物流。传统物流只重视从资源开采到生产到消费的正向物流，而忽视废旧物品、再生资源的回收利用所形成的逆向物流。循环物流包括原材料副产品再循环、包装物再循环、废品回收、资源垃圾的收集和再资源化等。

- 原材料副产品再循环 —— 采掘、加工过程中产生的边角余料和报废产品及副产品的回收和再循环利用，这个过程一般由生产企业完成，不进入社会物流领域。但生产企业规模较小，无法直接回收利用的，也可通过社会物流系统回收。
- 包装物再循环 —— 某些包装物可由生产厂家回收重复使用，如啤酒瓶、周转箱等；多数包装物如塑料、低板等可通过社会物流系统回收后用于生产再生塑料和再生纸等。
- 废品回收 —— 废旧设备、器材经回收后，经过拆解加工，部分零件、材料可直接利用，部分作为再生资源利用。
- 资源垃圾的收集和再资源化 —— 工业、生活和环境的废弃物经过收集、分类，仍可加以利用，如制造肥料，发电等。

12.2.3　走向绿色物流

21 世纪，人类面临人口膨胀、资源短缺和环境恶化三大危机。作为大量耗用能源、燃料，也以噪音、废气严重破坏环境的物流业，在发展上应有超前意识，倡导绿色物流。绿色物流虽然代表着物流发展的方向，但并不是所有企业都能认识到这一点；走向绿色物流，不仅要依靠企业与企业家，也要依靠政府、行业协会等民间团体及广大消费者。

1. 政府规制

规制（Regulation）是指依据一定的规则对构成特定社会的个人和构成特定经济的经济主体的活动进行限制的行为。政府规制可解释为：在以市场机制为基础的经济体制条件下，以矫正、改善市场机制内在的问题为目的，政府干预和干涉经济主体（特别是对企业）活动的行为。由于物流对环境的影响是一种外部效应，不能依靠市场机制加以调节，需要政府应用法律和政策加以规制。

从发达国家的实践来看，政府对物流的规制集中体现在三个方面，即发生源规制、交通量规制和交通流规制（见表 12.2）。

表 12.2　政府主导的绿色物流对策

发生源规制	根据大气污染防治法对废气排放进行规制
	根据对车辆排放 NOx 的限制对车种进行规制
	促进使用符合规制条件的车辆
	低公害车的普及推广
	对车辆噪音进行规制
交通量规制	货车使用合理化指导
	促进企业选择合适的运输方式
	以推进共同事业来提高中小企业流通的效率化
	统筹物流中心的建设
交通流规制	环状道路的建设
	道路与铁路的立体交叉发展
	交通管制系统的现代化
	道路停车规制

发生源规制主要对产生环境问题的来源进行管理，从当前物流发展趋势看，产生环境问题的根源是物流量的扩大以及配送服务的发展，引起在途货车增加。发生源规制的主要目标就是限制污染超标车辆上路，以及促进低公害车的使用。交通量规制的主要目的是发挥政府的指导作用，推动企业从自备车运输向社会化运输体系转化，发展共同配送，建立现代化的物流信息网络等，以最终实现物流的效率化。交通流规制的主要目的是通过建立都市中心部环状道路、道路停车规则，以及实现交通管制的高度化等来减少交通堵塞，提高配送效率。

2．民间组织的倡导

推进绿色物流除了政府规制外，还必须重视民间组织的倡导。这里民间组织主要指行业协会、企业联合会、商会及社会团体等，它们是政府与企业的桥梁，在推进绿色物流中有其独特的优势。民间组织倡导的绿色物流对策主要有促进共同物流体系的建立、物流标准化、促进物流社会化、推广低公害物流技术的应用等。

3．企业的自律行为

走向绿色物流，离不开企业这个经济主体。只有所有物流企业和相关企业接受了绿色物流的理念，并成为其自觉行动，才能说真正进入了绿色物流时代。作为企业的经营者，应意识到企业不仅是经济组织，也是社会组织，企业不仅要追求利润最大化，也要承担社会责任。企业家应具有强烈的公德意识和社会责任感。即使从企业经济效益出发，走向绿色物流也有利于企业长期效益最大化。首先，良好的公众形象是企业最有价值的资产，而当前改善企业的公众形象的最佳途径之一即是绿色化。其次，可以提高企业的适应性。例如，在当前的某些行为虽不违法，但有悖于绿色物流的宗旨，企业不加改善也能生存。但一旦政府采取严厉的规制措施，就可能置企业于死地。所以，走向绿色物流，是物流企业及相关企业长治久安、持续发展的唯一选择。

12.3　共享经济与物流

12.3.1　共享经济

1．什么是共享经济

私人汽车一般有 5 个座位，但经常只坐 1 人。在 20 世纪 70 年代的西方国家，汽油短期内涨了几倍，还经常加不到油。于是，一些居住和上班地点都彼此离得较近的人，开始拼车（Car-pool）上班，这就是一种共享。但这种共享受诸多条件限制，无法成为一种商业模式或产业，还不是共享经济。只有到了近几年，随着移动互联网络的普及，出现了打车软件和平台，私家车共享才成为一种商业模式。

共享就是私人物品（个人、家庭、企业等机构占有和使用的物品）的公共利用。共享自古有之，但共享经济则是伴随互联网的普及才出现的。共享物品的所有者，以暂时转让使用权的方式获取报酬或交换他人物品的使用权。共享的客体（对象），除了汽车、自行车、托盘、集装箱、叉车等物品外，也可以是不动产，如仓储空间、生产车间、办公空间、停车位等，还可以是知识、信息等无形资产和人力资源。共享经济中的共享方式通常也采用租赁、但和普通租赁不同。普通租赁关系中的承租目的常常是由于资金不足，租赁期限也较长。共享经济中的承租人则是为了便利（随租随还），期限也较短。

共享经济中由于物品的所有权和使用权分离，会产生不爱惜他人的物品等道德风险，需要在制度和技术上加以防范。例如，对共享参与者实行严格审查的会员制，依靠大数据技术确定共享参与者等。

2．物流领域中的共享经济

物流领域中，托盘、集装箱、周转箱、包装容器、装卸设备、车辆、仓储空间、物流中心、物流信息平台等物流资源和物流管理能力（人力资源）都是可以共享的对象。事实上，早在共享经济进入大众视野之前，物流领域已出现了托盘共用系统、共同配送系统等共享经济模式。目前，物流领域的共享模式除了这两种外，还有卡车资源、仓储资源、人力资源、物流信息等物流资源共享，入驻物流园区的企业和个体户共享物流基础设施和专业服务等共享模式。这些共享，提高了物流设备、物流设施等物流资源的利用率，降低了物流成本。

12.3.2　物流共用系统

1．概念

在传统物流系统中，托盘、周转箱、集装箱等物流工具都是货主企业或物流企业的私人物品，货物运达目的地后，需用运输工具将空盘、空箱运回，浪费了大量运力。而物流共用系统就是这样一种共享经济模式：将托盘、周转箱、集装箱等物流工具视作公共物品，在本地租用；运到目的地后，在目的地归还。

物流系统中托盘、集装箱的应用可以有效提高装卸作业效率，保护物品在运输和装卸作业中不受损坏；但空盘、空箱返回需要占用大量运力资源，提高了物流成本。物流共用系统的推广应用可以节省运力资源，从而降低物流成本。

2．实施

物流共用系统中最早实施的是托盘共用系统（Pallet Pooling System），采用的共享方式有两种：一是租赁方式，即由一家在区域或全国各地拥有分支机构的大型托盘租赁企业，向货主企业或物流企业出租托盘，运抵目的地后在当地的该租赁企业的分支机构还掉托盘。二是会员制方式，即由多家参与托盘共用系统的会员企业购置一定数量的托盘建立共享型托盘池（Pool），货物运抵目的地后在目的地的会员企业还掉托盘；反之，外地会员企业货物运抵本地后也会将托盘还到本企业（可能不是同一批托盘）。这两种方式各有利弊：前者投入大，需要建立分布极广的租赁网络，但协调成本低；后者投入少，但会涉及托盘数量、品种及空间分布上的不均衡等协调问题。

托盘共用系统在日韩和我国都有尝试，主要障碍涉及托盘的标准化以及各区域产业发展不均衡等问题。此外，托盘共用系统具有明显的网络效应，即参与者少则成效不明显，参与者越多成效越显著。随着移动互联网、物联网等新技术的应用，各区域经济发展趋于平衡，托盘、集装箱共用系统必将得到广泛应用，充分显现共享经济的威力。

12.3.3　物流共同化

1．物流共同化的产生

物流共同化是指由多个企业联合组织实施物流活动，最常见的是共同配送，还包括物流设施与设备利用共同化、物流资源利用共同化和物流管理共同化等。物流共同化的产生源于以下矛盾：

① 物流效率化与柔性化的矛盾。柔性化是现代物流发展趋势之一；然而，以"多品种、小批量、多批次、短周期"为特征的柔性物流，在没有相应的自动化智能技术和信息技术支持的条件下，必然产生物流成本的上升和效率的下降。物流效率化要求大批量、小批次地输送物品，其解决办法之一是实现物流共同化，在保持物流系统的柔性的同时，又能实现规模效益。

② 物流的私人成本与社会成本的矛盾。物流活动（尤其是汽车运输）有较显著的外部效应，即随着车辆增加，造成道路堵塞，延长了运输时间，并产生环境污染等公害。为了解决这些问题，政府必须投入大量资金，拓宽公路，治理大气污染。而这些费用并不是全部由运输业者承担的，即运输业者承担的成本（称为私人成本）小于社会成本（指私人成本加上道路拓宽、交通治理、污染治理等成本）。通过物流共同化，将多批货物集中在一起输送，一方面提高了单车装载率，另一方面可以减少在途运行车辆，缓解物流对社会产生的负的外部效应。

③ 物流社会化与物流控制权的矛盾。通过发展第三方物流，实现物流社会化，可以解决这个矛盾。但是，物流社会化将会使企业缺失对物流控制权，这对某些企业来说是难以接受的。而且，第三方物流在许多国家和地区尚处于起步阶段，不能完全满足货主企业的要求。在这种情况下，共同物流作为一种折中的办法就被一些企业采纳。尤其在一些注重企业关系和控制权的国家和地区，如日本及我国的台湾地区，共同物流成为一种重要的模式。所以，共同物流可视为介于自营物流与第三方物流之间的一种业态，如图 12.1 所示。

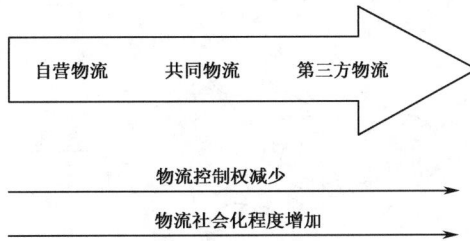

图 12.1 共同物流、自营物流和第三方物流

2. 物流共同化的类型

（1）按物流共同化的联合方式划分

- 紧密型（法人型）：参与企业共同出资，建立一个新的共同物流公司，由该公司来协调、运作各货主企业的物流。
- 半紧密型（合伙型）：由各企业参与形成一个合作管理组织，由该组织在外部寻找并委托一家物流公司，代为从事货主企业的物流。
- 松散型（合同型）：参与企业通过签订合同，共同使用物流设备、设施或其他物流资源。

（2）按物流共同化参与企业的产业关系划分

① 横向共同配送。具体又分为：

- 同产业间的共同配送，即处于相同产业的生产或经营企业，为了提高物流效益，通过配送中心或物流中心输送货物的一种方式；
- 异产业间的共同配送，即将不同产业的企业生产经营的商品集中起来，通过配送中心或物流中心向顾客输送的一种形式；
- 共同集配，指以大型运输企业为主导的合作型共同配送。

② 纵向共同配送。具体又分为：

- 批发商与制造商间的物流共同化；
- 零售商与批发商之间的物流共同化等。

（3）按供货和送货的形式划分

- 共同集货型：由几个企业的物流部门组成共同配送联合体，其功能以集货为主，即由联合体的运输车辆，采用"捎脚"的方式向各货主取货（共同集货），但送货仍采取分散向客户送货的方式，如图 12.2 所示。

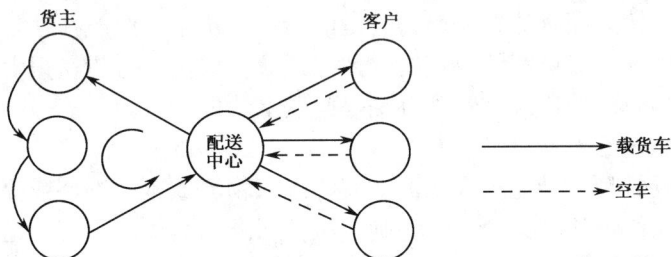

图12.2 共同集货型

- 共同送货型：正好与共同集货型相反，共同配送中心从货主企业处分散集货，而向客户送货采用"捎脚"的形式共同送货，如图 12.3 所示。

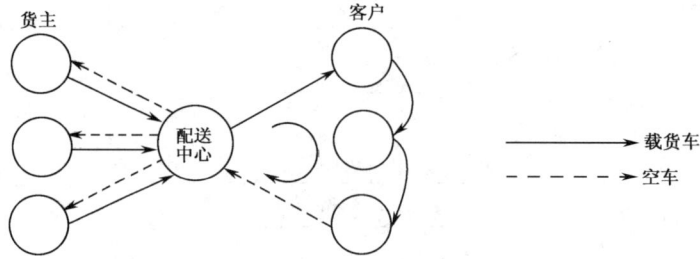

图12.3　共同送货型

- 共同集送型：兼有共同集货和共同送货两种方式，能更有效地提高运输效率，是比较理想的共同化配送模式，如图 12.4 所示。

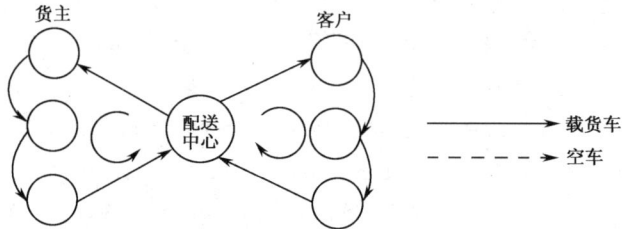

图12.4　共同集送型

3. 物流共同化体系的构筑

物流共同化体系的构筑涉及多家企业及其客户，也涉及技术层面、管理层面的多种问题，还涉及利益的分配。物流共同化的复杂性，要求以系统论的观点和方法，科学、全面地加以分析、规划和设计。具体地说，物流共同化体系的构筑可以分以下几个步骤：

（1）可行性分析与论证

可行性是可能性与必要性的统一。物流共同化的可能性是指是否具备共同化的条件，包括外部环境条件和内部基础条件，如客户数量与规模、行业惯例、企业设施、技术水平、人力资源等。物流共同化的必要性是指当前是否存在物流设施利用率低、物流成本高等现象。物流共同化的可行性分析，不仅要在经济上论证是否可行（即能否产生经济效益），还要论证技术上是否可行（现行信息技术、物流技术能否支持物流共同化）以及社会上的可行性（参与企业对物流共同化是否持积极态度）。

（2）参与成员的决策统一

经过可行性分析和论证后，各参与成员在充分认识共同物流价值的基础上，应做到物流决策的统一，这是构筑共同物流体系最为关键的活动。决策不统一往往是日后开展共同物流的最大障碍。要实现参与成员间的决策统一，除了参与成员在思想认识上达成一致外，还必须在联合方式、共同配送的模式、管理办法等问题上达成一致。

（3）共同物流系统的设计

系统设计就是要规划一种能提高物流效率、降低物流成本、维持或提高顾客服务水平的物流共同化系统。系统设计的第一步，是确定服务水准，具体的集配、送货的方式、设施、车辆的调度等，都必须以服务水准为出发点来设计。确定服务水准应以原有服务水准或行业平均服务水准为下限，尽可能接近或达到行业最高服务水准。确定服务水准必须有定量化的指标，如反应周期（从收到订单至货送到的时间）、准时率、差错率等。第二步是设计集货、配送、送货的具体方式和路径，要求在达到服务水准的前提下，以最短的路径、最有效的车辆利用率，达到削减物流成本的目的。在这一设计环节，可以采用一些运筹学最优化模型进行辅助设计。第三步是确定配送中心设施、车辆设备、人员的配置及共用方式。此外，还要设计与第二、三步相适应的订货处理程序、退货程序、账单处理、信息的收集、信息存储与共享等环节。

（4）系统的建立与运行

系统设计完成并经共同物流联合体审批同意后，即进入系统实施阶段。系统实施包括办理有关行政审批手续、筹集资金、建立相应的机构和管理制度等内容。这些程序完成后，物流共同体系统即可建立并投入运行。

（5）实施后的检查与完善

共同物流系统实施以后，应定期对其运行情况进行检查，评估其绩效，以便对系统进一步完善。在这一阶段，应当不断检查并加以注意的是：

① 共同物流系统的领导与协调。共同物流系统虽然由多方企业参与组建，但系统建立并运行后，需要有集中统一的领导，否则系统无法有效地运营。但是，作为一个联合体，又不得不考虑各参与方的要求，而且运行中许多问题在决策统一阶段尚无法预料。所以，运行中的协调作用就显得十分重要，甚至关系到系统的存续。

② 服务水准的维持。随着时间的推移，应确保服务水准不低于系统设计时的标准。一般来说，服务水准会随着系统运行的正常化和人员配合程度的提高而改善，并趋于稳定。但如果系统设计存在缺陷，或外部环境发生重大变化，可能使实际服务水准达不到设计要求，这时需要对系统进行完善，如扩大配送能力、对员工进行培训等。

③ 确保物流成本上的优势。获得物流成本优势是推进物流共同化的根本动因，只有不断保持这种优势，才能使共同物流系统健康、稳定地运营。需要注意的是，评价共同物流体系的成本不仅要考虑私人成本，也要考虑社会成本；减少物流的外部负效应，也是物流共同化的原因之一。

④ 确保商业机密不泄露。在同产业共同物流体系中，交易条件、客户名单、销售规模等商业机密的泄露，对企业经营活动会产生十分不利的影响。因此，建立预防、监督企业机密泄露的机制与措施，是共同物流系统运行管理的重要内容之一。

⑤ 有效的库存管理。多家企业商品库存的统一化，使得在库管理、订货方式、缺货管理等方面的问题变得复杂化，易产摩擦或不协调。在这种情况下，订货信息处理程序、账单、条形码等条件的具备与标准化变得十分重要。

⑥ 共同物流利益的公平分配。虽然在系统决策与设计阶段已考虑到利益分配的机制，但在实施过程中往往会出现新的问题，参与企业应本着公平合理的原则，协商处理利益分配问题，特别是大企业与小企业之间应做到利益上的均衡。

习题和思考题

一、应知目标考核题

（一）单项选择题

1. 在各种交通运输方式中，对环境破坏最大的是（　　　）。

　　A．铁路运输　　　B．海运　　　　　　C．管道　　　　　D．公路

2．国际标准化组织定义集装箱的容积不小于（　　　）。

    A．1 米^3　　　　　．2 米^3　　　　　C．10 米^3　　　　　D．20 米^3

3．ISO 中央秘书处及欧洲各国基本认定的物流基础模数尺寸是（　　　）。

    A．800×600　　　B．600×400　　　　C．1200×1000　　　D．800×1200

4．绿色物流所特有的目标是（　　　）。

    A．企业盈利　　　B．满足顾客需求　　　C．保护环境　　　D．扩大市场占有率

5．统筹物流中心的建设属于（　　　）。

    A．发生源规制　　　B．交通量规制　　　C．交通流规制　　　D．企业自律行为

6．物流基础模数的尺寸的确定，以（　　　）尺寸为基础。

    A．运输设备　　　B．集装箱　　　C．库房　　　D．包装箱

（二）判断题

1．集中库存容易产生较多二次运输。（　　　）

2．流通加工企业一般对废弃物回收利用难度较小。（　　　）

3．国际标准必优于国家标准，国家标准必须优于企业标准。（　　　）

4．构建绿色物流体系只要靠企业努力就可以了。（　　　）

5．物流共同化的典型代表是共同配送。（　　　）

（三）名词解释

物流标准化　　　物流共同化　　　绿色物流　　　物流基础模数尺寸

（四）问答题

1．为什么说物流标准化比一般系统的标准化更为困难？

2．物流共同化适合于哪类企业？为什么？

3．托盘共用系统推广的障碍是什么？

4．物流会对环境产生哪些影响？

5．为什么说走向绿色物流需要政府、民间组织和企业的共同努力？

6．共享经济模式可以应用于物流领域哪些资源或资产？

二、应会能力测试题

请结合案例回答问题

货运资源共享的创新模式

传统的货运市场是一个小、散、乱、差的市场，货运资源散乱，层层转包信息不畅，难以共享。随着 Uber 和滴滴出行的共享模式开始向物流行业渗透，通过共享卡车资源，实现货运卡车与货运需求的共享匹配，提高卡车运输的最优装载率，降低卡车回程空返率，使得基于车货匹配的共享物流迅速发展。

据统计，近年来中国基于车货匹配的共享货物运输模式的公司至少有 500 家以上，其中 100 多家已经获得了资本市场的关注，得到了各类风险投资、投资基金和大型物流企业的投资，互联网巨头 BAT 也开始向共享货运领域延伸，投资相关物流企业。目前在物流领域，基

于车货匹配的共享物流模式，其比较著名的物流平台有罗计智慧物流、运满满等。

1. 物流先行，计划配货

货运领域共享模式成功的关键抓手，一是"货物"，一定要从源头抓住货源，从源头开始按货源匹配和共享车辆资源；二是"资金"，货物的价值属性是"资金"，实体流动的是物品，虚拟流动的是资金，物流与资金流结合，会有很多创新模式爆发。"双 11"的网络购物节会产生天量订单，面对各类小包裹的天量订单，传统的物流服务和车货匹配服务执行的结果必然是爆仓。目前很多公司都开始运用信息技术手段，开展需求预测，让物流先行，提前备货、铺货。当消费者在网络平台发起一个网购需求时，货物早就已经按计划送到了消费者家门口附近的配送门店。这才是"双 11"网购第一单可以在两三个小时即送货上门的原因。

2. 大数据整合，跨界共享

很多车货匹配的货运互联网公司在实际运营中发现：通过共享平台可以获得关于货物和车辆的大数据信息，利用这些信息进行跨界共享，可以实现羊毛出在猪身上的新盈利模式。货物信息与资金流信息相匹配，并借助于实时监督和透明管理，可以为物流金融和供应链金融提供信息支撑，开展供应链融资、货物保险等服务，实现巨大经济效益。目前，很多货运互联网公司都在开展物流金融等跨界共享的服务创新。

3. 共享卡车后市场服务

卡车后市场是指卡车售后服务市场，指围绕卡车使用过程中各环节的各种后继需要和服务而产生的一系列市场活动的总称，包括卡车保险、卡车金融、卡车 IT、卡车养护、卡车维修、卡车配件、卡车改装、卡车资讯、货运车联网、卡车运营辅助产品与设备、卡车租赁、卡车文化等方面。卡车后市场是卡车销售落地后车主所需的一切服务，是卡车产业链的重要组成部分。

货运互联网公司平台整合了大量的车源信息，在实际运营中通过车队管理、卡车追踪定位等信息技术，可以及时获取卡车保养、维修、保险等相关信息，这些信息集成后可以实现卡车后市场的模式创新。

问题：

1. 如何评价货运资源共享模式？
2. 货运资源共享模式未来的发展趋势会怎样？

参 考 文 献

[1] 王之泰. 现代物流学[M]. 北京：中国物资出版社，1995.

[2] 金若楠，等. 现代综合物流管理[M]. 北京： 中国铁道出版社，1994.

[3] 董千里. 高级物流学[M]. 北京：人民交通出版社，1999.

[4] 宋华，胡左浩. 现代物流与供应链管理[M]. 北京：经济管理出版社，2000.

[5] 宋华. 现代物流与供应链管理案例[M]. 北京：经济管理出版社，2001.

[6] 马士华，等. 供应链管理[M]. 北京：机械工业出版社 2000.

[7] 骆温平. 第三方物流[M]. 上海：上海社会科学院出版社，2001.

[8] 齐二石. 物流工程[M]. 天津：天津大学出版社，2001.

[9] 苏士哲. 英汉物流管理辞典[M]. 北京：清华大学出版社，2001.

[10] [英]马丁·克里斯托弗. 物流竞争[M]. 北京：北京出版社，2001.

[12] [美]唐纳德 J·鲍尔索克斯. 物流管理[M]. 北京：机械工业出版社，1999.

[13] 蔡临宁. 物流系统规划—建模及实例分析[M]. 北京：机械工业出版社，2003.

[13] 杨海荣. 现代物流系统与管理[M]. 北京：北京邮电大学出版社，2003.

[14] 李新华. 企业物流管理[M]. 北京：中国广播电视出版社，2002.

[15] 邓凤祥. 现代物流成本管理[M]. 北京：经济管理出版社.

[16] 宋华. 物流供应链管理机制与发展[M]. 北京：经济管理出版社，2002.

[17] 郝渊晓. 现代物流管理学[M]. 广州：中山大学出版社，2001.

[18] 丁力. 第三方物流企业运作管理[M]. 长沙：湖南科学技术出版社，2003.

[19] 李苏剑，等. 企业物流管理理论与案例[M]. 北京：机械工业出版社，2003.

[20] 张毅. 现代物流管理案例、习题与实践[M]. 上海：上海人民出版社，2002.

[21] 林立千. 设施规划与物流中心规计[M]. 北京：清华大学出版社，2003.

[22] 约翰·科伊尔，等. 企业物流管理：供应链视角[M]. 北京：电子工业出版社，2003.

[23] 彭扬，蒋长兵. 物联网技术与应用基础[M]. 北京：中国物资出版社，2011.

[24] 张劲珊. 物流信息技术与应用[M]. 北京：清华大学出版社，2013.

[25] 王自勤. 物流基础[M]. 北京：中国人民大学出版社，2015.

[26] 中国物流与采购联合会. 中国物流年鉴（2017）[M]. 北京：中国财富出版社，2017.

[27] 中国物流与采购网. http://www.chinawuliu.com.cn.